「税源浸食と利益移転（BEPS）」
対策税制

Tax System for Base Erosion and Profit Shifting

日税研論集

Journal of Japan Tax Research Institute

VOL 73

研究にあたって

成蹊大学特任教授 　成道　秀雄

　2008年9月のリーマンショック後の財政悪化に対応すべく，各国はこぞって数々の経済政策を打ち立てるとともに，国民への相応の負担を求めていった。一方で多国籍企業は利益を軽課税国に移すことで租税負担の軽減を図ることに腐心した。このような多国籍企業のタックススキームによって各国は税源が浸食されているのではないかとの危機感を募らせていったのである。特に他の国々と比べて法人税率が著しく高かった米国においては深刻な事態に陥ったともいえる。

　多国籍企業のグローバル化と共にその活動実態と国際課税ルールの間にズレが生じるにつれて，そのズレをたくみに利用して課税所得を人為的に操作し，課税逃れを目論む企業が多くみられるようになった。そこでOECD租税委員会は，そのようなズレを解消すべく国際課税ルール全体を見直すプロジェクトとして「税源浸食と利益移転（Base Erosion and Profit Shifting：以下「BEPS」という）プロジェクト」を立ち上げたのである。

　BEPSプロジェクトは2012年6月にスタートし，2013年7月にG20からの要請を受けて「BEPS行動計画（Action Plan on BEPS）」を公表し，2015年10月に「BEPS最終報告書（BEPS 2015 Final Report）」を公表した。これを受けてOECD加盟国は，多国籍企業の国際的租税回避の防止のための国内法の改正とともに各国との租税条約の取り決めの見直しを進めていくこととなった。

　「BEPS最終報告書」の構成と現在までの我が国の税制，租税条約での取り組みは次の通り行動1から行動15までの構成内容となっている。

【行動 1　電子商取引への対応】

　平成 27 年度の税制改正で国内事業者と同様に国外事業者が日本国内向けに行う電子書籍や音楽の配信等に対しても消費税が課せられることとなった。

【行動 2　ハイブリッド・ミスマッチの無効化】

　平成 21 年度の税制改正で外国子会社配当益金不算入制度が導入されたが，さらに平成 27 年度の税制改正で，外国の配当支払者において損金算入される配当（たとえばオーストラリア国からの配当）は適用除外とすることとした。

【行動 3　外国子会社合算税制の強化】

　平成 29 年度の税制改正で，「BEPS プロジェクト」の議論を踏まえ，外国子会社合算税制の抜本的な改正が行われた。具体的には，外国子会社を通じた租税回避リスクを，子会社の租税負担割合や会社全体の事業実体の有無といった「会社の外形」によって判断するアプローチから，個々の所得の内容や稼得方法に応じて把握するアプローチへと改めた。

　平成 30 年度の税制改正で，経済活動基準や会社単位の合算課税制度における適用対象金額について見直しがなされた。

【行動 4　利子控除制限】

　平成 24 年度の税制改正で過大支払利子税制が導入されたが，平成 29 年度税制改正大綱によると中期的には，BEPS プロジェクトの勧告を踏まえた見直しを検討するとしている。たとえば現在 50％になっている閾値の引き下げや適用対象，特別ルール等の検討が必要となろう。

【行動 5　有害税制への対応，ルーリングの自発的情報交換】

　BEPS プロジェクトでは，いわゆるパテントボックス税制と呼ばれる知的財産優遇税制で，知的財産の開発の実態に即した優遇税率が適用されているかという観点から優先的に見直しが図られたが，我が国においては現在までにパテントボックス税制のようなものが導入されておらず，ただ従前からイノベーションボックス・パテントボックス税制の導入を要望して

いる経済団体もあり，もし将来的に導入されるようなことがあればBEPS
プロジェクトの提唱している基準（ネクサスアプローチ）を注視していく必
要はあろう。

　BEPSプロジェクトは情報の非対称性をもたらすルーリング（税務当局
が個別の納税者と，外部には公開されない不透明な税率等の優遇措置を取り決める
こと）を提供した税務当局に対して，一方の関連する税務当局に，そのル
ーリングに関する情報を，発遣より3ヶ月以内に，租税条約上の情報交換
を通じて提供することを義務付ける勧告をしている。

　我が国においては今までにこのようなルーリングを他国の個別納税者と
取り交わしたことが無く，恐らく将来的にもないであろうから，直接的な
関わりはないといえよう。

【行動6　条約の濫用防止】

　平成26年度の税制改正で外国法人の国際課税原則の，いわゆる「総合
主義」に基づく従来の国内法を，改正OECDモデル租税条約に沿った
「帰属主義」に見直すことによって，国内法と租税条約の離齬が既に解消
されている。

　我が国での居住者に対する国内法上の租税回避防止措置（外国子会社合
算税制，出国時課税特例）は租税条約の規定と整合的であることが確認でき，
また租税条約に明記されていないことはOECDモデル租税条約，その解
釈についてはOECDモデル租税条約コメンタリーに拠っていることから，
既に対応済みといえる。

【行動7　PE認定の人為的回避の防止】

　平成30年度の税制改正で，BEPSプロジェクトの合意事項が盛り込ま
れたBEPS防止措置実施条約やOECDモデル租税条約を踏まえ，国際合
意に則り必要な制度改正を行うこととなった。具体的には，国際課税にお
ける基本的な概念であるPEの定義について，租税条約と国内法の適用関
係を明確化し，PE認定の人為的回避に対応するなどの見直しを行った。

【行動 8〜10 移転価格と価値創造の一致】

平成 29 年度の税制改正大綱では，移転価格税制において，知的財産等の無形資産を，税負担を軽減する目的で海外へと移転する行為等に対応すべく，BEPS プロジェクトで勧告された「所得相応性基準（Commensurate With Income Standard)」の導入を含め，必要な見直しを検討するとした。平成 30 年度の税制改正では「所得相応性基準」や DCF 法（Discount Cash Flow Method）の導入は見送られたので，平成31年度の税制改正で導入される公算が大きい。

【行動 11 BEPS データの収集・分析】

BEPS プロジェクトでは，BEPS による法人税収の逸失規模について，データの評価，指標の抽出，分析方法の策定を実施したが，基礎となるデータや試算方法について課題も多く残されているため，実態を反映した結果を出すためには更なる検討が必要としている。我が国の税務当局としては信頼しうる基礎データを提出すると共に，民間研究者と共同で BEPS に関する更なる研究を進めていく必要があるとされている。

【行動 12 タックス・プランニングの開示】

平成 29 年度の税制改正大綱では，中期的に取り組むべき事項として，税務当局が租税回避スキームによる税務リスクを迅速に特定し，法制面・執行面で適切に対応できるよう，その開発・販売者あるいは利用者に税務当局へのプランニング情報の報告を義務付ける「義務的開示制度」について，「BEPS プロジェクト」の最終報告書，諸外国の制度や運用実態及び租税法律主義に基づく我が国の税法体系との関係等を踏まえ，我が国での制度導入の可否を検討するとした。納税者にとって過重な負担とならない配慮が必要といえよう。

【行動 13 移転価格文書化】

BEPS プロジェクトにより移転価格文書化が各国の協調のもとで導入されることを受け，平成 28 年度税制改正では，多国籍企業のグローバルな活動状況に関する報告書（国別報告事項，事業概況報告事項（マスターファイ

ル），独立企業間価格を算定するために必要と認められる書類（ローカルファイル）)）の税務当局への提供制度が導入された。

【行動 14　紛争解決メカニズムの効率化】

　BEPS プロジェクトは，租税条約に関連する紛争予防のために最低限実施すべき措置（①条約上の相互協議の誠実な履行と迅速な解決，②租税条約に関連する紛争の予防と迅速な解決のための行政手続の実施，③納税者に対する相互協議の機会の保証：ミニマムスタンダード）及び実施することが望ましいとされる措置（ベストプラクティス）を勧告している。

　我が国においてはミニマムスタンダードとベストプラクティスを概ね実施しており，多国間協定交渉への参加を含め，租税条約に関連する措置（仲裁を含む）を規定する租税条約を拡充する必要がある。

　なお，行動 15 の「多国間協定」の PART5.「紛争解決の改善」では，第 16 条（相互協議手続），第 17 条（対応的調整）が規定されている。

【行動 15　多国間協定の開発】

　平成 28 年 11 月 24 日で 100 を超える国・地域が，国際課税ルールの改定と多国籍企業の租税回避機会を減少するための多国間協定の交渉妥結に至っている。新協定は，BEPS プロジェクトの成果を，2,000 超の租税条約に取り入れることになる。OECD が多国間協定の寄託者（depositary）となり，署名，批准，実施の過程で政府をサポートしている。

　本論集での共通認識として，BEPS 行動計画の最終報告書を受けて，それぞれの行動計画の内容を考察するとともに，それぞれの行動計画で対応済み，対応途中の税制を検証し，かつ今後対応予定の税制のあり方について検討している。また，BEPS 行動計画を進めていく上での各国との租税条約の締結内容の見直しの方向性についても言及している。

　各章の概要は次の通りである。そして，最終章では，紙上参加として国際課税の執行業務に就かれている池田義典氏のご協力を得た。

第1章　租税条約による課税権の配分等の諸機能

第2章　租税条約の濫用防止

第3章　BEPS に伴う紛争解決制度の改革（相互協議及び仲裁制度）

　租税条約は，二国間で課税権の配分を行うとともに二重課税を解消する仕組みを中心に発展してきた。しかし，BEPS プロジェクトへの取り組みを契機として，二重非課税をもたらす租税回避行為への条約上の対応策（条約濫用防止措置）の新設や，各国における BEPS 対応の結果として潜在的に増加が予想される紛争解決への条約対応など，新しい取り組みが拡大しつつある。また，それらを実現するための多国間協定の合意も注目される。本章は，これらの動向とそれに伴う法的課題を検討する。

第4章　移転価格税制の強化（無形資産の移転を中心に）

　移転価格を利用した課税ベースの浸食は，BEPS プロジェクトでも取り組むべき主要課題の一つである。特に，低税率国に設立した子会社に無形資産を取得させ，グループ内の利益を当該子会社に移転する手法は，アメリカ系の IT 企業を中心に問題視されている。BEPS プロジェクトでは，こうした租税回避に対抗するため，所得相応性基準の導入を含め，移転価格税制の見直しが勧告された。本章では，その概要について紹介し，日本での国内法制化における課題を検討する。

第5章　タックス・ヘイブン対策税制の強化

　タックス・ヘイブンを利用した国際的租税回避の防止を目的としたタックス・ヘイブン対策税制について，BEPS 行動計画3では，その強化を図るべく，合算課税の対象となる被支配外国会社に係るルールについて，支配を形式的でなく実質的に把握すること，租税負担割合が合算課税のトリガーとして機能すること等の勧告がなされた。日本では，それに沿う方向性で改正が行われたが，当該税制のみをもって問題解決とはならない点も指摘される。

第6章　ハイブリッド事業体と国際課税問題－ハイブリッド・ミスマッチ
　　　　による BEPS 問題を中心として－

　複数の国家における税制上の扱いに相違が生じるハイブリッド事業体を利

用した国際的二重非課税の原因として，「2015 ハイブリッド・ミスマッチ最終報告書」では，①D／NI（支払者段階所得控除／受領者段階免税）結果となるミスマッチ，②D／D（同一支払複数段階所得控除）結果となるミスマッチが示され，このようなミスマッチによる二重非課税を解消するための勧告がなされている。本章では，この勧告内容を中心に分析している。

第7章　電子商取引課税

　行動1は，間接税に関しては勧告を行う一方で，直接税に関しては勧告を行っていない。これは，直接税については，電子経済やそこでのビジネスモデルに固有の BEPS 問題は存在しないという基本的な認識の下で，BEPS 最終報告書の他の個別の対応を実施することで，電子経済とそこでのビジネスモデルに伴う BEPS への対応は十分であり，行動7の PE 認定の人為的回避の防止を除いて，国際課税原則の大幅な見直しは現時点では不要と考えられたからである。

第8章　PE 認定の人為的回避の防止

　BEPS 行動計画7を受けて，平成30年度税制改正で PE に対してさらなる厳格な対応がなされることになる。いわゆるアマゾン事件では我が国の倉庫を補助的機能として原則非課税扱いされてきたが，この度の税制改正で，倉庫が業種によって主体的な業務機能を担うのであれば PE 課税されることになる。また，建設 PE で人為的な分割によって期間基準による課税を免れようとしても，実質から課税されるように規定が具体化される。ただ，厳格化が進むことによって企業の経済合理的な活動まで阻害されないかとの懸念が生じてきている。

第9章　「行動計画4」（利子控除・その他の金融支払いに係る税源浸食の制限）

　「行動計画4」は，資金需要がないのに過度に資金調達を行い，支払利子を損金算入することによって意図的に所得を圧縮する税務処理を防止する目的で策定され，所得金額に比べて通常必要な資金調達コストを超える超過分の利子を損金不算入とする。損金算入の基本ルールとして「固定比率ルール」が推奨され，単体企業の支払利子損金算入には「純支払利子／EBIT-

DA（＝税引後当期所得＋純支払利子＋減価償却費＋特別償却＋当期税額）」の比率を 10%～30% に制限した。なお，グループ全体の支払利子に係る「グループ比率ルール」は，「単体企業の EBITDA×グループ比率（＝グループ全体の純支払利子／グループ全体の EBITDA）」で計算される。

第10章 「行動計画12」（義務的開示制度）－タックス・プラニングの義務的開示－

「行動計画 12」では，過度又は濫用的なタックス・プラニングを未然に防止するための開示制度について検討された。タックス・プラニングの義務的開示の目的は，(a)過度又は濫用的な租税回避スキームに関する情報の早期取得，(b)当該租税回避スキームの設計者・管理者・利用者等の適時的特定，(c)当該租税回避スキームの開発・提供・利用を縮減する抑止力にある。ただし，「行動計画 12」では，制度導入は各国の任意とされ，自国のニーズに応じた制度設計を認める「モジュラー方式」が採択されている。

第11章 近時の重要な税務裁判例と国際的潮流（BEPS プロジェクト）

OECD が推進している BEPS プロジェクトの検討過程において，国際税務上の重要な論点が議論されているところであるが，我が国における近時の裁判例等においても，同様の論点が主な争点として争われたものがある。これらの裁判例や裁決における裁判所や国税不服審判所の判断を予め検討しておくことは，今後の BEPS 対策等に基づく立法等の必要性や納税者の実務上の取り扱いを検討する上でも参考になる。係る視点で関係する裁判例等を検討したものである。

第12章 BEPS プロジェクト最終報告書－税務行政における主な対応と課題－

BEPS 最終報告書を受けた執行面の主な対応と課題を紹介するものであり，報告書公表後の「BEPS 実施フェーズ」の全体像及び国税庁「国際戦略トータルプラン」で示された（BEPS 対応を含む）国際課税に対するわが国執行当局の基本的な考え方を説明し，各行動計画への具体的な対応として，ミニマム・スタンダードとされた行動 5，行動 13 及び行動 14 に対する取り組みを

やや詳細に述べ，今後の展開が予想される行動 1 及び行動 8-10 にも触れている。

　ここ 2，3 年の間に BEPS 最終報告書で勧告されたことは，国内法や各国との租税条約のなかにおおよそ反映されていくであろう。行動 6 によりモデル租税条約に追加された主目的テスト，すなわち一般否認規定の導入も前向きに検討すべきではないか。

　国際課税では諸外国との対応により調整・手続が遅れたり，場合によっては断念せざるを得ない。後追いを余儀なくされる租税法律主義では課税の公平性が保たれないのではないか。現在，一般否認規定を導入していないのは OECD 租税委員会への加入が延期されているロシアと我が国のみと聞く。国際課税に限ってでも一般否認規定の導入も視野に入れていくべきである。

目　　次

研究にあたって ……………………………………… 成道　秀雄

第1章　租税条約による課税権の配分等の諸機能
………………………………………… 青山　慶二・1

  I　近年の租税条約の動向………………………………………… 1
    1　問 題 提 起 ……………………………………………… 1
    2　我が国の締結した租税条約の現状……………………… 3
  II　租税条約の特徴と課税権配分機能 ……………………… 5
    1　租税条約の特徴（二国間主義）………………………… 5
    2　所得項目別の課税権配分………………………………… 6
    3　二重課税の排除…………………………………………… 7
    4　逋脱の防止 ………………………………………………… 9

第2章　租税条約の濫用防止 ……………… 青山　慶二・19

  I　逋脱の防止からアグレッシブな租税回避対応へ ……………19
    1　条約の目的の再確認 ………………………………………19
    2　米国の経験 …………………………………………………20
    3　条約漁り課税事件に対する判例・学説の不統一……………23
  II　BEPS 行動 6 の提言 ………………………………………24
    1　BEPS プロジェクトにおいてミニマムスタンダードと

された条約改正項目 ……………………………………… 24

  2 LOB と PPT の関係 ……………………………………… 26

  3 受益者条項と条約濫用との関係 ………………………… 27

Ⅲ 我が国条約例にみる条約濫用防止規定の事例 ………………… 28

Ⅳ 今後の課題 ……………………………………………………… 29

  1 本邦多国籍企業にとっての課題 ………………………… 29

  2 多国間協定での合意とその課題 ………………………… 30

  3 今後の課題 ………………………………………………… 34

第 3 章　BEPS に伴う紛争解決制度の改革
（相互協議及び仲裁制度）……………… 青山　慶二・35

Ⅰ 相互協議の構造 ………………………………………………… 35

  1 法的仕組み ………………………………………………… 35

  2 相互協議事案の実態 ……………………………………… 36

Ⅱ 相互協議に当たっての法的課題 ……………………………… 37

  1 納税者の選択権行使の視点 ……………………………… 37

  2 納税者の相互協議選択を阻害する要因 ………………… 38

  3 仲裁による相互協議の補完 ……………………………… 40

第 4 章　移転価格税制の強化
（無形資産の移転を中心に）…………… 吉村　政穂・43

Ⅰ 問題の所在 ……………………………………………………… 43

Ⅱ 移転価格税制の強化 …………………………………………… 47

  1 BEPS 行動計画の目的 …………………………………… 47

  2 機能・リスク分析の精緻化 ……………………………… 50

  3 無形資産をめぐる問題 …………………………………… 58

Ⅲ　結語——国内法制化の課題 ……………………………………… 64

　　1　無形資産の定義 ……………………………………………… 64

　　2　実際の取引の描写／否認 …………………………………… 65

　　3　所得相応性基準 ……………………………………………… 67

第5章　タックス・ヘイブン対策税制の強化

……………………………………………… 齋藤　真哉・69

Ⅰ　は じ め に ……………………………………………………… 69

Ⅱ　日本における従来のタックス・ヘイブン対策税制 …………… 70

　　1　概　　要 ……………………………………………………… 70

　　2　提示されてきた課題 ………………………………………… 72

Ⅲ　BEPS 行動 3 によるタックス・ヘイブン対策税制の考え方 …… 75

　　1　BEPS 行動 3 の背景 ………………………………………… 75

　　2　被支配外国会社（CFC）の定義 …………………………… 77

　　3　CFC ルールの適用除外・足切り基準 ……………………… 80

　　4　CFC 所得の定義 ……………………………………………… 81

　　5　所得の算定ルール …………………………………………… 83

　　6　所得の合算ルール …………………………………………… 84

　　7　二重課税の防止と解消 ……………………………………… 86

Ⅳ　日本におけるタックス・ヘイブン対策税制の改革 …………… 86

　　1　BEPS 行動 3 に対する日本における対応 ………………… 86

　　2　平成 29 年度税制改正による新たなタックス・ヘイブ

　　　　ン対策税制の内容 …………………………………………… 88

Ⅴ　コーポレート・インバージョン対策税制 ……………………… 96

Ⅵ　お わ り に－BEPS 行動 3 の勧告内容と日本の新たなタッ

　　クス・ヘイブン対策税制－ ……………………………………… 98

第6章　ハイブリッド事業体と国際課税問題
　　　ーハイブリッド・ミスマッチによる BEPS 問題を
　　　中心として—　……………………………… 平野　嘉秋・101

　Ⅰ　は じ め に ……………………………………………………… 101
　Ⅱ　ハイブリッド事業体と課税問題 ……………………………… 102
　　　1　ハイブリッド事業体による国際的二重非課税問題 ………… 102
　　　2　ハイブリッド事業体による国際的二重課税問題 …………… 104
　　　3　ハイブリッド事業体を利用した国際的租税回避問題……… 104
　　　4　ハイブリッド事業体の法人該当性基準問題 ……………… 105
　Ⅲ　ハイブリッド事業体による国際的二重非課税問題に対する
　　　BEPS 最終報告書等 …………………………………………… 105
　　　1　ハイブリッド・ミスマッチ問題の沿革 …………………… 105
　　　2　『2015 ハイブリッド・ミスマッチ最終報告書』による
　　　　　国際的二重非課税問題対策 ……………………………… 108
　Ⅳ　ハイブリッド事業体を利用した国際的租税回避問題 ………… 132
　　　1　損益通算を規制する基本通達の改正 …………………… 132
　　　2　租税特別措置法における特例措置 ……………………… 134
　Ⅴ　ハイブリッド事業体の法人該当性基準問題 ………………… 135
　　　1　概　　　要……………………………………………… 136
　　　2　各裁判所における判示事項 ……………………………… 137
　　　3　国税庁ホームページにより公表された米国 LPS 最高
　　　　　裁判決後の取扱い ……………………………………… 141
　Ⅵ　むすびにかえて……………………………………………… 142
　　　1　国際的二重非課税問題 ………………………………… 142
　　　2　国際的二重課税の調整に関する問題…………………… 143
　　　3　国際的租税回避問題…………………………………… 144

4　外国事業体の法人該当性基準 ……………………………… 145

第7章　電子商取引課税 ……………………… 鈴木　一水・147

　Ⅰ　は じ め に ………………………………………………………… 147
　Ⅱ　電子経済下でのビジネスモデル ………………………………… 149
　Ⅲ　電子経済下での BEPS 問題 ……………………………………… 151
　　　1　直接税についての BEPS 問題 ……………………………… 152
　　　2　間接税についての BEPS 問題 ……………………………… 155
　Ⅳ　電子経済下での BEPS 問題への取組み ………………………… 156
　　　1　課税へのチャレンジへの対応オプション ………………… 156
　　　2　重要な経済的拠点概念に基づく新しいネクサス ………… 157
　　　3　電子商取引への源泉課税 …………………………………… 160
　　　4　平衡税の導入 ………………………………………………… 161
　　　5　検 討 結 果 …………………………………………………… 163
　　　6　次のステップ ………………………………………………… 167
　Ⅴ　わが国における電子商取引に対する消費課税制度の改正……… 167
　　　1　電気通信利用役務の提供に係る消費税の内外判定基準
　　　　の見直し ……………………………………………………… 167
　　　2　電気通信利用役務の提供に係る消費税の課税方式の見
　　　　直し…………………………………………………………… 168
　　　3　国外事業者から受けた消費者向け電気通信利用役務の
　　　　提供に係る仕入税額控除の制限 …………………………… 169
　　　4　登録国外事業者制度の創設………………………………… 169
　Ⅵ　残された課題 ……………………………………………………… 170
　Ⅶ　お わ り に ………………………………………………………… 171

第8章　PE 認定の人為的回避の防止 ……… 成道　秀雄・173

はじめに ……………………………………………………………… 173
Ⅰ　BEPS 行動計画 7 によっての OECD モデル租税条約の改正 … 174
　　1　従属代理人の範囲の拡大 ……………………………………… 174
　　2　独立代理人の範囲の縮小 ……………………………………… 177
　　3　準備的，補足的活動のみに特例を適用することの厳格
　　　　化 ………………………………………………………………… 179
　　4　細分化防止規定の拡充 ………………………………………… 184
Ⅱ　BEPS 行動計画 7 の追加討議草案（Public Discussion
　　Draft BEPS Action 7 Additional Guidance on Attribution
　　of Profits to Permanent Establishments）の公表（2017
　　年 6 月 22 日）…………………………………………………… 189
　　1　細分化防止ルール（Anti-fragmentation rule）…………… 190
　　2　事　　　例 ……………………………………………………… 191
Ⅲ　改正点においての若干の考察 ………………………………… 195
　　1　改正点 1 －従属代理人の範囲の拡大 ……………………… 195
　　2　改正点 2 －独立代理人の範囲の縮小 ……………………… 196
　　3　改正点 3 －準備的，補足的活動のみに特例を適用する
　　　　ことの厳格化 ………………………………………………… 197
　　4　改正点 4 －細分化防止規定の拡充 ………………………… 198
Ⅳ　我が国の法人税法における PE 課税に係る規定 …………… 198
　　1　国内法と租税条約との関係 ………………………………… 198
　　2　我が国における PE 課税に係る規定 ……………………… 198
　　3　平成 30 年度の税制改正大綱における PE 課税関係 ……… 200
おわりに ……………………………………………………………… 202

第9章　「行動計画4」（利子控除・その他の金融
　　　　支払いに係る税源浸食の制限）……… 菊谷　正人・205

　Ⅰ　は じ め に ……………………………………………………205
　Ⅱ　「行動計画4」の目的 …………………………………………206
　Ⅲ　「行動計画4」の概要 …………………………………………209
　　　1　適用対象者の範囲 ………………………………………209
　　　2　利子費用の範囲 …………………………………………211
　　　3　固定比率ルール …………………………………………213
　　　4　グループ比率ルール ……………………………………216
　　　5　繰越し・繰戻しルール …………………………………219
　Ⅳ　わが国における過大支払利子対策税制の概要 ……………220
　　　1　過大支払利子の損金不算入額の計算…………………220
　　　2　関連者等および関連者支払利子等の範囲 ……………222
　　　3　翌事業年度以後における超過利子額の損金算入 …………224
　Ⅴ　わが国税制の対応―むすびに代えて― ……………………225

第10章　「行動計画12」（義務的開示制度）
　　　　―タックス・プラニングの義務的開示―
　　　…………………………………………… 菊谷　正人・227

　Ⅰ　は じ め に ……………………………………………………227
　Ⅱ　タックス・プラニングと「BEPS 行動計画12」 ……………229
　Ⅲ　「BEPS 行動計画12」の目的………………………………232
　Ⅳ　「BEPS 行動計画12」における義務的開示の具体的内容 ……234
　　　1　報告義務者………………………………………………234
　　　2　報告対象取引と報告内容 ………………………………235

3　報　告　時　期 ……………………………………………… 237

　　　4　罰　則　規　定 ……………………………………………… 238

　Ⅴ　わが国税制の対応——むすびに代えて—— ………………… 239

第 11 章　近時の重要な税務裁判例と国際的潮流

（BEPS プロジェクト） ……………… 北村　導人・243

　Ⅰ　は じ め に ……………………………………………………… 243

　Ⅱ　日愛租税条約事件と租税条約の濫用への対応 ……………… 244

　　　1　事案の概要 …………………………………………………… 244

　　　2　争点及び判旨 ………………………………………………… 246

　　　3　検　　　討 …………………………………………………… 249

　　　4　本件高裁判決の意義 ………………………………………… 255

　Ⅲ　倉庫 PE 事件と PE 課税に係る動向 ………………………… 255

　　　1　事案の概要 …………………………………………………… 255

　　　2　争点及び判旨 ………………………………………………… 256

　　　3　検　　　討 …………………………………………………… 258

　Ⅳ　IBM 事件に係る判決の検討 ………………………………… 264

　　　1　事案の概要 …………………………………………………… 265

　　　2　本件高裁判決の判旨 ………………………………………… 267

　　　3　検　　　討 …………………………………………………… 269

　　　4　本件高裁判決に関するその他の諸課題 ………………… 274

　　　5　IBM 事件と BEPS 対応 …………………………………… 275

　Ⅴ　ユニバーサルミュージック事件の検討 …………………… 276

　　　1　事案の概要（本件裁決の要旨を含む） ………………… 277

　　　2　検　　　討 …………………………………………………… 278

　　　3　ユニバーサルミュージック事件と BEPS 対応 ………… 281

第12章　BEPS プロジェクト最終報告書
　　　　－税務行政における主な対応と課題－
　　　　……………………………………………… 池田　義典・283

Ⅰ　は じ め に ……………………………………………………283

Ⅱ　BEPS 実施フェーズ－最終報告書公表後の動き
　　（全体像）－ …………………………………………………284

Ⅲ　国際戦略トータルプラン ……………………………………289

Ⅳ　ミニマム・スタンダードへの取組－行動 13 及び行動 14 へ
　　の対応など－ …………………………………………………292

　　1　多国籍企業情報の文書化
　　　　（行動 13）－国別報告書制度 ………………………292

　　2　より効果的な紛争解決メカニズムの構築
　　　　（行動 14）－相互協議の効果的実施 ………………298

　　3　有害税制への対抗（行動 5）………………………304

Ⅴ　その他の行動計画 ……………………………………………305

　　1　電子経済の発展への対応（行動 1）………………305

　　2　移転価格税制と価値創造の一致（行動 8－10）……306

Ⅵ　お わ り に ……………………………………………………308

「税源浸食と利益移転（BEPS）」対策税制

第1章　租税条約による課税権の配分等の諸機能

早稲田大学教授　**青山　慶二**

Ⅰ　近年の租税条約の動向

1　問題提起

　租税条約は，課税権の配分を二国間で確定し併せて二重課税の解消策を合意することにより，二国間の投資・貿易・人材交流等を促進することを目的に締結されるものであり，グローバルビジネスの展開にあたって不可欠の法的インフラの一つである。

　二国間租税条約のモデル[1]を公表している OECD によれば，現在全世界では 3,000 本を超える 2 国間租税条約が締結されていると報告されている[2]。なお我が国は，OECD モデル条約を基準として条約締結交渉を行ってきており，2015 年 12 月の台湾協定を含めると 70 の租税条約等のネットワーク（対象国は 123 カ国）[3]を構築している[4]。

---

(1)　OECD は国際連盟時代のモデル条約作成作業を第二次世界大戦後引継ぎ，1963 年に最初のモデル条約を公表して以来，経済状況や各国の条約締結状況を踏まえて随時改定を重ね，直近では 2017 年版を公表している。なお，先進国と途上国間のモデル租税条約として「国連モデル条約」が公表されている。

(2)　OECD/BEPS（税源浸食・所得移転）プロジェクトウェブサイトにおけるパスカル・サンタマン租税委員会事務局長の解説による。

そのような租税条約を巡る環境は，近年の多国籍企業への課税漏れ問題の顕在化等を通じてその有効性に疑問が呈せられるようになり，その結果，従来の租税条約が前提としてきた伝統的な課税ルールの見直しの必要性が本格的に論じられるようになった。環境変化の第1は，新興国を中心とする発展途上国から，グローバルビジネスがもたらす果実に関して，所得発生の源泉地国としてより広範な課税権配分を求める声の高まりであり[5]，その第2は，既存制度の間隙を突いて国際的二重非課税効果を発生させる租税計画に従事する多国籍企業に対する社会的な批判の表面化と，それに対する処方箋作成に向けた各国当局による国際協調の進展である。

前者の議論の場は，国連モデル条約の改定作業を行う国連・税の専門家委員会であり，後者の議論の場は，G20の政治主導の下でOECDが中心になって推進するBEPS（Base Erosion and Profit Shifting:税源浸食・所得移転）プロジェクトである。

特に後者は，従来の租税条約が課税権の配分と並んで「税逋脱（Tax Evasion）への対応」を標榜していたのを，「アグレッシブな租税回避（Aggressive Tax Avoidance）への対応」にまで広げて対象とした点で，従来の条約の枠組みの実質的修正を意図している。さらに，発足当時はOECD加盟国を中心とした40数カ国で発足したBEPSプロジェクトは，2016年の実施段階に入って，包摂的枠組（Inclusive Framework）という参加国門戸拡張キャン

---

(3) 財務省ウェブサイト中の「我が国の租税条約ネットワーク（平成30年2月1日現在)」による。

(4) 税に関する国家間の合意を最も広義で租税条約と総称するが，通常租税条約と呼ばれるのは，締約国間での所得別課税権の配分規定を中心にして，それを補足する無差別原則や情報交換・執行協力等の義務を付加したいわゆるフルバージョンのものである（我が国では台湾を含めた70条約中58条約がこれに相当)。このほか，特にタックスヘイブンの国々を相手として目的を情報交換に限定・特化した合意を行ったものが11条約あり，これは情報交換協定と呼称されている。さらに発効済みの多国間協定として「税務行政執行共助条約」が追加される。

(5) その概要については，青山「新興国の台頭と国際租税法」〈『現代租税法講座第4巻』（日本評論社，2017年）433頁参照。

ペーンにより，参加国が 100 カ国を超える規模となった。しかも，プロジェクトを通じて合意された租税条約の条項内容については，多国間協定（Multi-lateral Instrument）への署名により，迅速にその改正効果を実現させるという意欲的なものであり，従来の国際課税ルールに実体面及び手続面で大きなインパクトを与える改正となっている。

本章では，近年のかかる動向を概観し，国際課税のルールがどのように変わろうとしているのか，そしてそのような変化にはどのような課題が内包されているのかを，租税条約の条項に限って分析を試みるものである。その際には，我が国の租税条約ポリシーの現状と対比した比較検討の視点も加える。

2　我が国の締結した租税条約の現状

2015 年 12 月，財務省のホームページに民間ベースでの日・台湾租税協定の締結を報じるニュースが掲載された。台湾との間には国交がなく主権国家間の租税条約の締結ができなかったため，投資・貿易規模で我が国と緊密な関係があるにもかかわらず，従来台湾投資に際しては，源泉徴収の軽減や二重課税の調整等，租税条約が提供する諸便益が適用されないままであった。しかし，外交上一つの中国を標榜する中国自身が，すでに香港，台湾等を相手とした租税協定を結び，ビジネスのニーズに応えている状況下では，外交問題に配慮しつつ税制がビジネスの二重課税排除の要望に応えることは当然の要請とも考えられる。政治上の理由で国家間の合意を締結するわけにはいかない点に関しては，台湾との間で，実質的に租税条約に相当する枠組みを民間ベースで構築することとされた。公益財団法人交流協会（日本側）と亜東関係協会（台湾側）との間で合意された「日台民間租税取決め」であり，政府はその内容を日本国内で実施するための国内法を別途整備する方式が，平成 28 年度税制改正で採られたのである[6]。

その後も，新規の二国間条約としては，チリ及びバルト三国との間での署

---

(6)　財務省 Web-site 中の平成 28 年度税制改正大綱 P. 75-78。

名，条約改定については，ドイツ，ロシア，ベルギー，オーストリアなど多数の国との間で署名が行われている。これらの新規締結及び改定の際の交渉スタンスは，特定の留保した条項を除き，OECD モデル条約のポリシーに沿ったものとされている[7]。

なお，以上は二国間条約であるが，我が国が参加する多国間条約として発効済みの「税務行政執行共助条約」があり，我が国以外の同条約署名国中に43 カ国，我が国と二国間条約を締結していない国があるので，我が国と何らかの条約ネットワーク内にある国は 120 カ国を超える規模に達している。

また，我が国は，OECD の税の透明性プロジェクトの提言に沿った納税者情報の自動的情報交換システムにも積極的に参加している。前述した税務行政執行共助条約は，この過程で我が国が署名したものであるが（2011 年 11月，発効は 2013 年 10 月以降），このほか，二国間でもいわゆるタックスヘイブンと呼ばれている軽課税国・地域との間で情報交換に特化した二国間租税協定を締結している（ケイマン諸島，英領バージン諸島，バミューダ，パナマ等 11カ国・地域が対象）。金融情報の自動的情報交換を主たる内容とする租税条約の情報交換規定（26 条）の執行は，OECD が立案しグローバルフォーラム[8]で合意した「共通報告基準」に基づくもので，自動的情報交換の枠組みで本年末から交換が実施される。

これらに加えて，BEPS 対応に特化した協調活動として，多国間協定であ

---

(7)　各国の条約締結に臨むポリシーは，国によっては自国のモデル条約として公開する国（米国，オランダ等）があるほか，特定の代表的な条約を取り上げて基本ポリシーとする国，更には OECD もしくは国連モデルを基本ポリシーとする国に区分される。我が国は，経済交流の活発な国との条約交渉に当たっては，OECD モデルをベースとしながら，日米条約や対 EU 主要国条約も参照していると観察される。

(8)　正式名称は「税の透明性と情報交換に関するグローバルフォーラム」。タックスヘイブンが関与する取引の情報交換について，銀行秘密法を理由とする交換拒否を認めない方針など，情報交換の効率化に向けた協調策を先導してきたが，2014 年のパナマ文書問題を契機に，受益者情報の交換を求めるなど情報の正確性向上に向けた取組みも強化している。フォーラムには 2017 年 12 月現在OECD 加盟国を中心に約 150 カ国が参加している。

第1章　租税条約による課税権の配分等の諸機能　5

る「BEPS 防止措置実施条約」への署名も 2017 年 6 月に我が国は完了した
（これについては，第 2 章で詳述する）。

Ⅱ　租税条約の特徴と課税権配分機能

　BEPS の中心テーマの一つとなった租税条約の濫用防止のテーマを次章で
個別検証する前に，まず，課税権の調整機能全般に関する租税条約の近年の
動向（国内法対応を含む）と課題を確認する。

1　租税条約の特徴（二国間主義）
⑴　通商協定との相違
　関税及び貿易の自由化を巡る国際協調の枠組みは，GATT 協定の締結か
ら WTO 協定への移行，そしてパネルにおける紛争解決方式に至るまで，
基本的に多国間協議の枠組みが主導してきた。最近ではトランプ政権のアメ
リカ第 1 主義の下にある米国から，通商交渉も二国間 FTA のベースで個別
対応する主張が行われているが，グローバルベースでは少数意見にとどまっ
ている。
　これに対して租税条約は，国際連盟から第 2 次大戦後 OECD にモデル条
約策定作業が引き継がれる過程及び 1977 年のモデル改定時に，多国間協定
の可能性の検討が行われた経緯が窺われるが，現行の OECD モデル租税条
約は，多国間での合意困難を理由に多国間主義から決別し二国間主義をとる
ことを明確に宣言している[9]。その背景には，課税権は国家運営の基礎を形
成する主権の一部を成しており，各国は具体的な経済・財政の二国間関係を
踏まえて初めて，どの国と締結するのか，更には当該国との間で国内法の規

---

(9)　2014 年版 OECD モデル条約 Introduction パラグラフ 40。「すべての加盟国を
　　含む多国間協定は実行可能性があるとは言えず（北欧 5 カ国の多国間協定や
　　EU の執行共助条約は例外），二国間条約が二重課税の防止にとって最も適切
　　であると考える」と結論付けている。

定する課税権をどこまで譲歩するのかを，個別に判断する主権を留保しているためと考えられる。

(2) BEPS プロジェクトによる変化

ところで，近年は，BEPS プロジェクトの条約関連条項の改定の役割を受け持つ多国間協定や情報交換と徴収共助を合意した多国間執行共助条約が登場し，一見すると多国間主義の波が租税条約にも及んでいるかにみえる。しかし，これら2条約は，ともに租税条約の最も重要な部分といえる居住地・源泉地管轄間の課税権配分を取り扱うという重責を大幅に免除された協定であり，二国主義の基本方針を覆す動きとは即断しがたい。BEPS に関する多国間協定は，第2章で詳述する通り既存の二国間条約をベースとしてその一部を上書きして書き換える機能を果たすにすぎず，それのみで課税権配分を自律的に創設するものではない。

2 所得項目別の課税権配分

(1) 二つの管轄への配分

各国は，通常，居住者及び内国法人を全世界所得が課税対象となる無制限納税義務者と位置付け，非居住者及び外国法人を国内源泉所得のみが課税対象となる制限納税義務者と位置付けて，国内税法でそれぞれ納税義務を規定している（前者は居住地管轄，後者は源泉地管轄と整理されている）。両者の管轄権の交錯により，国境を越えたビジネスを行う納税者は複数の租税管轄で発生する所得について多重的な納税義務を果たさなければならない。その際発生する二重課税を放置すると，1国のみで事業を完結する事業者に比べて当該納税者の負担を重くし，税制の中立性を阻害する懸念がある。

租税条約では，基本的に源泉地での課税権行使の先行を認めながら，①事業所得や役務提供所得などの能動的な所得に関しては，恒久的施設への帰属や役務提供の一定の期間要件等という源泉地における課税権行使のための閾値を設け，②配当・利子などの受動的な所得に関しては源泉地の支払者が行う源泉徴収の税率減免という，いずれも源泉地国における課税権の制約を合

意し，発生する二重課税の規模の縮小を図ってきた。二重課税規模の縮小は，二国間の貿易・投資を促進するという，もう一つの租税条約目的の充足に資するものである。租税条約のこの機能は，納税義務者の課税要件規定を創設するのはあくまで各国の国内法であり，条約はもっぱら当該課税要件を緩和する方向で設計されているという構造に反映されている[10]。

(2) 条約濫用への対応

ただし，BEPS プロジェクトを経て，条約便益の不当活用によって二重非課税等の結果を招来する効果を狙う租税回避行為については，条約プロパーの濫用防止条項の設置の必要性が合意された。従来は，いわゆるタックスヘイブン法人等により設立された投資事業体による「条約ただ乗り（トリーティショッピング）事案」対策が，モデル条約1条のコメンタリーで，例えば特典制限条項（Limitation of Benefit）等のオプションを列挙して取りあげられてきたのであるが，現在署名に開放されている多国間協定では，国内税法において多くの国が導入している一般的租税回避否認規定（GAARと略す）と同一の文脈のいわゆる「主要目的テスト（PPTと略す）」と呼ばれる濫用防止規定がミニマムスタンダードとして具体化されている（第2章でこの点を詳細検討する）。課税権配分を踏まえて締約国が非居住者等に提供する便益の条件設定に際し，意図しない二重非課税という結果を生じてしまう余地を解消するラストリゾートとしての役割を付与された同条項は，先進国においても必ずしも経験が十分に蓄積されているとはいえず，納税者が求める予測可能性にとっての不安定要因の一つといわれている。

3　二重課税の排除

(1) 国内法による対応

課税権の配分を経ても結果的に残存する二国間の二重課税に関しては，まず各国の国内税法は，国内取引と国際取引との扱いの中立性確保の観点から，

---

(10)　OECD モデル条約第1条コメンタリーパラ9.2の条約の濫用防止機能の解説も参照。

8

外国税額控除や外国子会社配当益金不算入などの制度を設けて，居住地国としての片務的な二重課税排除措置を用意している[11]。しかし，各国の国内法による二重課税排除は，通常，調整の対象となる国外所得を自国の課税ベースを基準に算出し，さらには，控除対象となる外国税額については自国の税負担額を限度とするなどの制限を設けているため，100% の解消効果を保証しているわけではない。

(2) 条約による対応

　これに対し，租税条約は，条約の規定に合致する課税が行われた場合の法的二重課税排除義務を，場合によっては国内法の範囲を超えて居住地国に義務付ける合意（OECD モデル 23 条）を含んでおり[12]，併せて，移転価格や PE 帰属所得の是正に際しては，モデル条約 7 条及び 9 条により，条約に適合する課税が行われた場合に相手国に対応的調整の義務を課している[13]。そして，最終的には，これらを含む条約の規定に合致しない課税が行われ，その結果不当な二重課税が発生していると納税者が考える場合の当該二重課税排除のための紛争処理手続きとして，権限ある当局間の相互協議（同 25 条）を規定している。

　対応的調整は，課税当局の合意が得られれば，関係国間で二重課税を 100% 排除することを可能にするメカニズムであり，棄却判決や一部認容判決が下された場合に二重課税解消が不十分にとどまる可能性もある国内の司法救済手続[14]を越えた制度という意味で，納税者にとっては不可欠のメカニズムと受け止められている。すなわち，二重課税に関して租税条約は，国内

---

(11)　我が国では法人税法 69 条及び 23 条の 2，所得税法 95 条が規定している。

(12)　我が国の二国間条約の例では，例えば，外国子会社配当益金不算入規定の適用対象となる子会社要件を，国内法の 25% 保有（法 23 条の 2）から引き下げている例（対米国，豪州，ブラジル各 10%，フランス 15% など）が散見される。

(13)　例えば，一方の締約国が，納税者の取引価格を独立企業間価格を参照して訂正し，自国の納税対象所得を増額する更正処分を行った場合，当該処分が条約の規定（9 条の独立企業原則）に沿ったものであると認められる場合には，他方の締約国が当該取引の相手方である自国の納税者の所得をその分だけ減額して経済的な二重課税を解消する手順である。

第1章　租税条約による課税権の配分等の諸機能　9

法の排除義務を強化するほか，紛争解決の観点からは国内の司法手続が提供
しえないラストリゾートとしての重要な役割も果たしているのである。

　紛争解決に向けた相互協議手続は，特に，多国籍企業のグローバル事業展
開が活発化した 20 世紀の最終四半世紀以降，各国が移転価格税制や PE 帰
属所得への課税を充実する過程で多く活用されるようになり，仲裁を含めた
実効的な解決策へと変換しつつある。加えて，現在進行中の BEPS プロジ
ェクトの処方箋としての国内法や条約の実体法改定は，それ自体新たな紛争
発生の余地を追加することになることを否定できないので，納税者及び課税
当局は BEPS 行動 14 の勧告に従い，紛争解決の効率化の実現策に本格的に
取り組みつつある（これについては第 3 章で詳述する）。

4　逋脱の防止

　ところで，租税条約の目的としては，課税権の配分と二重課税調整に加え
て逋脱の防止（Prevention of Evasion）も従来から強く意識されてきており，
二国間租税条約文のタイトルに現在もその趣旨が明記されている例が多
い[15]。二重課税が国際取引にとって不適切な障害であることと同様に，逋
脱を許容する状況も，国際取引を行う者に対して不適切なインセンティブを
与えるという意味では，中立性阻害の原因となる。従って逋脱防止の目的を
並立させることによって，租税条約の全体のバランスが図られるという関係
にあったと考えられる[16]。

　ただし，逋脱防止に言及する具体的条項の数は限定的であり，納税者に関

---

(14)　ただし，更正決定を行った国で，納税者が当該処分の違法性を争う争訟手続に
　　　訴えた場合には，例えば棄却や一部取り消し判決が出た場合に，仮にその後相
　　　互協議を行ったとしても，権限ある当局の裁量権が制約され，結果的に二重課
　　　税の解消が不可能になる蓋然性が高いといわれている。
(15)　例えば 2004 年の国会批准により大規模改定された現行の日米租税条約の正式
　　　名称は，"Convention between the Government of Japan and the Govern-
　　　ment of the USA for the Avoidance of Double Taxation and the Prevention
　　　of Fiscal Evasion with respect to Taxes on Income" である。
(16)　Brian J. Arnold "International Tax Primer"（2016, Wolster Kluwer）p144.

する情報交換規定（OECDモデル条約26条）のみが長い間にわたってその役割を果たしてきた。この背景には，逋脱防止の対象を，刑罰法規に触れる脱税に限ると主張するスイス等一部の国があり，より広い租税回避を対象に含ませたいとする多数国の意向が，条約上十分には反映されなかったという沿革が指摘されよう。しかし，2003年にOECDモデル条約が新たに27条に徴収共助規定を新設したこと，及びその後前述したOECDのグローバルフォーラムが26条の情報交換の質を高めて租税条約ネットワークの規模を拡大したことによって，逋脱防止のための租税条約の機能はさらに充実しつつある。以下においては，近年の税の透明性に関するOECDでの協調の進展を中心に，BEPSプロジェクトと協調した取組み内容を概説し，併せて我が国の国内法改正状況を検証する。

(1) 情報交換

　グローバルフォーラムの下で取り組まれてきた税の透明性の増進プロジェクトは，情報交換（モデル条約26条）を，最も代表的かつ重要な逋脱防止の租税条約上の施策と考えてその内容を拡充してきた。各国当局は，納税者の国境越え所得が税法の課税要件に即して正しく申告されているかどうかについて，最終的には税務調査により確認するのであるが，国境越え取引の反面調査は，領域内主権行使の制約により自ら行うことは原則としてできない[17]。そこで，取引相手方の帳簿等の確認作業を，相手国の当局に依頼してその結果を通知してもらう方法が代表的な情報交換（個別的情報交換）であった。これに加えて，自国が税務調査で入手した情報で，相手国での納税義務の逋脱にも関連すると思われるものを自発的に相手国に提供する「自発的情報交換」及び，配当・利子の支払いなど一定の金融取引の情報を金融機関から入手しそれを定期的に交換し合う「自動的情報交換」の3者がその内容

---

(17)　主権の行使である税務調査については，両締約国の合意の下で一定の協力関係は可能と考えられている（26条の情報交換規定の解釈の範囲内という位置づけ）。例えば，同時調査，海外税務調査及び業種別情報交換といった手法であり，相互主義に基づき納税者の同意や相手国の権限ある当局の立会等を要件として海外税務調査が行われる実例はEU及びOECD加盟国では見られている。

第1章　租税条約による課税権の配分等の諸機能　11

である。この点に関する最近の新たな動向は以下のとおりである。

① 情報交換の質向上に向けた取組み

21世紀に入り，OECDモデル条約は，グローバルフォーラムが情報交換の質の向上に向け合意した提言を内容とする重要な報告文書[18]をベースに，26条4項（国内租税利益がないことを理由とする情報交換拒否の禁止）と5項（銀行秘密法制を理由とした情報交換拒否の禁止）を追加した。我が国政府は，前者の場合において情報交換の拒否を許容するスタンスで情報交換規定を運用してきたが，これを契機に一定の国内法の改正を行いOECD基準に即した方向へ方針転換した。即ち，外国政府からの依頼に応じるためだけの質問検査権の付与（租税条約実施特例法9条）や犯則調査の実施（同20条の2及び3）の規定の追加である。また銀行秘密関係では，特定の条約改定[19]を行っている。

なお，BEPSプロジェクトの一環として検討されている「税の安定性（Tax Certainty）に関するプロジェクト」では，行動13により多国籍企業が新たに提出義務を負い，条約の情報交換規定により共有されることとなる国別報告書の活用に関して，多国籍企業が複数の関係提出先国当局と一堂に会した場でブリーフィングを行い，課税リスクの統一的判定をしてもらう仕組（International Compliance Assurance Program，略称ICAP）が議論されている[20]。ここで目指されているのは，課税リスクの低い多国籍企業にとって，そのリスク分析を一堂に会して共通認識の下でやってもらい，コンプライアンスコストを削減するとともに，相矛盾する結果となる懸念を払しょくする点にある。米国で，国内ベースで10年超の経験を経たCAP制度の国際版

---

(18) 2005年モデル条約改正に向けた「税の情報交換に関するモデル協定」及び「租税目的のための銀行情報入手の改善」の二文書である。

(19) 2010年5月対スイス条約改定議定書の署名等。スイスは自国の憲法上の制約を理由に銀行秘密を主張してきていたが，国際的な圧力の下，当該方針を撤回した。

(20) OECDのウェブサイトが開示している2017年9月末のOECD税務長官会合（オスロ会議）でのコミュニケ参照。

であり，2018 年から我が国を含む 8 カ国によるパイロットプログラムがスタートすると宣言されている[21]。これも情報交換の質向上に向けた取組みの一つと位置づけられよう。このスキームの性格上，ステークホルダーとして自国のメンバー企業の機能に同質性があり，かつ，執行キャパシティも同水準にある当局間であれば，ノーリスク認定という期待した結果が出やすいと予測される。

②　金融口座情報の自動的情報交換制度の創設

2008 年に発生したスイス UBS 事件を受けて米国で 2013 年から施行された外国口座税務コンプライアンス法（FATCA）[22]を契機に，OECD では多国間及び二国間の自動的情報交換の基準策定作業がスタートした。これを受けて 2014 年に公表された共通報告基準（CRS）は，所要の法的手続きの完了を条件として，2017 年又は 2018 年末（我が国は 2018 年末を選択）までに，自動的情報交換を開始することとしている。

報告対象となる事項は，自国の金融機関から報告される非居住者の口座情報（氏名，住所，外国の納税者番号，口座残高，利子・配当等の年間受け取り総額等）であり，これを租税条約に基づく自動的情報交換制度として当局間で交換する仕組みである。我が国では平成 27 年度改正で当該報告制度を整備した。

2017 年 9 月現在 100 カ国を超える国が，マルチの権限ある当局間の合意をベースとして本情報交換に参加しているが，今後各国の執行状況について相互審査も予定されている[23]。

なお，これからの執行開始にあたって懸念されるのは，名宛人でなく受益

---

(21)　2018 年 1 月からスタートするパイロットプロジェクトに当事者として参加する国は，我が国の外，米，英，豪，加，伊，蘭，西の 7 カ国の当局である。

(22)　目的は米国人が外国金融機関の口座を利用して脱税することへの対処である。原則として米国企業から外国金融機関に配当・利子等を支払う場合に 30% の源泉徴収義務を課すこととするとともに，当該源泉徴収を免れる条件として，米国課税当局との間で，米国人が保有する口座情報等（残高や利子配当の受取額）を毎年報告する契約を締結することとしている。

(23)　日本租税研究協会「第 69 回租税研究大会記録」（2017 年 12 月，P.115）

者に着目した情報交換という情報の質の維持をどのように担保するのかという課題である。マネーロンダリング対応での経験も生かした各国の取組みが参照されると思われるが，納税者も十分な対応が求められることとなろう。

⑵　徴収共助

　自国納税者が納税義務を果たさないまま出国し，主権の制限により当局が租税債権を自ら実現できない際に採られる国際協調が，相手国当局に納税者からの税額徴収を依頼する徴収共助である。EU の施策として多国間条約として誕生し，そこでの一定の経験を経て 21 世紀に入り OECD モデル条約上も規定が整備された（27 条）という歴史の浅い制度であったが，2010 年以降参加国が急増している。枠組みを提供するのが多国間の「税務行政執行共助条約」であり，我が国はそれへの参加を踏まえ関連する国内法改正を実施している。

①　税務行政執行共助条約

　税務行政執行共助条約は，当初欧州評議会で起草され，その後 OECD 加盟国へ参加が拡大された多国間条約であった（1988 年に署名のために開放）。その趣旨は，条約参加国の税務当局間で税務行政に関する一定の国際的な協力（情報交換，徴収共助，文書送達共助の 3 点）を行うことにあり，特に二国間条約で標準装備になっていなかった徴収共助の意義が注目されていた。その後同条約は，2010 年の改定議定書により，情報交換規定が国際標準化されたバージョン（銀行秘密及び自国の課税利益に関する条項の追加）に改正され，更には，2011 年 2 月の G20 財務大臣・中央銀行総裁会議において，各国が本条約に署名することを奨励する共同声明を発出したことを受けて，同年 6 月以降は非加盟国にも署名のため開放された。

　なお，OECD は 2003 年のモデル条約の改定段階で，既に徴収共助のみを規定する 27 条を新設していたが，2011 年 9 月現在では多国間条約への署名国は 24 カ国に過ぎなかった。

　その後，我が国を含む 8 カ国が 2011 年 11 月の G20 サミットで署名したのをはじめとして参加国が飛躍的に拡大し，2017 年 12 月現在 116 カ国・地

域が署名を終えている。

② 我が国の法制化

我が国は同条約の国内発効（2013 年 10 月）を契機に，国内法（租税条約実施特例法）改正も実施し，徴収共助と文書送達共助の各手続きを法定した。徴収共助に関しては，①外国租税債権については国税徴収法の優先権規定を適用しないことを確認するとともに，②徴収共助を行わない事由及び徴収共助のための具体的手続きを明らかにしている。

(3) 我が国の情報申告強化に向けた追加的な国内法改正

上記の国際協調取組みと並行して，我が国はグローバル化の下での居住者に関する海外情報入手を目的として，国内法ベースでの情報申告義務も強化している。以下においては最近の改正動向を概観する。

① 国外送金等調書制度

国外送金は，直接投資やポートフォリオ投資のための資金供給などを理由とする場合が多く，これらはいずれも国外所得や国外財産を生み出す資金源となりうるものである。本制度は，「内国税の適正な課税を確保するための国外送金等に係る調書の提出に係る法律」（平成 9 年）に基づき，国外所得・財産の把握のための原点ともいえる送金情報（フロー）の提出を求めるものであり，報告対象はインバウンド送金とアウトバウンド送金の双方である。

すなわち，国外への送金をする個人又は法人及び国外からの送金等の受領をする個人又は法人は，その送金の際に自らの氏名・名称及び住所等を記載した告知書を金融機関又は郵便局に提出し，告知書の提出を受けた金融機関等は，告知書記載事項を確認の上，国外送金等のうち 1 回当たり 100 万円を超えるものについて，その顧客の氏名・名称，住所，送金額等の一定の事項を記載した「国外送金等調書」を送金の翌月末までに提出しなければならないとしている。これは，フロー面での一次資料であり，国境を越えた取引が不当に関係国の納税義務を回避していないかを判定する重要情報である。

しかし，これだけでは，複雑化するグローバルビジネスの実態解明に十分とは言えない。ストック面をカバーする後述の国外財産調書の緻密な参照の

第1章　租税条約による課税権の配分等の諸機能　15

みならず，フロー・ストック両面をカバーする前述したグローバルフォーラムが推進する共通報告指針に基づく外国人金融口座情報の自動的情報交換結果とのマッチングなど，多面的な連携が必要とされると思われる。制度改革により多様な武器を手にした課税当局としては，今後その活用面での実績がより厳しく問われることになろう[24]。

②　国外財産調書制度

平成 24 年度税制改正の解説（財務省資料）は，本制度の創設に当たり，国外財産にかかる所得や相続財産の申告漏れが近年増加傾向にあり，それらの課税適正化が喫緊の課題であるとしている。本制度の下での情報申告義務者は，非永住者を除く居住者で，その年の 12 月末日において国外財産の価額の合計額が 5,000 万円を超える者である。国外財産調書には，その財産の種類，数量及び価額等を記載し，その翌年の 3 月 15 日までに税務署長に提出する義務が課されている。本件提出義務違反には罰則（1 年以下の懲役または50 万円以下の罰金）が付されているが，別途，国外財産に関する所得の申告漏れがあった場合に，適正な財産調書の情報申告をしている者に対して過少申告加算税を 5% 軽減するとともに，未提出者等に対しては過少申告加算税を 5% 加重するといった，提出を促進するインセンティブが付加されている。

本制度も，先進各国の情報申告制度と同等の内容であり，グローバル水準に合った基本的な情報申告内容と評価される。ただし，フローの情報申告と同様，関連する調書や情報交換，更には徴収共助との連携を適切に行うことにより，逋脱に対する一貫した体制整備が確実となることは否定できない。

(4)　BEPS プロジェクト等との協調

国際協調を促進する BEPS プロジェクトの下では，多国籍企業による租税回避行為防止目的で，企業情報の透明化が更に 1 歩前へ進もうとしている。すなわち，①行動 5 の有害税制への対抗では，他国の税源に影響しうる課税

---

(24)　国税庁による「国際戦略トータルプラン」の発表は，そのような課題に応える
　　　ものである。青山「富裕層や海外取引企業に対する税務行政の取り組みと課
　　　題」（ぎょうせい『月刊税理』2017. 2 号 2 頁）

当局のルーリング（個別納税者の課税関係に関する税務当局が提供する助言，情報・取極め等）については，それを納税者に提供した当局に対し，自動的情報交換の制度に基づいて，当該ルーリングにより影響を受ける関係国の当局へその内容を通知することが義務付けられており，また，②行動12では，租税回避スキームについて，その設計・販売・管理等の活動従事者（プロモーター）及び取引相手の顧客から税務当局に義務的開示を求める方策がベストプラクティスとして推奨されている[25]。これらは税源浸食の可能性を含んだ情報ではあるが，直接課税要件事実の判定にかかわる事項ではないため，従来は質問検査権の下で必要に応じて収集されてきたものであった[26]。

　我が国においても，課税の適正化と国際協調の観点から，更に国際取引情報の透明性を伴う拡充に向けた国内法の整備が必要とされる分野であると予測される[27]。

　ところで，制度整備が一巡した後には，逋脱防止に向けた執行の成果がより強く求められよう。BEPSプロジェクトの最終報告書の発表と相前後して公表されたパナマ文書問題（高額所得者等のタックスヘイブン国への海外事業体設立による租税回避）に加えて，2017年11月に同じ国際調査報道ジャーナリスト連盟により公表された同趣旨のタックスヘイブン関連の「パラダイス文書」は，その活用による追加税収の確保を通じて逋脱防止機能の重要性を再

---

(25)　当該内容については菊谷教授による本書別稿を参照されたい。

(26)　このほかBEPS行動13では，移転価格税制のコンプライアンスリスク測定の情報として，子会社進出先での利得配分状況等を明らかにする国別報告書やグループ法人のヒト・モノ・カネの配置等にかかる世界戦略を明らかにしたマスターファイルの提出も義務付けられた。これらも，課税要件の適用に直接関係する情報ではないため，従来は質問検査権で必要に応じて取得されてきたものである。

(27)　租税回避スキームの開示制度については，すでに米国，英国，カナダ等で実施されており，けん制効果も確認されている。なお，国際的なスキーム解明を目的とした執行当局間の協力プロジェクトであるJITSIC（Joint International Tax Shelter Information Centre，邦訳では「国際タックスシェルター情報センター」）には，我が国は2004年の設立当時から参加しており，国際的プロモーターの活動状況の情報収集も行われているようである。

認識させると期待されている。

「税源浸食と利益移転（BEPS）」対策税制

第 2 章　租税条約の濫用防止

早稲田大学教授　青山　慶二

Ⅰ　逋脱の防止からアグレッシブな租税回避対応へ

　第 1 章で確認した通り，BEPS プロジェクトは，租税条約のカバー領域をアグレッシブな租税回避スキームへの対応，すなわち，従来は見逃されかねなかった二重非課税問題への本格的対応に一歩進める貢献を行っている。移転価格，PE 帰属利得などの国内法を主要領域とする改正は本特集の他の著者の論文に譲るとして，本章では，条約を濫用して二重非課税を享受する取引への，条約自体が描く処方箋の内容及びその課題を検証する。

1　条約の目的の再確認

　BEPS 行動 6（条約濫用）においては，条約の条文の中に条約濫用を防止する仕組みの必要性に関し，ミニマムスタンダードという各国が導入義務を負う強い勧告として位置付ける合意が行われた。条約濫用とは，条約漁りをはじめとした租税条約の濫用であり，これを防止するための OECD モデル条約の改定等が検討されたのである。但し，濫用防止の基本的手法については，米国が自国の条約例で採用する特典制限条項（LOB）と EU 諸国が同じく採用する主要目的テスト（PPT）との間で単一化が図られず，PPT テストをデ

フォルトルールとしながら LOB も併記し複数のオプションの選択を促すという解決策がとられている(1)。

また，条約濫用のカバーする領域も，BEPS の問題意識（人為的な二重非課税操作への対応）を反映して，従来の管轄間における伝統的なトリーティショッピング防止を目指すものにとどまらず，例えば，第三者である金融機関を介在させた実体のある間接取引による便益の不当享受などの多様な形態への対応を想定したものとなっている。

そこで，まず伝統的な条約濫用対応に向けた米国での従来の取組みを概説し，それとの関連で BEPS の下での取組みの新規性を明らかにしたい。

2　米国の経験(2)

(1)　1950 年代に始まる蘭領アンティールとの条約を利用した条約漁り等

米国において租税条約を利用したタックスシェルターの事例としてまず紹介されるのが，蘭領アンティールとの条約を利用した金融取引である。具体的な取引のスキームは下図のとおりであり，第 2 次大戦後の旺盛な資金需要に基づき米国企業がユーロダラーを導入する際に，直接導入すれば課される利子に対する源泉課税を回避する仕組みとして，蘭領アンティールの中間金融会社が利用されたものである(3)。条約漁りの類型のうちいわゆる飛び石（Stepping-stone）方式に該当する(4)。

---

(1)　モデル条約に付加する条項は 2 つの方法を併記した「特典資格条項」と呼ばれるものとなった。

(2)　詳細は，青山「トリーティショッピングの歴史の再検討と最近の課題について」フィナンシャルレビュー 84 号（2006 年 7 月）116 頁参照。

(3)　米国におけるトリーティショッピングの歴史をコンパクトに紹介するものとして，Joseph Isenbergh, "International Taxation" 2000, P. 233～257. 本事例は同書から借用している。

(4)　Anthony Ginsberg は，トリーティショッピングを①直接導管方式（Direct-conduit Method）と②飛び石方式（Stepping-stone Method）に区分している（Anthony Ginsberg, "International Tax Planning" Kluwer, 1994, P. 6）。

取引図1

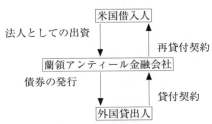

このスキームのメリットは次の3点である。

A. 源泉地における課税の免除（米・蘭領アンティール間租税条約の免税条項[5]）

B. 利子受領者の居住する締約国での実効税率減免の享受（蘭領アンティールの法人税の実行税率は30％。但し，少額の手数料込みの back-to-back のローン取引であり，受取利子に対し支払利子が控除できるので課税はきわめて少額）

C. 最終受益者に利子受領者から支払われる場合の源泉徴収の減免（金融会社はユーロ市場で債券を発行して資金調達するが，蘭領アンティールは債券利子の支払いに対して源泉徴収なし。）

上記スキームは，その後納税者が能動的投資の租税回避目的に利用するようになり，それに対する米国からの条約改定圧力の強化を経て，利用される条約そのものは順次交代していくものの，租税条約濫用のパターン自体は，いわゆる特典制限条項の導入等による抜本的な対策がなされるまでは，長く利用され続けた。

その経緯は次のとおりである。まず米国は，条約濫用防止の観点から，特典制限条項（LOB）の追加を内容とする条約改定を提案したが交渉はまとまらず，1988年に蘭領アンティールとの間の条約を停止した。しかし，同ス

---

(5) 第2次大戦後米国は旧オランダ，イギリス等の植民地との間で宗主国に対する条約と同様の内容の条約を締結しており，蘭領アンティールについても利子非課税を合意した（1955年）。

キームはその後，米蘭条約に乗換えられ（ダッチサンドウィッチ方式と呼称），そのまま LOB 導入の米蘭条約改定がある 1994 年まで利用が継続する。その後はさらに，米・ルクセンブルク条約への乗換えがおこなわれ，同条約への LOB 条項導入改定が発効する 21 世紀までは，ルクセンブルクサンドウィッチ方式として，残存したのである。この経緯を経て，米国は US モデル条約において，LOB 条項を必須のものとするポリシーを確立していった。

なお，1981 年の US モデル条約に初めて登場した LOB 条項は次の構造を採るものであった。すなわち以下のテストの充足如何に条約の特典付与を条件付ける規定である。

（1981 年モデル条約 16 条）　特典の制限

- 上場条項を伴った 75% 基準による非居住者所有テスト
- 第三国の受益者に所得の相当部分が流出するものを規制する課税ベース浸食テスト
- 納税者に条約の恩典利用が目的でないとの立証を認める事業目的テスト
- 法人の居住地国の国内法による特別の減免を受ける者に対する恩典適用を制限する居住地国課税対象テスト

(2) 米国での LOB 条項と並ぶ国内法の手当て

米国は，1984 年の税制改正で，非居住者・外国法人に支払われる米国源泉のポートフォリオ利子を非課税化して（IRC871 条(h)，同 881 条(c)），低コスト調達事業体として蘭領アンティールの金融会社を「交通料（薄い手数料マージン）」込みで活用するスキームの必要性をまず減殺した[6]。

また，1986 年には，米国支店に発生した所得を原資として外国法人が配当を行う場合にみなし配当として米国課税権を認める制度である支店利益税

---

(6)　Isenbergh は，ポートフォリオ投資にかかるトリーティショッピングを判例法の否認法理を適用しないまま 1984 年を迎えたのはもっぱら，累積で 5,000 億ドルにも達した蘭領アンティール金融会社経由のユーロダラーに頼らざるを得なかった経済情勢があったためと分析している。

を導入した（ただし，適格居住者規定を設け，条約漁りに当たらない場合の支店利益税の減免も規定した）。

次が，Earnings-stripping 条項（IRC163(j)）の導入である。上記の各種サンドウィッチスキームのパターンにより米国課税権から逃れる国外向け支払利子について，税源浸食防止の観点から1989年に導入され，その後1993年に精緻化された。経費控除を制限することにより，条約の特典そのものを否定することなく経費控除の否認を通じてトリーティショッピングを事実上規制する役割を果たしている。

さらに追加されたのが，1993年に導入された導管取引規則（IRC7701(l)）である。この措置は，端的に言えば租税回避の重大な可能性があればIRSはどんな中間介在事業体の参加も「導管」として無視しうるという強力な規定であり，これによりほとんどのBack-to-back loanを使ったトリーティショッピングを葬り去れると評価されている。

3　条約漁り課税事件に対する判例・学説の不統一

この間，世界的な国際租税学会であるIFA（国際租税協会）では，各国の条約漁り事件の判決を材料として条約の解釈の在り方が検討されたが，特定の結論には至っていなかった[7]。なおその一方で，条約の不当な利用への処方箋として，米国が自国の条約ポリシーとして主張するLOBとEU諸国が主要ポリシーとして主張するPPTテストは，それぞれの二国間条約で個別に採用が広がりつつあった。

しかし，これらの内容については，モデル条約1条（条約適用の人的範囲を「居住者」である「者」に限るとする規定）のオプションとして同条コメンタリーで例示されるにとどまり[8]，二重非課税問題に対する抜本的処方箋として

---

(7)　インド・モーリシャス条約にかかるインド最高裁判決（条約は二重非課税を許容すると認定）及びカナダ・アメリカ条約にかかるカナダ最高裁判決（二重非課税を条約締結権者の立法意思に反するものとして否認）の比較検討などで議論されたが，二重非課税状況を一般的に条約が受け入れているかどうかについては，賛否両論が並立する状況にあった。

の条文化は合意されていなかったのである。

　また，条約の枠組みを外さない範囲で意図的に二重非課税状況を作り出す租税回避行為に対して，租税条約がどこまで解釈適用によって対応できるかについても，十分なコンセンサスは得られていなかった[9]。

Ⅱ　BEPS 行動 6 の提言

　最終報告書は，以下の 2 つのミニマムスタンダードの提言と，附帯する 2 つのオプションの提示を行っている。

1　BEPS プロジェクトにおいてミニマムスタンダードとされた条約改正項目

(1)　租税条約のタイトル・前文における言及

　租税条約のタイトル・前文に「租税条約は租税回避・脱税（条約漁りを含む）を通じた二重非課税または税負担の機会を創出することを意図したものではない」との趣旨を明記することとされた。タイトル・前文とも条約解釈に当たって参照可能な文脈を構成するものであるので，租税回避目的の条約漁り等により二重非課税が発生した場合には，この改正により条約に適合しない課税状況として是正する解釈が可能となると考えられる。

　なお，後述する通り，この前文等の改正は多国間協定である BEPS 防止措置実施条約の 6 条に規定されている。

(2)　PPT と LOB を含む特典資格条項の導入

　BEPS 最終報告書行動 6 が勧告した一般的な租税条約濫用防止措置は，いわゆる特典資格条項の導入であり，その内容は以下の 3 つのうちどれか一つ

---

(8)　2014 年版 OECD モデル条約 1 条コメンタリー・パラ 7-26 参照。

(9)　テリトリアル方式を採るラテンアメリカ諸国や欧州の中小国（蘭，オーストリア等）では，むしろ条約の枠組みを外さない範囲で発生した二重非課税は，肯定しうるとする考えが流布していたようである。

を条約に組み込むことを求めている。
① 主要目的テスト（PPT）のみ
② 特典制限条項（LOB）と PPT 及び簡素版 LOB（特典制限条項）の両方
③ 厳格版 LOB 及び導管取引防止メカニズム
（注）導管取引防止メカニズムとは第三国居住者が関係する back-to-back 取引スキームで，途中に条約締結国の適格者を介在させて条約の特典を得ようとする一定の取引について，当該特典を認めないと規定する条項である。性格の共通性から「限定的 PPT」と呼ばれることもある。

我が国の条約例では，例えば日米条約の配当・利子・使用料条項に，下図のような状況に適用すべく付加されている。これらのオプションについては，後述する BEPS 防止措置実施条約では 7 条に規定されている。

取引図 2　我が国条約例にみる導管防止メカニズムの適用例

（注）導管取引とみなされ，特典供与が拒否される条件
　・第 2 優先株が第 1 優先株と「同等」のものであること
　・居住者による第 1 優先株の保有と，第三国居住者による第 2 優先株の保有との間に，「前者がなかったら後者はなかったはずである」という条件関係が存在すること
　・米国＝第三国間に，日米条約に基づく特典と同等以上の有利な特典が保証されていないこと

最終報告書で提示された PPT と LOB の概要は下表のとおりである。

26

対照表　LOB と PPT の比較

項目	LOB	PPT
モデル条約 条文構成	X 条 1 項〜6 項 （うち 6 項は定義規定）	X 条 7 項
内容	1 項：適格者でない企業には条約の特典を付与しない 2 項：適格者の範囲として上場会社等を外形基準で列記 3 項：能動的基準か事業活動基準による救済（2 項に不該当でも、能動的な活動に起因する一定の所得を救済） 4 項：派生的受益者基準* 5 項：権限ある当局による認定（1〜4 項に該当しない場合の最終救済手段）	条約の特典は、その特典を得ることが取引または取極めの主たる目的の一つであると合理的に結論付けられる場合には、与えられない。
備考	派生的受益者基準とは、上記の取引図 2 において、本来の A→B を A→C→B に迂回した場合でも、仮に A/B 間と C/B 間の特典内容に差がない場合には、租税計画の観点から C を介在させる動機に乏しいとして、特典適用を認めるものである。	PPT が欧州で適用される典型例は、上記取引図 2 において、介在者 C が第三者の銀行等で信託契約により受益権を行使する場合が例示されている。

　なお，2017 年 12 月に公表された「2017 年版 OECD モデル条約」は上記の BEPS 勧告を反映して 29 条に特典条項（Entitlement to Benefits）を新設している。

2　LOB と PPT の関係

　上記対照表の通り，LOB は，企業の属性に着目して特典の有無を判定する仕組みである。すなわち，企業の属性や活動に着目して第三国居住者に支配されたり影響を受けたりしていないかを客観的な基準で判断するものであり，予測可能性はより高くなる。たとえば適格者の代表として上場企業があげられているが，上場企業であれば内外を問わず不特定多数の株主が存在し，特定第三国の居住者に支配されるとは考えられないからである。

第2章 租税条約の濫用防止 27

　一方で，PPT は，条約の特典はその特典を得ることが取引又は取極めの主たる目的の一つであると合理的に結論付けられる場合には与えられないとするものであり，目的という主観的要件を掲げつつ，その目的を有していると「合理的に結論付けられる」という要件を追加して，客観性を高める工夫をしたものである。ただし，特典獲得が唯一の目的である必要はなく，主たる目的の一つであればよいとされたことから，解釈の幅がある弾力性のある基準といえる。

　なお，最終報告書では，ミニマムスタンダードとして選択する3つのオプションのうち，上記の②と③の組み合わせの両方に LOB が入っているが，②の LOB は簡易な LOB でよい反面，③の LOB はより厳格な LOB を必要としている。これは組み合わせの相方となる PPT と導管取引防止メカニズムのガードの固さの違いを反映したものであるとみられる。

　すなわち，PPT は，国内法でいえばいわゆる一般的租税回避否認規定に相当する適用範囲の広がりを持ち，仮に LOB をすり抜けたスキームがあったとしても是正能力が高いのに対し，導管防止取極めは個別的否認規定の性格を持つ特定の状況に限った補足規定であるため，これと組み合わされる LOB はより厳格なものが求められるのである[10]。

3　受益者条項と条約濫用との関係

　受益者概念は OECD モデル条約において長期間の検討を経た経験があり，米国型及び EU 型のいずれの条約濫用防止法制においても，重要な共通概念として活用されてきている。但し，その適用は，法的に受益権限を解釈するため，比較的抑制的な解釈が行われてきたといえる。

　これに対して，今回の BEPS 報告書では二重非課税対策としてより否認

---

(10)　最終報告書の解説によれば，例えば上場企業の意義については，①の LOB は第三国にある証券取引所を含めて単に上場していればよいのに対し，③の LOB では，企業が所在する国の証券取引所に上場されていることを求めている。

範囲の広い LOB と PPT のセットを基本形として提示した。その中では，従来受益者概念の延長線上で論じられてきた派生的受益者基準が LOB の中で具体化されたほか，導管取極め防止メカニズムとして整理される条項が，詳細版 LOB とともに投資所得条項に設定することも提案された。これによって，従来の受益者概念での対応の限界も大きく拡大されたといえよう。

Ⅲ　我が国条約例にみる条約濫用防止規定の事例

　我が国は 2004 年の日米条約改定の際に，詳細版 LOB 条項の導入を合意した。しかし，当該 LOB はすべての条約特典の資格審査で必要とされること，PPT との組み合わせを行えばより簡素でコンプライアンスコストの少ない管理が可能と思われたこと等から，2006 年の日英条約の改定に際しては，前述した PPT を投資所得条項に持ち込むとともに，LOB 条項の適用対象を，事業所得，配当，利子，使用料，譲渡所得及びその他所得に関する特典享受に限って適用することとされた。その後も我が国の条約改定に当たっては，英国方式を踏襲するもの（フランス，スイス，オーストラリア等）が増加してきている[11]。これらの状況から，すでに我が国は BEPS 基準を満たすハイブリッド体制を確立していると位置付けられる。

　日英条約では，投資所得条項中にいずれも濫用目的防止規定（PPT´）を規定しており（日英 10 条⑨，11 条⑩，12 条⑥，及び 21 条⑤），代表例の配当条項では，「配当の支払の起因となる株式その他の権利の設定または移転に関与した者が，本条の特典を受けることを当該権利の設定または移転の主たる目的の全部または一部とする場合には，当該配当に対しては，本条に定める租税の軽減または免除は与えられない」とするものである。条文自体は LOB と異なり簡明でありその分濫用目的に対し広く対応が可能であるものの，その分，納税者にとっては予測可能性が LOB に比べ劣るという問題点も指摘

---

(11)　ポルトガル条約は例外的に LOB を省いて PPT のみの条約となっている。

されている[12]。

なお，PPT 適用の要件は，まず，①条約特典を受けることを目的に第三国居住者がペーパーカンパニーをいずれかの締約国に設立し，又は，一方の締約国の居住者に株式，権利，若しくは財産を移転し，次に，②当該ペーパーカンパニー又は上記居住者を「受益者」として条約特典を申請した場合ということになろう。

Ⅳ　今後の課題

1　本邦多国籍企業にとっての課題

PPT は欧州諸国が採用している条約濫用防止のための条文であり，LOB はアメリカが採用しているものであるが，BEPS 最終報告では，その両者を結合した条約も認めて柔軟性のある制度設計を許容した。それら選択肢の「どれかによる濫用防止条項の設置」というミニマムスタンダードに沿った改定が行われることになり，改定の受け皿として多国間協定の活用が期待されている。

ただし，多国間協定での，LOB 条項の起草にあたっては，LOB の母国である米国が 2016 年春に US モデル条約の改定を発表したので，それを踏まえて，簡易版の LOB 条項が起草された[13]。加えて，集合的投資ビークルでないファンドへの条約適格性についての検討が行われ，ガイダンスも発出さ

---

(12)　BEPS 最終報告書でもこの問題への取組みにより，適用ガイダンス事例が追加されているが（我が国のビジネスに関心のある地域統括会社に関するものを含む），今後 PPT 採用条約の増加に伴い，ガイダンス対象はさらなる拡充が求められる。

(13)　米国の 2016US モデル条約改定内容を見ると，米国は，BEPS 対応に先頭に立って実質的に取り組んでいるとの自負からか，BEPS 合意の共通基準に必ずしも忠実な改定を行っているとは観察されない。LOB の精緻化には努力しているものの，例えば，PE の定義については BEPS 提言に基づく改定を見送っている。米国によれば，帰属主義のガイダンスが固まらない段階で，PE 条項を改定することは途上国の予想できないアグレッシブな課税を引き起こすリスクがあるとしている。

れている。したがって，条約濫用防止という4つ目のミニマムスタンダードの法制化は，多国間協定の起草に関する限り問題はなさそうであるが，その先の執行を見据えた場合，特にPPTについては適用基準に関するガイダンスがより必要とされると考えられる。

当該ガイダンスは，上述したように，我が国企業のグローバル事業展開が，本邦親会社の集中管理から拠点に設立した地域統括会社を通じた管理に切り替えられつつある現状に鑑みると，それらの地域統括会社の果たす機能や引き受けるリスクの証明責任をどの程度果たせばよいのかという，切実な本邦企業の悩みを解決すると期待されよう。

いずれにしても，経済的実態や存在感を積極的に立証できる準備が求められるが，その際，第1章で言及した国別報告書等の，新たな開示情報との整合性にも留意する必要がある。

2　多国間協定での合意とその課題

条約濫用防止措置は，BEPS合意が得られた租税条約関連項目の中ではミニマムスタンダードとされるもっとも重要な改正項目である。その内容は多国間協定で条文化されることにより具体化した。そこで，以下においては，条約濫用防止措置の起草内容を中心としつつも，そこで大きな役割を果たしている多国間協定の成立過程とその課題を概観する。多国間協定には，ハイブリッドミスマッチ対応やPEの地位の回避対応など，実体法関連の改正案の起草もされているが，ここでは触れない。また，仲裁を含む紛争解決関係の起草部分は，次章で取り扱う。

(1)　行動15（多国間協定）の位置付け及び起草・署名の経緯

BEPS勧告が各国を義務付ける法改正要求を行った場合，当該改正事項が租税条約の管轄対象である限り，各国の条約締結権者は，当面果てしなく続く二国間条約の改定交渉に没頭せざるを得ないことが予測された。この困難性を予見して，BEPSプロジェクトでは，最終合意文書確定後速やかに，成果の法制化を多国間条約で合意すべきとの判断の下，同協定の仕組みや機能

の検討を踏まえた起草作業に着手したのである。しかもこの作業をBEPS最後の行動15としてリストアップした。

　条約案として条約交渉担当者間の約1年強の協議により起草された多国間協定（BEPS防止措置実施条約，以下「BEPS防止条約」と略す）は，2016年末に署名のために公開された。その内容は，BEPS合意のうち4つのミニマムスタンダード項目に関係しかつ条約改正が処方箋となる2項目（条約濫用，紛争解決の改善）を中心に，ミニマムスタンダードには達しないが改正の必要性につき広範な合意の見られた重要な条約改正関連項目（ハイブリッドミスマッチ及びPEの地位の回避への対応）を含むコンパクトなものとなった。

〈協定の条文構成〉

1. 適用範囲・用語解説（1条，2条）
2. ハイブリッドミスマッチ（3条－5条）
3. 条約濫用の防止－主要目的テスト，特典制限等（7条）
4. 配当移転取引（8条）
5. 不動産を保有する企業・パートナーシップ・信託の株式・持分の譲渡からの収益（9条）
6. 第三国のPE（恒久的施設）に係る濫用防止規定（10条）
7. 国内法の下での自国居住者への課税の許容（11条）
8. PE（恒久的施設）（12条－14条）
9. 相互協議（16条）・対応的調整（17条）
10. 義務的拘束的仲裁（18条－26条）

　なおこの過程では，前述した包摂的取組みの下で新たに参加する国の要望等で起草作業が遅延することも懸念されたが，起草は最終合意内容の具現化にすぎないと整理され，渋滞は見られなかったようである[14]。署名公開後は，2017年6月のOECD本部での署名式等を経て，2017年12月現在72カ国が署名を終えている。

---

(14)　起草は当初の参加国27カ国の下で行われた。但し起草プロセスから疎外されたビジネスからは若干不満も寄せられている。

⑵ BEPS 実施条約の構造及び選択状況

OECD の解説によれば，同条約はマルチの条約ではあるが，署名国は，署名の際に[15]その適用対象となる二国間条約を選択し，かつ同条約のどの条項を選択した二国間条約に適用するか（マルチ条約で上書きするか）を選択することができるシステムが採られた。対象条約と適用条文の任意選択性の下では，署名国間であっても自国と相手国の選択状況にミスマッチが発生する可能性があり，その分実効性を欠くリスクを構造的には内包している。しかし，長年にわたり審議された BEPS プロジェクトの議論を踏まえて前向きに取り組もうとしている参加国間（包摂的枠組み参加国を含む）では，当該ミスマッチはバイのコミュニケーションも前提にするとある程度縮小できるものと思われる。

以下においては，OECD の資料により当面の選択状況を概観してみよう。

① 留保制度の概要

上記任意選択を支えるのが，BEPS 実施条約の各条項に付されている留保規定・通知規定等の技術的な規定である。4 つの改正項目を起草した 3 条から 17 条の改正案について，それらの要件が規定されている。②以降の分析はこれに基づく留保結果の集計である。

② 対象条約及び対象条項の選択[16]

署名済み BEPS 防止条約の公式寄託先である OECD は，寄託された通知票（選択状況がすべて記載）の内容をすべてホームページで公開している。これにより署名国の選択した二国間条約がどれなのかが明らかにされている。さらに二国間条約ごとに締結国間の選択状況も各国の通知内容により集約されている。

また，OECD は，署名国ごとの対象条項の選択状況及び留保状況につい

---

(15)　当該選択は，批准書の寄託の際に一定の要件のもとで修正できることとされている。

(16)　以下は，いずれも http://www.oecd.org/tax/treatiesbeps-mil-signatories-andparties.pdf 等が公開するデータベースによる。

第2章　租税条約の濫用防止　33

て一覧表にしているほか，上記と同様，二国間条約ごとの対象項目のマッチング状況も集約している。

　なお，署名時点での上記選択は暫定的なものとされ，批准時の修正を待って最終選択となる。

　③　対象条項の選択の動向

　まずミニマムスタンダードである条約濫用防止条項（7条）に関してであるが，72署名国のすべてが，3つあった選択肢のうちPPTを選択している。なおその内12カ国が簡易版LOBでそれを補完する選択をしている。この結果から見ると，署名国間でのPPTのプライオリティは圧倒的なものに見える。また，既述したタイトル・前文の修正に関する対象租税協定の目的条項（6条）もすべての国が受け入れている。

　もう一つのミニマムスタンダードである紛争解決に関してであるが，当然ながら72カ国すべてが相互協議（MAP）の改善に関する規定を受け入れるとしている。但し，同じ紛争解決であってもミニマムスタンダードとされていない仲裁手続条項（18〜26条）に関しては，選択国は26カ国に過ぎない。我が国のビジネスは，移転価格税制やPE帰属所得に関する勧告（国内法ベースの改正による）の適正な運用を保証する観点から，仲裁の普及動向に大きな関心を持っており，26カ国の同調では十分な不安解消ができないかもしれない。ただ，OECDでは合意した26カ国で全世界のMAP事案の約90%がカバーされるとしており，実質的には大きな進展と評価すべきかもしれない(17)。

　ミニマムスタンダードでない実体法改正案では，行動7関係ではコミッショネアの利用による回避への対応（12条）を選択した国が31カ国，特定取引のPE非該当への対処のオプション（13条）を選択した国が41カ国，契約分割対応オプション（14条）を選択した国が26カ国と比較的多数が選択

────────────────

(17)　仲裁条項を選択した国のうち，どちらか一方の権限ある当局の主張を採択するいわゆる「ベースボール方式」を選択したのは19カ国，仲裁人による独立意見方式（我が国の立場）を選択したものは7カ国となっている。

している。

　我が国は上記の項目のほとんどの適用を選択しているが，契約分割オプションについては留保している。

3　今後の課題

　国内法を含めた BEPS 対応が今後各国において整合的でなく行われた場合に発生する新たな二重課税のリスクに対処するためには，多国間協定で実体法のみならず手続法規定の充実も必須と考えられていた。仲裁条項について，ビジネスからの要望を踏まえた仲裁の必要性と既存条約での採用例の拡大に配意し，選択条項として起草されたのは歓迎すべきことである。加えて，仲裁に多くの条項を割きその明確化を図ったことは，税の安定性を求めるビジネス，特にアジア市場での新興国の課税攻勢に直面している日本企業からは歓迎されるものと考えられる。今後は仲裁の実施段階の経験を各国で蓄積し，紛争解決機能の実効性を高める必要がある（なお，仲裁の法的問題等については次章で詳述する）。

　また，米国は，元来租税条約に関して二国間主義を強く主張する立場を維持してきており[18]，最終報告書の完成段階では，多国間協定起草作業への参加の意思表示を行わなかったため，協調にほころびがみられた。その後米国も参加表明したため，懸念材料がいったん解消されたが，アメリカ第一主義の下，特に通商政策でグローバル協調と一線を画すと明言しているトランプ政権の下では，米国の国際課税面での協調参加にも不安材料が感じられる。また，同様の懸念は，Brexit 問題下で多国間協定の重要項目（PE 概念の拡大等）に留保を付した英国についても指摘されている[19]。

---

(18)　2016 改訂 US モデル条約における PE 概念の無修正など実体法ポリシーの違いに加えて，例えば，上述した OECD による共通報告基準での対処についても，米国は自国の FATCA 法制と整合的であるとして共通書式による参加を控えている。

(19)　2017.1 KPMG "new-look website".

「税源浸食と利益移転（BEPS）」対策税制

第3章　BEPS に伴う紛争解決制度の改革（相互協議及び仲裁制度）

早稲田大学教授　**青山　慶二**

I　相互協議の構造

1　法的仕組み

　条約の規定に反する課税が一方の課税当局により行われた場合には，当該課税は同時に条約違反状態になるため，納税者には租税条約上の特別の救済措置が用意されている。これが，モデル条約 25 条の権限ある当局間での相互協議による紛争解決である。納税者は条約の規定に反する課税を受けたと認識した場合には，国内法の救済手段とは別に，自己が居住者である締約国の権限ある当局に[1]相互協議を申し立てることができ，申し立てを受けた権限ある当局は締約相手国の当局と協議して二重課税の解決を図る努力義務が課せられている（OECD モデル条約 25 条 1 項，2 項）。

　相互協議を担当する「権限ある当局」は，日本の場合「財務大臣または権限を与えられたその代理人」と規定されており，国税庁の相互協議室のスタ

---

(1)　OECD モデル条約は居住地国当局への申し立てのみを規定してきたが，米国モデル条約は両締約国のどちらに対しても申し立てできるとしている。なお，BEPS 行動 14 の勧告では，米国モデル条約の双方への申し立て方式に改正するよう提言し，その結果 2017 年 12 月に公表された改定 OECD モデル条約の 25 条は双方の当局への申立権を明記した。

ッフが交渉実務に従事している。個別事案に関する相互協議は，当局間で条約の規定に適合する課税かどうかを判定し，適合と判断された場合には，相手国がその結果に即して徴収済みの税額を還付する対応的調整（モデル条約7条3項及び9条2項）を行うことを義務付けており，納税者にとって最も強力な紛争解決手段と位置付けられている。

我が国では，国税庁の課税により外国取引に関して二重課税が発生した場合には，納税者には相互協議と並んで，国内法の紛争解決手段（審査請求，訴訟の税務争訟手続）が保障されている。勝訴見込が高いと考えて納税者が訴訟を選好する事例も最近見られるようになった。

なお，相互協議には，上記の納税者に発生した個別事案にかかる二重課税救済の趣旨で行われるものの他，①条約の解釈適用に関する相互協議（同条25条3項1文）と，②条約に定めがない場合における二重課税を除去するための相互協議（同条3項2文）が用意されており，これらは納税者の申し立てを要件とせず，当局間のみで行われる。

2　相互協議事案の実態

直近の国税庁記者発表によれば[2]，相互協議事案の96％が移転価格事案でしかもそのうち8割は事前確認事案ということであり，紛争解決のステージが課税後から課税前の紛争予防に移ってきていることが確認できる。また，相互協議事案の発生国としてアジア諸国で課税を受けた案件が増加しており，移転価格を中心としたアジア諸国の課税攻勢が我が国多国籍企業にとっての新たな負担となっていることがうかがえる[3]。

---

(2)　国税庁「平成28年度の相互協議の状況について」（平成29年11月）
(3)　前掲注（2）参照。繰越事案ベースでは，地域別にはアジアが米州プラス欧州の件数を上回っている。

第 3 章　BEPS に伴う紛争解決制度の改革（相互協議及び仲裁制度）　37

II　相互協議に当たっての法的課題

1　納税者の選択権行使の視点

　前記の通り，納税者は紛争解決手段として相互協議を選択するかどうかに当たっては，以下の比較検討を行っていると考えられる。

相互協議・訴訟の比較表

項目	相互協議	訴訟
メリット	・条約上 2 年の解決期限が付されている（条約によってはその後の仲裁の可能性もあり） ・合意が得られれば100％の二重課税解消が可能	・司法上の最終決着が保障されている ・当事者として紛争解決に参画できる
デメリット	・合意努力義務が規定されているのみで、最終解決が保障されない ・司法判断が出ると権限ある当局の交渉ポジションが制約を受ける ・当事者としての紛争解決過程への参加が制限されている	・解決までのスケジュール管理が困難 ・部分勝訴になった場合の残存する二重課税救済が困難

　上記の事情から，両方の手段を併用したい納税者については，双方の手続きをスタートさせ，まず訴訟を停止しておいて相互協議を先行させる手続きを採るケースが多いといわれている。なお，2 年間で相互協議の合意が得られない場合の仲裁への移行は，仲裁条項の発動が可能な条約がまだ限られている状況下[4]では，必ずしも納税者の安心材料となっていない。ただし，納税者は相互協議合意が難しいと考えた場合に，訴訟に戻るルートを留保できている。

---

(4)　25 条に仲裁条項（モデル条約 25 条 4 項）を備えて，実行が可能な条約は，現時点で英，蘭，香港，ポルトガル，ニュージーランド，スウェーデンの 6 カ国に過ぎない状況である。

2　納税者の相互協議選択を阻害する要因

OECD ベース及び我が国の相互協議案件数の動向を観察すると，いずれも発生に処理が追いつかず未解決の在庫案件数は増加傾向にある[5]。納税者に安定した紛争解決手段として受けいれられるには無理がある状況であるが，このほかに相互協議が内在的に持つ構造的な弱みが従来から指摘されている。

(1)　条約上の合意到達が法的義務となっていない点

モデル条約 25 条 2 項は，「当局は――合意によって事案を解決するよう努める」と規定するのみで，解決義務が課されていない（下線は筆者）。その結果，双方の課税ポジションが異なる税務当局間での相互協議は常に困難をきたす。今回の BEPS プロジェクトへの参加国拡大により OECD 移転価格ガイドラインや PE 帰属所得算定のガイダンスの共有が促進されることが望まれるゆえんである。また実体法の協調だけでなく，前章で観察した多国間協定において仲裁条項の採用が拡充すれば，相互協議不調の際の強制的仲裁への移行が促進され事態の好転が望まれよう。

(2)　ホーストレーディングの可能性

これまで，相互協議をめぐって納税者が懸念した法的課題の一つに，いわゆる「馬取引（horse trading）」の可能性の問題がある。常時売買契約交渉をする環境下では，A 取引では X 当事者に有利な販売価格をつけるが，その分次の取引では Y 当事者にリカバリーを行うという商慣行が，相互協議の場でも権限ある当局間でも行われるのではないかとの懸念である。近年このような批判はやや鳴りを潜めているが，その背景には，当局が相互協議手続過程の透明化を進めたこと，納税者・実務者サイドでも移転価格紛争の経験を積み，課税後の審査から事前確認に軸足が移行したことによって，相互協議の場への関心と関与が高まってきたことがあげられよう。

また馬取引の懸念要因の一つは，納税者から見た権限ある当局担当者の交

---

(5)　前掲注（2）参照。平成 28 年度の国税庁の実績を見ると処理 171 件に対し繰越件数は 456 件であり，単純計算で見ても BEPS 最終報告書が解決期限としている 2 年以内の義務を果たせそうな状況にない。

第3章　BEPS に伴う紛争解決制度の改革（相互協議及び仲裁制度）　39

渉能力のレベルにもある。相互にレベルを上げ，国際水準の課税理論を戦わせて結論が得られているというメリットシステムをアピールするためにも，手続きの透明性や納税者の協議への関与度のアップを図るとともに，先進国から途上国担当者の能力アップに向けた支援も更に求められることとなろう(6)。

⑶　対応的調整の不完全さ

モデル条約9条2項は独立企業原則に従った課税が一方の締約国で行われた場合には，他方の締約国は，条約の趣旨に沿った課税であるかどうかを確認するための相互協議等の手続きを必要に応じてとったうえで，相手国で課された税額について適当な調整を図るべしと規定している。但し本項の実現可能性は，次の事由によって減殺されている。

1番目は，財政上の困難性がもたらす還付までの困難な道のりである。すなわち，対応的調整は，いったん自国の関連納税者から納付済みの法人税を還付することを意味するので，権限ある当局も厳格な法的審査のスタンスで臨み，相手国の課税根拠となる情報も入手検証する必要がある。そこでの資料の評価では両当局の事実認識にずれが生じやすく，理論面でイコールフッティングな状況にあっても，合意に至るのは困難な場合が散見される(7)。

2番目は，租税条約に対応的調整条項がない場合の当事国の義務の問題である。

我が国が締結した現行の条約中には，すでに我が国との経済交流規模が大きくなっている国を含めて，9条1項はあるものの2項を欠く条約を結んだ相手国も散見される（ブラジル，インドネシア，スリランカ，ポーランド，ルーマ

---

(6)　前掲注⑵参照。我が国のアジア地域との繰越事案の3分の1以上が移転価格課税事案であり，このことからは，我が国と異なるポジションの移転価格課税が行われて合意が困難になっている状況が推認される。なお，移転価格に関する途上国向け支援は，IMF 作成のツールキットや国連移転価格マニュアルの更新などにより，BEPS を通じて飛躍的に拡大しつつある。

(7)　この点では，第1章で言及した ICAP プロジェクトによる申告前の段階での納税者・両当局間の協議による共通の事実認定の確保策が注目される。

ニア）。これらの国にとっては，独立企業原則を適用する更正処分を行う権限は相互に承認するが，他方，相手が行った更正処分に対して自国が対応的調整を行う義務はないと主張しうる。

当該条約が 25 条の相互協議条項を有している場合には，相手国の課税が条約の趣旨に即さない（9 条関係では独立企業原則違反）として，相互協議に基づく解決を求める権限はあるものの，相互協議を行って仮に条約に即した課税であることについて合意できたとしても，対応的調整が不可能といういびつな法構成を認めることになってしまう。

この点について，OECD モデルと同様の 1 項，2 項の規定ぶりを持つ国連モデルの 9 条 2 項コメンタリー・パラ 7 は，自国の条約に 2 項を含みたくないと考えている途上国にとっては，2 項に基づく対応的調整を求められることは負担が大きいという見解があることを認識しつつも，2 項は 9 条にとって不可欠の要件であり，これを行わないと条約の趣旨に反する二重課税が発生すると指摘している[8]。しかし，数カ国の意見として，相手国が先に課税処分をした場合については，2 項の対応的調整を「しなければならない」という表現ではなく「することができる」という表現に二国間交渉で変更できるとの見解を持っている。

同コメンタリーは，残念ながらまだこの点につきコンセンサスはないと結んでいる。

3 仲裁による相互協議の補完

OECD モデル条約 25 条 5 項は，相互協議が申し立てられて未解決のまま 2 年を過ぎれば，納税者は仲裁を申請できるとする規定を置いている。ここで実施される仲裁は，強制的仲裁であり，二重課税解消のラストリゾートとしてビジネス界の期待が高まっている。相互協議から仲裁に至るメカニズムの効率化は，BEPS プロジェクトの最大のステークホルダーである多国籍企

---

(8) 国連モデル 9 条コメンタリー・パラ 7（UN Model Double Taxation Convention（2011UN），P. 175）。

業にとって譲れない優先テーマであった。以下においては，仲裁の現状，及びBEPSで合意された改革案をまとめるとともに，仲裁を中心にした今後の課題を検証する。

(1) 仲裁の現状

前述したとおり25条での仲裁規定は，独立した紛争解決手順ではなく，あくまでも相互協議の合意を補完する手続きとして設定されている（商事仲裁との相違点）。OECDが2008年に25条に仲裁条項を増設した後，我が国を含めて二国間条約に仲裁条項を設けた国は飛躍的に拡大している[9]。しかし，一方では，相互協議から現実の仲裁に移行したという事例がほとんど報告されていない。

このことから見ると，仲裁条項の合意は，それ自体を機能させるよりも当面は，仲裁条項に入る前に相互協議による合意で解決しようとする当局へのインセンティブという形で，効果を発揮しているとも評価されよう。

OECDモデル条約が想定する仲裁のイメージは次のとおりである。

- 3人構成の仲裁人パネル（両締約国代表各1人＋第三国代表＝議長職）
- 裁定方式は，Last best offer方式（別名：ベースボール方式）またはIndependent opinion方式（別名：独立意見方式）
- 仲裁裁定は当局に対する拘束力を有し，他方，納税者はその結果に対する合意を留保できる。但し，当局は事案が仲裁に付されていても仲裁裁定前には相互協議合意は可能。

(2) BEPS 最終報告を経た課題

行動14「相互協議の効果的実施」では，ハイレベルの政治的約束をベースとして，相互協議を通じた適時・適切な紛争解決（モデル条約25条）に向け，次の3点の最低限実施すべき措置案をまとめ上げた。

- 相互協議事案を平均24か月以内に解決することを目標化すること
- 相互協議の利用のためのガイダンス公表，及び相互協議担当職員の人

---

(9) 我が国もすでに英，蘭，スウェーデン等6カ国と仲裁を導入したが，まだ実践例があるとの情報には接していない。

員及び独立性の確保

- 納税者に対し相互協議機会を保障する観点から，取引を所管するいずれの締約国の権限ある当局に対しても相互協議申し立てができるよう条約改正を行うこと

さらに，制度を導入する意思のある国という限定つきではあるが，強制的・拘束的仲裁に関する具体的な規定の作成作業を継続すべしと指摘した。

その後すでに署名された BEPS 防止条約では，上記の 3 点はミニマムスタンダードとして 16 条に義務化され，仲裁に関しても，26 カ国の条項選択を得て，市民権を拡大している。

但し，ここまでは仕組の構成段階であり，何よりも問われるのは，実際の紛争解決面での機能である。OECD は既に本件 BEPS 措置のモニタリングを開始した。そこでは，実効性のある二重課税解消の進展を早急に示さなければならない。不良在庫の滞留という末期現象がグローバルに拡大しつつある今，BEPS がもたらした国際課税ルールの改正が，二重非課税を是正するかどうかは各国の税制改正や条約改正に当面依存するが，それらの新規施策へのコンプライアンスの要請を正当化する上で不可欠の「新たに発生する二重課税の有効なコントロール」を任せられるのは，ひとえに仲裁を含めた相互協議に委ねられている。ポスト BEPS 段階で最もプライオリティの高いプロジェクトといえよう。

「税源浸食と利益移転（BEPS）」対策税制

第4章　移転価格税制の強化
（無形資産の移転を中心に）

一橋大学教授　吉村　政穂

I　問題の所在

　本章では，無形資産の移転を中心として，移転価格税制の強化に向けた
BEPS 行動を取り上げる。2015 年 9 月に BEPS 最終報告書が公表され[1]，
その内容について論評が出始めて，制度改正の動きも出ているが，まずはそ
の背景となった問題局面（事案の具体例）を紹介した上で，最終報告書の内
容がわが国の移転価格税制をめぐる議論にどういう影響を与えるかを検討し
ていくこととする。

　なお，こうした実体的なルール改正の提案に先だって，移転価格文書化の
改善に向けた取組が進められていた。その中には，多国籍企業の国ごとの活
動状況（国別報告書）に関してグローバルな情報共有を行う枠組が含まれ，
多くの国々で実施されている。わが国でも，BEPS 行動 13 による国内法上
の文書化制度に関する平成 28 年度税制改正とあわせ，こうした多国間枠組
への参加が進められているが，本稿では割愛する。

---

(1)　OECD, Aligning Transfer Pricing Outcomes with Value Creation, Actions
8-10-2015 Final Reports, OECD/G20 Base Erosion and Profit Shifting Proj-
ect (2015) [hereinafter called "Final Report"].

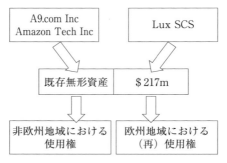

　BEPS プロジェクトで問題視されたような，無形資産を利用した租税回避については，アマゾンが 2005 年に行った事業再編に伴う無形資産移転（Project Goldcrest[2]）の事案が，その特徴を典型的に示している。当該事業再編においては，アメリカ国内にあったアマゾンの技術開発子会社が，費用拠出取決め（Cost Contribution Arrangement，CCA）を利用して，ビジネスモデルの構成要素となるプログラム等の既存の無形資産を海外に（一部）移転した。その際，ルクセンブルク所在の知財管理会社（LUX SCS）が，約 2 億 1,700 万ドルの対価（バイイン（buy-in））を支払って，既存無形資産を基に新たに開発された無形資産のうち欧州地域におけるライセンスを取得した。

　ここに，無形資産の国際的移転によって生じる 1 つ目の問題が存在する。それは無形資産の評価問題である。アメリカでは，当該 CCA に伴うバイイン支払の額について，当該知財管理会社（LUX SCS）が取得するライセンスの対価として適正であったか否か（独立企業間価格適合性）が争われている。その中で，次のような問題が改めて注目されている。

　　・移転時の評価困難性（情報の非対称性）
　　・訴訟段階での立証の困難
　　・費用分担取決め参加者のリスク負担の評価

　また，その後の欧州域内における当該知財管理会社（LUX SCS）に対するライセンス料支払の適正さについても，EU の競争当局が関心を持って調査

（2）　キクイタダキ（goldcrest）はルクセンブルクの国鳥である。

を進め，EU 機能条約 107 条 1 項によって禁止された国家補助と認定する欧州委員会の予備的決定が示されている[3]。つまり，この知財管理会社（LUX SCS）の子会社として（欧州）地域統括会社（Amazon EU S.a.r.L.）が同じくルクセンブルク国内に置かれ，当該地域統括会社から LUX SCS に対して当該無形資産を使用する対価（ライセンス料）が支払われるスキームとなっているところ，そのライセンス料が独立企業間価格に合致せず，そうであるにもかかわらずライセンス料算定根拠の独立企業間価格該当性を認めたルクセンブルク当局のタックスルーリング（事前確認）は国家補助に該当するとの予備的決定が下され，本調査でも判定は覆らなかった（2017 年 10 月 4 日欧州委員会決定）。両社ともルクセンブルクにて設立されながら，LUX SCS はいわゆるハイブリッドエンティティーであり，この LUX SCS に利益を留保している限りは，どの国の課税権も及ばない状況が生じる[4]。そのため，当該地域統括会社から LUX SCS に効率よく利益を移転する手法として，ライセンスフィーの算定方法が恣意的に設定されているのではないか，さらにルクセンブルク当局がその恣意的な算定方法を是認していたのではないかという疑いが存在している[5]。

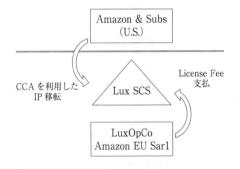

---

(3) European Commission, State aid SA.38944（2014/C）-Luxembourg Alleged aid to Amazon by way of a tax ruling, C（2014）7156 final（Oct.7, 2014）.
(4) アメリカ税法上は法人として認識される（原則として還流時まで課税が繰り延べられる）一方で，ルクセンブルク税法上は透明扱いであり，アメリカ法人がライセンス料を直接受領したと認識される。

ここから指摘できる2つ目の問題は，多国籍企業が，税負担の小さい子会社（上掲の例ではLUX SCS）に無形資産を移転した上で，当該無形資産に起因する所得という名目で，実際の経済活動を行う事業子会社から利益をはぎ取ることが容易な点である。これは，BEPSプロジェクトの中では，「キャッシュボックス（cash box companies）」対策として議論されたテーマになる。実質的な経済活動は全く行わず，従業員も1桁，オフィスも郵便ボックスだけという規模でありながら，グループ内貸付によって過大資本の状態にある子会社が，この過大資本を生かしてグループ内の重要な無形資産を法的に所有しているスキームに注目が集まった(6)。また，多国籍企業の課税にあたって，全体像（big picture），すなわちグループ全体の資産・従業員，所得稼得および納税の状況に関して，関係国間で情報を共有すること（BEPS行動13）の重要性が改めて認識されたといえる。

　最終報告書では，このようなキャッシュボックスに対しては，移転価格税制を含め，他の行動と合わせた包括的な（holistic）アプローチによって対抗することが示された。他の行動，例えば行動3（効果的なCFC税制の構築）なども通じて，多様な局面において対抗することが構想されている。ただ，他の行動との関係も重要であるものの，本章では，移転価格税制への影響を検討することを主眼に据え，BEPS行動8から10で提言されたルール改正について紹介する。そして，移転価格税制の強化に関する最終報告書の内容を紹介した上で，国内法制化に際しての課題を提示する。

---

(5) さらに欧州地域に展開するアマゾンの販売網から得られる収益は，（各地域における恒久的施設の定義を回避して）この統括会社が一手に稼得するように仕組まれ，そしてその利益が，ライセンスフィーの支払を通じてLUX SCSに移転することになっている。

(6) 討議草案段階では，移転価格税制の「特別措置（special measures）」がいくつか提案されたが，そのオプションとして，例えば，「資本拠出者への不適切な利益還元への対応」という類型が設けられた。また，「Minimal functional entityへの対応」も掲げられ，従業員やオフィスを持たず，最低限の機能しか有していない事業体への利益移転に対しても，移転価格税制の特別措置によって対抗する可能性が示唆されていた。

II 移転価格税制の強化

1 BEPS 行動計画の目的

まず，最終報告書の内容を紹介する前提として，BEPS 行動 8 から 10 に関して，行動計画がどのように設定されていたかを確認する。行動計画では，独立企業原則が多くの局面で有効に機能していることを認めた上で，「多国籍企業は，所得とその所得を生み出す経済活動（economic activities）を分離し，それを低税（low-tax）環境に移転するために，それらのルールを利用かつ／または誤って適用」し，うまく機能しない場合があることを指摘した[7]上で，その不都合に個別に対応するための行動を策定していく方針が打ち出されていた。

特に，BEPS プロジェクトが立ち上げられる前後には，移転価格税制の理念である独立企業原則の「限界」が盛んに指摘されていたものの[8]，独立企業原則に代わる新しい所得配分システムが構想されたわけではないことに留意する必要がある[9]。①無形資産，②リスクおよび③過大資本について，あくまでも現行ルールによって生じる不都合への処方せんを求める取組であった。ただし，その問題に対処するため，独立企業原則の範囲内であれ，または超えるものであれ（either within or beyond），特別措置が開発される可能性への言及があり，独立企業原則を踏み越える可能性が検討されていたことは確かである[10]。

最終報告書のエグゼクティブサマリーでは，その目的について次のように述べている。

---

(7) OECD, Action Plan on Base Erosion and Profit Shifting (2013), p. 19.

(8) See, e. g., Lee A. Sheppard, Twilight of the International Consensus: How Multinationals Squandered Their Tax Privileges, 44 Wash. U. J. L. & Pol'y 61 (2014).

(9) OECD, supra note 7, at 20.

(10) Id.

48

「独立企業原則（arm's length principle）は，関連者間での移転価格を評価し，かつ二重課税を防ぐために，租税行政庁および納税者にとって実践的で，均衡のとれた基準として有益であると証明されてきた。しかしながら，機能，資産およびリスクに係る契約上の配分を強調するように感じられることから，当該原則の適用に関する現行の指針は小細工（manipulation）に弱いということもまた証明されてきた。この小細工は，多国籍企業グループの構成員によって遂行され，基礎をなす経済活動を通じて創造される価値とは合致しない結果をもたらすであろう[11]。」

ここからわかるように，既存ルールの内容として，契約上の取決めを重視するように受け止められている面があり，これを修正しようというのが1つの目的として掲げられている。そのため，後述の通り，移転価格税制の適用にあたって，実際の取引（actual transaction）の描写（delineation）が重視され，その判定に関する詳細なルールが示されている。契約を出発点としながらも，その経済的裏付けを確認しつつ，実際の取引を描写・特定するような判断過程が提示されている。

また，もう1つの目的として，BEPSプロジェクトのキーワードである「創造される価値」の重視，すなわち移転価格税制を適用した結果と価値創造（value creation）とを一致させることが目標として掲げられている。従来，移転価格税制の適用にあたっては，各関連企業が果たしている機能および引き受けているリスクを特定することが必要であり，この機能・リスク分析に従って価格づけの適正さを判断するのが核心であったが，さらにBEPSプロジェクトでは，その配分結果と価値創造との一致が要請された。

なお，今回のBEPSプロジェクトでは，「経済活動の場」において課税を行うことが1つの指導理念となっている[12]。すなわち，BEPSプロジェク

---

(11)　Final Report, at 9.
(12)　例えば，行動7のPE閾値の見直しにあたっては，その国で経済活動を行っている以上，当該国に対して税金を納付すべきという発想が強く打ち出されていた。

トの中で，移転価格税制における価値創造論と並び，経済活動の場での納税
という2つのキーワードが示されている。多くの場合この両者は重なると思
われるものの，無形資産を利用した活動には他の経済活動と異なる特徴が存
在する。つまり，無形資産については，大きく創造と利用という2段階が観
念でき[13]，収益が現に生み出される利用段階において，誰がその法的権原
を有しているか，例えば法的所有権を持っているのかという点を過度に重視
するのではなく，その創造過程において，誰が創造に貢献したのかも考慮す
る必要がある。そして，今まで理解されているよりも，もう少し無形資産の
創造の場面にさかのぼり，より深みのある分析を行う点に意義があるとも評
価できる[14]。

　BEPS プロジェクトの対象となった移転価格ガイドラインの改訂作業とし
て，本稿では大きく2つの項目を取り上げる。その1つ目が，ガイドライン
第1章において記述が大幅に拡充されることとなった，機能・リスク分析の
前提となる実際の取引の描写に関する勧告内容である。あわせてリスク配分
を分析する新たな枠組についても取り上げる。そして2つ目として，無形資
産に関する特別な配慮のパート（第6章）において，どのような進展があり，
今後いかなる改訂が進められるのかを紹介する。

---

(13)　See, e. g., OECD, Supporting Investment in Knowledge Capital, Growth
　　　and Innovation (2013).
(14)　価値創造に基づく配分は，実際の機能として人的な機能，人的な要素に課税権
　　　配分を認める方向で作用し得るため，経済活動の場すなわち源泉地国に課税権
　　　を認める議論とは衝突する面がある。また，逆に，移転価格やデジタル経済に
　　　おける「市場」の貢献を強調する文脈で価値創造という用語を持ち出す国の存
　　　在も示唆されている。(David D. Stewart, 'Value Creation' Understanding
　　　Key to Transfer Pricing's Future, 2015 TNT 142-4 (July 23, 2015).)。その
　　　観点からは，後述の DEMPE 貢献について，普及 (promotion) を1要素とし
　　　て追加した中国の動向が関心を集めている。

2　機能・リスク分析の精緻化

⑴　実際の取引の描写（delineation）

TP ガイドライン第 1 章の改訂によって実現されるものとして，①リスクの移転または過剰な資本の配分を利用した BEPS の防止と，②独立企業間ではめったに起こらないような取引を利用した BEPS の防止が挙げられる。

アマゾンが実施した無形資産移転を伴う事業再編の例を冒頭に掲げたが，そこで問題視されたことの 1 つは，（グループ内での支払を原資とする）資金拠出をしたにすぎない LUX SCS が無形資産の一部を取得し，その無形資産に対応する収益を得ていた点であった。すなわち，LUX SCS のようなキャッシュボックスが，実質的な裏付けを欠くリスク負担や無形資産に応じた対価を享受するというスキームの問題は，取引（特にリスク配分）の実質に裏付けられない契約上の取極めによって，移転価格税制適用の結果が操作されているという疑問を生じさせるものであったことに由来する。前述の通り，実質を欠いた契約上の取極めによる小細工については，移転価格税制一般の問題として捉えられていたことに加え，実際の取引を描写する枠組に関する改訂作業は，キャッシュボックスに対抗する機能も期待されていることになる。

具体的に，こうした目標を実現するために強調されているのが，実際の取引を描写するプロセスになる。前述の通り，契約上の取極めが移転価格税制の適用上（過度に）尊重されると受け止められているがために，それを利用した BEPS が生じているとの問題意識が根底にあり，契約から読み取れる取引と実際の取引とを結び付けることを意図したプロセスとして位置付けられる。

ただし，「取引が契約書上の合意によって関連者間で成立している場合，当該合意は，当事者間の取引を描写し，契約締結時において当事者の相互関係から生じる責任，リスクおよび予測される結果がどのように分配されることが意図されていたかを描写するための出発点となる[15]」として，あくま

---

(15)　Par. 1.42.

第4章　移転価格税制の強化（無形資産の移転を中心に）　51

で契約書上の合意が実際の取引の描写を行うに当たって出発点を提供するものであることは確認されている。

その一方で，契約書のみをもって実際の取引の描写を行うことはできず，「経済的に関連する特徴（the economically relevant characteristics）」について，さらに情報を取得する必要が強調されている[16]。契約書に加えて，①取引の各当事者が果たす機能（使用する資産と引き受けるリスクを考慮に入れたもの），②移転される資産および提供される役務の特徴，③当事者と当事者が活動する市場の経済状況および④当事者が追求する経営戦略によって規定される商業上・資金上の関係を考慮することによって，関連者の実際の行動（actual conduct）についての証拠が提供されるという考えが示されている[17]。つまり，これらの経済的に関連する特徴を考慮することは，「この証拠は，有効かつ一貫した情報を提供することによって，契約書の諸要素の内容を明らかにすることができる」とされ，契約書で書かれた内容を明確化する，または契約書で書かれていない内容を補充するといった役割を果たすといえる[18]。

さらに，これらの特徴を考慮した結果，契約書で書かれた内容との乖離が見出されるケースも生じる。この場合，すなわち取引に係る経済的に関連する特徴が関連者間の契約書と一致しない場合には，「実際の取引は，一般に，当事者の行動を反映した取引の特徴に従って描写されるべきである」という考えが示されている[19]。このように，契約書の内容を出発点としつつ，当事者の行動を反映した取引の特性に合致するようにその実質を見ていくことになる。

そして，先に述べたキャッシュボックス対策という観点からは，特にリスクの引受けに関して，この一般的な枠組がどのように適用されるかが重要に

---

(16)　Par. 1.43.

(17)　Id.

(18)　なお，契約書上の条件が存在しない場合には，実際の取引は，当該取引に係る経済的に関連する特徴を考慮することで得られる証拠から実際の行動を推測する必要があるという。Par. 1.49.

(19)　Par. 1.45.

なる。(2)では，この点に関する勧告の内容を紹介する。

(2) リスクに関する実際の取引の描写

リスクについては，最終報告書では，討議草案段階で既に示されていた枠組をそのまま採用し，企業グループ内における関連者間でのリスク配分を分析する詳細な判断枠組が提示された。具体的には，次のような判断過程を経てリスク引受けの主体を特定していくことになる[20]。

(1) 経済的に重要なリスクの具体的特定

(2) 特定の経済的に重要なリスクが契約上どのように引き受けられているか

(3) 機能分析により，取引の当事者である関連者が当該特定の経済的に重要なリスクの引受けおよび管理に関してどのように活動するのか（特に，コントロール機能およびリスク低減機能，リスクによって生じたアップサイドまたはダウンサイドの結果への対処，リスクを引き受けるための財務能力）

(4) ステップ(2)および(3)を踏まえて，リスクの引受けおよび管理に関連する情報を解釈し，次の2点を分析することによって，契約上のリスク引受けが関連者の行動およびその他の事実に整合的であるかを判断

   (i)関連者が契約条件に従っているか

   (ii)上記(i)の分析の下でリスクを引き受けている当事者がリスク・コントロールを実施し，かつリスクを引き受けるための財務能力を有しているか

(5) ステップ1～4(i)の下でリスクを引き受けている当事者が，リスクをコントロールしていないか，リスクを引き受けるための財務能力を有していない場合には，リスクの配分に関する指針を適用

(6) 正確に描写された実際の取引に対し，その後，適切に配分されたリスク引受けに係る財務上その他の結果およびリスク管理機能に対し適切に対価を支払うことを考慮して，価格を設定

---

(20)　Par. 1.60.

第4章　移転価格税制の強化（無形資産の移転を中心に）　53

　最初のステップは，「経済的に重要なリスク」の特定である。前述の通り，関連者間取引においてもリスクを引き受けたことが見返りをもたらすケースがあり，そのような対価に影響を与える経済的に重要なリスクが存在しているか，存在しているとすればそれはどのような内容かという点を特定する必要がある。

　その上で，先ほど示した取引描写に関する一般的なフレームワークに従って判断を行っていく。「当該特定リスクが契約上どのように引き受けられているか」が出発点になる点（ステップ2）は，一般的な取引描写と同様である。そして，契約上の取極めのみによってリスク引受けの所在が決定されるわけではない点も共通している。機能分析によって，関連者の活動の実質が分析される（ステップ3）のである。

　重要なのは，ステップ2および3を踏まえて，さらに契約上のリスク引受けと，その企業の行動とが一致しているかどうかを検討するステップが用意されている点であろう（ステップ4）。(i)「関連者契約条件に従っている」ことは当然として，リスクを引き受けている当事者について，①リスク・コントロールの実施および②リスクを引き受けるための財務能力の具備が要求される。リスクを引き受けている，すなわち仮にリスクが実現した結果として損失が生じた場合に，その損失を負担するだけ（②のみの充足）では，契約上のリスク引受けと企業の行動が一致しているとは評価されず，リスク・コントロール（後述）を実施していなければならない。これらの要素を欠く場合には，リスク配分に関する指針（D.1.2.1.5）を適用することが定められている（ステップ5）。

　こうしたステップを踏んで（実際の取引を正確に描写した上で），リスク引受けに係る財務上その他の結果およびリスク管理機能に対し適切に報酬を支払うことを考慮して，価格を設定する。契約上のリスク引受けを出発点としつつ，実際の企業の行動に合致したリスク引受けを前提とする価格設定を目指すためのステップが具体化されたといえる。

　この一連の判断における鍵概念として，リスク・コントロールがある。こ

の点について，最終報告書においては，リスク管理（risk management）とリスク引受け（risk assumption）とを概念的に整理することを通じて，リスク・コントロール概念を定義している。すなわち，リスク管理を「商業的活動に関連するリスクについて評価し，かつ，対処する機能を指す」ものとして位置付けた上で，(i)リスクを伴う機会の引受け，保留または却下に関して意思決定を行う能力およびその意思決定機能の実際の遂行，(ii)当該機会に関連するリスクに対処するかどうか，ならびにどのように対処するかに関して意思決定を行う能力およびその意思決定機能の実際の遂行，(iii)リスク低減能力，すなわち，リスクの結果に影響を与える措置を講じる能力およびそのリスク低減機能の実際の遂行という3要素によって構成されると定義している[21]。ここでは，意思決定機能とリスク低減能力に注目して構成要素が定められている点が注目に値する。

　これに対して，リスク引受けは，「リスクのアップサイドおよびダウンサイドの結果を引き受けることにより，結果として，リスクを引き受ける当事者が，リスクが具現化した際には財務上およびその他の結果を負担すること」と定義され，リスク管理とは区別されている[22]。すなわち，リスク管理が意思決定機能に注目していたのに対して，リスク引受けは財務上の負担を基礎に定義されているのである。

　こうした概念の整理を前提として，リスク・コントロールには，「リスク管理の最初の二つの要素，すなわち(i)リスクを伴う機会の引受け，保留または却下に関して意思決定を行う能力，およびその意思決定機能の実際の遂行，(ii)当該機会に関連するリスクに対処するかどうかおよびどのように対処するかに関して意思決定を行う能力，ならびにその意思決定機能の実際の遂行を含む」と定義されている[23]。事業機会の利用およびリスク対処に関する意思決定を行う能力と当該意思決定機能の遂行という，意思決定の側面に焦点

---

(21)　Par. 1.61.
(22)　Par. 1.63.
(23)　Par. 1.65.

第4章　移転価格税制の強化（無形資産の移転を中心に）　55

を当てて形成された概念である。

　そのため，上記ステップ4で見たように，移転価格税制の適用上，リスク
を引き受けていると判定されるためには，リスク・コントロールとリスク引
受けのための財務能力という2要素が求められることになるが，前者は意思
決定能力・遂行という要素で捉えられている[24]。仮にこのステップにおい
て当事者のリスク引受けが認められない場合には，当該リスクは，リスク・
コントロールを行い，かつ財務能力のある企業に配分されることになる（ス
テップ5)[25]。なお，複数の関連者がリスク・コントロールを行い，かつリ
スク引受けの財務能力を有していると認められる場合には，当該リスクは最
も多くのコントロールを行っている関連者または関連企業グループに配分さ
れるべきだとされている[26]。

　こうしたリスク引受けに関する判断過程が具体化されたことによって，資
本を提供するだけの関連企業に配分されるべき実際の貢献を正確に判定する
ことができるものと考えられている[27]。プレミアム・リターンを生じる可
能性のある投資リスクのコントロールをしていなければ，当該関連企業はリ
スクフリー・リターンを上回る利益を受け取ることは期待すべきでないとい
うのが，最終報告書が提示した判断枠組によって導かれる結論である[28]。

　したがって，冒頭に掲げたキャッシュボックスの例については，典型的に
は，リスクを引き受けることは親会社が決定し，ただ資金を提供する役割を
果たすだけであり，リスク・コントロールの要素を欠き，リスク引受けが認

---

(24)　資本のウェイトを縮減し，相対的に人的要素（知的資本）を重視する方向にあ
　　　ると指摘される。Romero J. S. Tavares and Jeffrey Owens, *Human Capital
　　　in Value Creation and Post-BEPS Tax Policy: An Outlook*, 69 (10) Bull.
　　　Intl. Taxn. 590 (2015).

(25)　Par. 1. 98.

(26)　Id.

(27)　Final report, at p. 14.

(28)　Molly Moses, *Latest from the U.S. on Five of the OECD BEPS Action
　　　Items*, Bloomberg BNA Transfer Pricing Report 〈http://www.bna.com/
　　　latest-us-five-b17179890511〉によれば，リターンの帰属をまったく認めるべ
　　　きではないと主張していた国も存在していたようである。

められないことになる。そして，当該リスクの引受けが認められない以上，現にリスク・コントロールを行い，かつ財務能力がある企業に当該リスクは配分される。そのため，キャッシュボックスのように，資金を拠出するだけの関連企業は，リスク引受けを否定され（リスク引受けに対応するプレミアム部分の帰属は認められず），資本拠出に対するリスクフリー・リターンの帰属のみが認められることになる。

(3) 実際の取引の否認（non-recognition）

前述の通り，実際の取引の描写はかなり実質に踏み込んだ認定が行われることが明示された一方で，そこで描写された実際の取引については，原則として課税庁はこれを否認することはできない。その上で，この原則を覆して否認が認められる例外的状況を明らかにするというアプローチが採用されている。

ただ，留意すべきは，当該取引が独立当事者間では見られないという事実だけでは，それが否認されるべきということにはならないことである。取引当事者間に利益相反が存在し得る独立企業間取引に対して，多国籍企業グループ内取引では，グループ内での利益の共通性や統制によって契約または取極めの柔軟性があることが指摘される。すなわち，グループ内取引には，独立当事者間とは異なる契約を結ぶ柔軟性が存在しているのに対して，その柔軟性自体を尊重することがまず示されたのだといえる。

これに対して，討議草案段階では，否認ができる場合について，非関連者間取極めにおける基礎的な経済的属性（the fundamental economic attributes）を欠く取引について否認できるという基準が提示されていた。この基準は，従来の TP ガイドラインで採用されてきた商業上の合理性（commercial rationality）基準よりも広いものだと説明された。商業上の合理性基準の下では，「全体を観察して，比較可能な状況にある，商業上合理的な方法で（in a commercially rational manner）行動する独立企業が受け入れるであろう取引とは異なっている場合に，否認することが認められる」と考えられ，この商業上の合理性に注目した再構築（recharacterisation）を肯定する記述となって

第 4 章　移転価格税制の強化（無形資産の移転を中心に）　57

いた。

　討議草案で示された可能性は，商業上の合理性基準を，基礎的な経済的属性基準に置き換え，否認の範囲を拡張しようとしたことになる。グループ内取引には独立企業間では起こり得ないような取引がしばしば現れるのであり，それを否認のターゲットとする意図が窺われる提案内容であった。グループ内における契約・取決めの柔軟性を否定する方向性が示されていたことになる。

　しかしながら，こうした方向性に対しては，アメリカをはじめ強い反発があり，最終報告書では従来の商業上の合理性基準に回帰した[29]。法的安定性という観点からは，このような変遷をたどった事実は重要である。

　ただ，討議草案の積極的な姿勢の背景には，TP ガイドラインにおける商業上の合理性基準が実際には適用が困難な状態が続いており，BEPS に対抗するために，否認ルールの適用可能性を確保しようという意図があったと思われる。その意味では，この否認に関するルールがどのような場合に適用されるのかは依然として不明である。最終報告書で示された適用例もかなり極端な事案であって，この点の予測に資するものとはなっていない。具体的には，次のような例が掲げられている[30]。

　例 1 は，製造業を営む S1 社が洪水リスクがある地域で操業している設例である。S1 社がその地域に保有している商業用財産について関連者と保険契約を結ぶにあたり，その条件として，当該地域に所在している商業用財産の 80% 相当額を年間保険料として支払うという非常に不合理な内容を定めていたという想定である。このような場合には商業上の合理性を欠くから否認できると記されている[31]。

　例 2 も非常に極端とも思える事案が示されている。無形資産の研究開発を

---

(29)　緒方健太郎「BEPS プロジェクト等における租税回避否認をめぐる議論」フィナンシャル・レビュー 126 号（2016 年）212 頁参照。
(30)　Par. 1.125.
(31)　Par. 1.127.

行っている S1 社が，関連者に対して，今後 20 年の間に生み出される無形
資産を現時点における一括払いを対価として譲渡するという設例である。こ
のような契約を結んだ場合には，商業上の合理性を欠くために否認の対象に
なるとされている[32]。

3 無形資産をめぐる問題

(1) 無形資産の定義

無形資産の定義については，最終報告書において広範な内容を有する概念
として確定したことが重要である。すなわち，移転価格上の問題を論じるに
あたって[33]，無形資産は次のように定義された。

> 有形資産や金融資産ではなく，商業活動で使用するにあたり所有または支配
> することができ，比較可能な状況での非関連者間取引においては，その使用
> または移転によって対価が生じるものを指すことを意図している[34]。

その定義を要素ごとに分解すれば，次のように整理することができる。

① 有形資産または金融資産でないこと

② 商業活動における使用目的で所有または管理することができること

　※ただし法的保護を必要とするわけではない（par. 6.8）

③ 比較可能な独立当事者間の取引ではその使用または移転に際して対価
　が支払われること

　※単体での譲渡可能性（separate transferability）は不要とされる（par.
　6.8）

　　例）のれん，継続企業価値

---

(32) Par. 1.128.

(33) Par. 6.13. 例えば OECD モデル租税条約 12 条の「使用料」の定義はコメン
　　タリーを通じて詳細な考察が記載されているものの，この定義は，移転価格算
　　定上は関係がないものであると記述されている。

(34) Par. 6.6.

第4章　移転価格税制の強化（無形資産の移転を中心に）　59

※評判（reputational value）も含まれ得る（par. 6.28）

④　何か（something）

移転価格分析においては，その特殊性（specificity）に基づく関連する無形資産の特定が必要と考えられている[35]。さらに当該無形資産がどのように価値の創造に貢献しているのか，無形資産の開発・改良・維持・保護・使用に関連して果たす重要な機能，引き受けるリスク，そして当該無形資産が他の無形資産，有形資産または事業活動とどのように相互に作用して価値を創造しているかについても特定が求められる。

(2)　無形資産の評価

無形資産に関係する取引についても，こうした特定に際して，やはり実際の取引の描写が必要となる。その取引の描写，取引の特定にあたって必要となる考慮は，基本的には TP ガイドライン第1章の改訂内容（前述，2　機能・リスク分析の精緻化）を踏まえたものとなるが，無形資産が関係するために幾つか特徴的な論点が出てくることになる。

まず，一般的なフレームワークと同様，法的所有者が誰かということ自体は出発点に過ぎない[36]。さらに，ある無形資産について，法的所有者が特定されたからといって，その法的所有者が当該無形資産に係る全ての収益の帰属主体になるわけではない。法的所有者以外のグループ企業に対しても，無形資産に対する貢献に応じた対価[37]が帰属することとなり，各メンバーは，無形資産の開発，改良，維持，保護・使用に関連して，果たす機能，使用する資産，および引き受けるリスクに対する適切な対価を得ることとなる[38]。

次に，無形資産の開発にあたっては，当初予想される事前（ex ante）収益と，実際に幾ら収益を得たかという事後（ex post）収益は，異なるのが一般

---

(35)　Par. 6.12.
(36)　Par. 6.43.
(37)　Par. 6.32.
(38)　Par. 6.47.

的である(39)。予想を上回る事後収益のような乖離は，当該無形資産の開発
に伴うリスクが実現したことを意味する面があり，経済的に重要なリスクを
どの事業体が引き受けていたかを慎重に分析する必要があると説明され
る(40)。ある関連企業が無形資産の開発等に関するリスクを引き受けていた
と評価されるためには，前述の通り，リスク・コントロール機能およびリス
クを引き受ける財務能力を有することが必要だということになる。

そのほかの困難として，比較対象取引の欠如や，特定の無形資産の影響を
切り出すことの難しさ，さらに無形資産開発・利用等の各局面で複数のグル
ープ企業が関与する可能性が指摘されている(41)。また，独立企業間では観
察されない形態での契約条件に対して，一般的な分析枠組をどのように適用
していったらよいかという問題が挙げられる。

こうした無形資産の評価の難しさに対する最終報告書の回答の1つが，い
わゆる所得相応性基準を導入するという方策であった。

(3) 所得相応性基準

評価困難な無形資産（Hard-To-Value Intangibles, HTVI）は，1つの定義さ
れた概念として TP ガイドラインに記述されることになる。すなわち，評価
困難な無形資産とは，「無形資産のうち，関連者間での移転の際に，(i)十分
に信頼できるコンパラが存在せず，かつ(ii)取引時点で当該移転無形資産から
得られる将来キャッシュフローまたは所得に関する予測，または当該無形資
産の評価の際に使用される想定が高度に不確かであり，移転時に当該無形資
産の最終的な成功レベルを予測することが困難なもの」と定義される(42)。

この定義は非常に曖昧であり，評価困難な無形資産の移転・使用に関連す
る取引が有する特徴を例示することによって理解を促すとされている(43)。
例えば，移転時において無形資産が部分的にしか開発されていない，商業利

---

(39)　Par. 6.69.
(40)　Par. 6.70.
(41)　Par. 6.33.
(42)　Par. 6.189.
(43)　Par. 6.190.

第4章　移転価格税制の強化（無形資産の移転を中心に）　6I

用まで数年待つことが予想される無形資産などの特徴が挙げられている。

　この評価困難な無形資産については，事後的なパフォーマンスを証拠として用いて，関連者間での譲渡対価の独立企業価格適合性を検証することが課税庁に認められた。これが所得相応性基準と呼ばれる手法である。

　所得相応性基準については，討議草案段階では特別措置の１つとして位置付けられていた。すなわち，移転価格税制の中核を成す独立企業原則の限界を補うものとして提案されていた。ところが，最終報告書では，所得相応性基準にはことさら特別措置としての位置付けが与えられたようには見られない。評価困難な無形資産に関する特別な指針，特別なガイダンスとして所得相応性基準が示されている。

　この背景には，譲渡対価の評価のために事後的なパフォーマンスに関する情報を用いることを課税庁に認める方針が，独立企業間の取引においても同じように存在し得るという認識がある。つまり，評価困難な無形資産が存在し，独立企業間でこれを取引する場合には，その評価困難な無形資産に起因する不確実性に対処するため，例えば短期契約を採用したり，価格調整条項を盛り込んだり，支払条件を不確定にしておくといった方策が考えられる(44)。また，重大な事象が生じた場合には再交渉をする旨をあらかじめ定めておくことも選択肢となるであろう(45)。

　このように，比較可能な状況において，独立企業が無形資産に内在している高度な不確実性に対処する仕組みを合意に盛り込むことが想定できるのを前提としつつ，租税行政庁についても，その取引の価格付けに関して同じような仕組みに基づく価格決定権限が与えられるべきだという論理の運びになっている(46)。所得相応性基準について，独立企業原則の延長，独立企業原則の１内容を構成するような説明が与えられている点が重要である。

---

(44)　Par. 6.183.
(45)　Par. 6.184.
(46)　米国の所得相応性基準導入にあたっても，同様の説明が試みられている。
　　　Treasury Department & Internal Revenue Service, A Study of Intercompany Pricing 71 (1988).

一般的な表現として，所得相応性基準とは，「事前の価格付けが依拠した情報の信頼性を査定するにあたって，事後的な収益を推定証拠（presumptive evidence）として用いることができる。また，独立企業間であれば取引時に結ばれたであろう価格取決めの決定を裏付けるために用いられる」ことを認めるアプローチである。前段は，取引時点における価格付けを検証する根拠として事後の情報を用いることができることを意味している。さらに後段では，その事後収益を根拠として取引時の価格を決定するという2つ目の内容を含んでいる。所得相応性基準について，移転価格税制適用にあたって後知恵（hindsight）を行使するものとして以前から強い批判があった所以である。

　もっとも，事後収益を推定証拠として用いる所得相応性基準はつねに適用できるわけではなく，除外要件を設定することとなっている[47]。下掲(i)から(iv)までの要件のうち，いずれか1つでも満たす場合には，所得相応性基準は適用されない。第1の要件(i)が実体要件であるのに対して，要件(iii)および(iv)はいわゆるセーフハーバーとして位置付けられる。すなわち，一定のレンジを認めた上で，そのレンジを超えた逸脱が生じなければ，所得相応性基準を適用しないという発想が示されている。

　(i)　納税者が以下のものを提供したとき

　　1.　当該移転時に価格取決めを決定するために用いた事前の予測の詳細（当該価格の決定にあたってリスクがどのように考慮されたか（例，確率加重平均），および合理的に予見可能な事象その他のリスクおよびその発生確率に関する考慮の適切さを含む），および

　　2.　財務上の予測と実際の結果の重大な乖離が次の原因によることを示す信頼に足る証拠

　　　a)取引時点では関係企業が予測することはできなかったであろう，もしくは価格決定後に生じた予見できない進展その他の事象によるものであるか，または

---

(47)　Par. 6. 193.

第4章　移転価格税制の強化（無形資産の移転を中心に）　63

　　　b) 予見可能な結果の発生確率の実現によるものであり，かつこれら
　　　　の確率が取引時点で重大な過大評価も過小評価もされていなかった
　　　　こと

⒤　無形資産の移転が，譲渡人および譲受人の国によるバイまたはマルチ
　　の有効な事前確認の対象であるとき

⒤ⅰ　上記(i)2.における財務上の予測と実際の結果について，いかなる乖離
　　も，取引時点に決定された当該評価困難な無形資産の対価の 20% を超
　　える増減を対価にもたらすような影響を有していないとき

⒤ⅴ　当該評価困難な無形資産が非関連者収益を譲受人に初めてもたらして
　　から 5 年が経過し，かつ当該期間において財務上の予測と実際の結果と
　　のいかなる乖離も，その期における予測の 20% を上回るものでなかっ
　　たとき

　要件(i)は，取引の実体面に注目したものであり，実体として所得相応性基
準を適用する前提を欠く状況を規定したものといえる。納税者側が，事前の
予測を提供し，かつ乖離が生じた（合理的な）要因について証拠をもって示
せた場合には，所得相応性基準は適用されないことを意味している。

　ただし，最終報告書で「証拠を提供する」という表現で想定された適用除
外要件が，具体的にどういった意味を持つのか，また具体的な紛争の中でど
ういった位置付けを与えられるのかは，国内法制化を経ないと確定し得ない
ように思われる。

　要件(iii)および(iv)はセーフハーバーであるが，(iii)が譲渡対価の総額に注目し
たセーフハーバーであるのに対して，(iv)がフローに注目したセーフハーバー
だということができよう。後者についてはさらに期間要件があり，レンジに
収まった状態が 5 年間継続していれば，所得相応性基準の適用はないという
ことになる。

64

Ⅲ　結語——国内法制化の課題

1　無形資産の定義

　こうした BEPS 最終報告書の内容は，日本の国内法制にどのような影響を与えるだろうか。わが国の現行取扱いを見ながら，その影響について検討する。

　まず，無形資産そのものに関しては，法令上の定義は置かれていない。ただし，移転価格税制の適用における比較対象取引の選定にあたって，検討すべき諸要素の 1 つである機能の類似性判断に関連して，「無形資産」への言及がある。措置法通達 66 の 4(3)-3（注）1 は，法人税法施行令 183 条 3 項を参照しつつ，次のように定義している。

　1　(2)の売手又は買手の果たす機能の類似性については，売手又は買手の負担するリスク，売手又は買手の使用する無形資産（令第 183 条第 3 項第 1 号イからハまでに掲げるもののほか，顧客リスト，販売網等の重要な価値のあるものをいう。以下同じ。）等も考慮して判断する。

○法人税法施行令 183 条 3 項 1 号

　3　法第百三十九条第二項に規定する政令で定める事実は，次に掲げる事実とする。

　　一　次に掲げるものの使用料の支払に相当する事実

　　イ　工業所有権その他の技術に関する権利，特別の技術による生産方式又はこれらに準ずるもの

　　ロ　著作権（出版権及び著作隣接権その他これに準ずるものを含む。）

　　ハ　第十三条第八号イからツまで（減価償却資産の範囲）に掲げる無形固定資産（国外における同号ワからツまでに掲げるものに相当するものを含む。）

　したがって，実務上は，OECD 移転価格ガイドラインを踏まえ，工業所有権等や著作権といった具体的な知的財産権に加えて，「顧客リスト，販売網等の重要な価値のあるもの」をあわせた範囲を無形資産として観念してい

ることがわかる。さらに移転価格事務運営要領 3-11 では、「ノウハウ等」や「取引網等」が例示され、所得の源泉となり得るものが広く考慮の対象となることが示されている。

前述の通り、最終報告書では、所有・管理可能性および対価受領可能性を中心にして無形資産を広範に定義している。そのため、これを国内法制化することを目的とすると、やはり限定的な定義は難しく、例えば米国財務省規則がそうであるように、一定の権利等を例示的に掲げた上で、それらに「準ずるもの」という方式を採らざるを得ないであろう。その意味で、企業の行動に不確実性を与えるおそれがあることは否めない。

（参考）米国財務省規則 § 1.482-4

(b) Definition of intangible. For purposes of section 482, an intangible is an asset that comprises any of the following items and has substantial value independent of the services of any individual–

　⑴ Patents, inventions, formulae, processes, designs, patterns, or knowhow;

　⑵ Copyrights and literary, musical, or artistic compositions;

　⑶ Trademarks, trade names, or brand names;

　⑷ Franchises, licenses, or contracts;

　⑸ Methods, programs, systems, procedures, campaigns, surveys, studies, forecasts, estimates, customer lists, or technical data; and

　⑹ Other similar items. For purposes of section 482, an item is considered similar to those listed in paragraph (b)(1) through (5) of this section if it derives its value not from its physical attributes but from its intellectual content or other intangible properties.

2　実際の取引の描写／否認

次に、実際の取引を描写するにあたって、契約は出発点にすぎず、実質に踏み込んでいく枠組が最終報告書によって打ち出された。わが国の移転価格

税制の適用にあたって，こうした実際の取引の描写に関する新しい記述がどのように反映されていくのか，特にわが国の法解釈にどういった形で受容されていくのかは大きな課題となる。

　例えば，アドビ事件高裁判決（東京高判平成20年10月30日税資258号（順号11061））に関して，取引の特定にあたり，法的な枠組，法的な形式が重視された結果だという評価が与えられている[48]。仮にこの理解が正しく，かつこの高裁判決が1つの先例として機能している場合には，今般のTPガイドラインの改訂によって強調される実際の取引の描写という考え方は，わが国の裁判所の態度を変えるような効果を持ち得るのだろうか。

　また，否認についても，商業上の合理性基準自体は従来のTPガイドラインに存在していた[49]ものの，実際の取引の描写を行った上で，かつ例外的な場合に否認を認めるという全体のフレームワークが明らかにされたことがいかなる影響を与えるのだろうか。今後，商業上の合理性を基準とする否認を国内法上どのように基礎付けるか議論されるものと思われる。特に，再構築の一類型と考えられていた実質主義（substance over form）との関係で，どう受容されるべきだろうか。

　この点に関しては，平成26年度税制改正による帰属主義への移行にあたって，恒久的施設帰属所得に係る行為・計算の否認規定として法人税法147条の2が創設され，同族会社の行為計算否認規定（132条）をそのまま流用する形で規定が設けられた点が想起される。移転価格税制に関しても，実際の取引の否認可能性を判断するにあたって，こうした流用が行われるのか，それともより具体的な要件の定立が行われるのかが重要である。

　なお，ここで議論された移転価格税制における実際の取引の否認は，あくまでも独立企業原則を前提として導かれた法理ないしロジックである。もっとも，BEPSプロジェクトの中では，例えば義務的開示制度（行動12）にお

---

(48)　藤枝純「判批」中里実ほか編『租税判例百選〔第6版〕』（有斐閣，2016年）141頁。
(49)　OECD移転価格ガイドライン〔2010年版〕パラ1.65参照。

第 4 章　移転価格税制の強化（無形資産の移転を中心に）　67

いて包括的否認規定，いわゆる GAAR の必要性への言及があり，わが国で
も包括的否認規定導入の可能性を含めた否認の在り方について検討が進めら
れることが予想される。平成 29 年度税制改正大綱では，義務的開示制度に
ついて，「租税法律主義に基づくわが国の税法体系との関係」を検討事由の
1 つとして明記した上で，「わが国での制度導入の可否を検討する」と述べ
ている[50]。移転価格税制の局面において議論された否認の考え方が，包括
的否認規定をめぐる議論と整合的に位置付けられるのかは留意すべきであ
る[51]。

3　所得相応性基準

　最後に，所得相応性基準については，「独立企業原則での範囲内での対処」
という論理で説明可能なアプローチであるという理解が示され，これから国
内法制化に向けた検討が進むものと思われる。この論理構成そのものの是非
はさておき，所得相応性基準に基づく執行を考えた場合に，まず評価困難な
無形資産に該当するか否かを判断するのが難問である。最終報告書における
要素の列挙のみでは判断材料として不十分であり，企業の無形資産移転に不
確実性をもたらすことになる。

　課税庁の観点からは，評価困難な無形資産の該当性判断の難しさに加えて，
事後収益がセーフハーバーとして認められるレンジの範囲内にあるかどうか，
また納税者が自己の予測と事後収益との乖離を継続的にチェックしているか
といった点を踏まえて調査をしていくことになると予想される。つまり，こ
の所得相応性基準を実効性ある武器として使うためには，取引時点ではなく，
事後収益が発生した時点を起点とした文書保存義務が必要だという議論もあ
り得る[52]。仮にこうした文書化の負担が義務付けられた場合には，評価困
難な無形資産の定義の曖昧さと相まって，納税者の負担が大きく増えると考

---

(50)　自由民主党・公明党「平成 29 年度与党税制改正大綱・【補論】今後の国際課税
　　　のあり方についての基本的考え方（平成 28 年 12 月 8 日）」139 頁。
(51)　緒方・前掲注（29）224 頁。

68

えられる。

　また，事後収益を推定証拠として用いるという最終報告書の記述を具体化する過程では，申告調整型を採用したわが国の移転価格税制の枠組が改めて見直されるかもしれない。所得相応性基準に基づく更正処分に対して，（事前予測を基にした）納税者による反証が実施されるという構造を考えると，評価困難な無形資産について，一定の要件を満たす場合に課税庁に価格引直しの権限を付与する仕組み（処分型）として構成した方が素直であるように思われる[53]。

〔追記〕　本稿は，講演録「移転価格税制と無形資産——BEPS 最終報告書の公表を受けて」租税研究 797 号（2016 年）471 頁を基にして，加筆・修正を加えたものである。

---

(52)　これに対して，ドイツの所得相応性基準は，文書保存期間に合わせ，その適用期間が 10 年と定められている。居波邦泰「無形資産の国外関連者への移転等に係る課税のあり方－わが国への所得相応性基準の導入の検討－」税大論叢 59 号（2008 年）526 頁。
(53)　そのほかの検討事項については，成道秀雄「移転価格税制・所得相応性基準の検討」税務事例研究 156 号（2017 年）23 頁参照。

「税源浸食と利益移転（BEPS）」対策税制

第5章　タックス・ヘイブン対策税制の
強化

横浜国立大学教授　齋藤　真哉

Ⅰ　はじめに

　企業による在外子会社の設立や，国際的な企業買収等が活発となり，さらに特別目的会社等を利用するなど，海外投資の手法や財・サービスの移転方法もより多様化してきている。こうした状況は，企業の経済活動が国際的にボーダーレス化してきていることを意味しており，国や地域による税負担の相違を考慮した企業行動もより複雑化してきていると言える。タックス・ヘイブン対策税制は，所得課税が全くない国（全所得軽課税国）や，国内所得には通常の課税を行うが国外所得に対しては免税または著しく低い税率で課税する国（国外源泉所得軽課税国），あるいは特定の企業または特定の事業活動に対して税制上の恩典を与える国（特定事業所得軽課税国）など，税負担の無いあるいは軽い国や地域（いわゆる，タックス・ヘイブン）を利用した国際的な租税回避を防止する目的で設けられた制度である。タックス・ヘイブンに子会社等を設立している場合，その外国子会社等が配当を行うならば，日本においてその配当等を受け取った内国法人の所得として課税対象となりうるが，配当等を行わずに所得を外国子会社に留保させておくならば，日本においてその外国子会社に課税が行われないために，日本の税源が浸食されるこ

とになる。すなわち，企業の立場からは，タックス・ヘイブンに所得を移転
し，そこに留保しておくことにより，全く課税されないかあるいは低い税負
担で済むことになる。このようにタックス・ヘイブンを利用して，一部の企
業が国際的な租税回避を行うならば，それぞれの国や地域における課税の公
平性を阻害し，さらには租税制度についての国際的な不公平が生じることで，
租税制度そのものへの信頼性が損なわれることにも繋がると考えられる。そ
こで，タックス・ヘイブンに所得を留保させることで，本国での課税を免れ
ようとする国際的租税回避に対処するための税制として，タックス・ヘイブ
ン対策税制が必要とされている。

　そこで本稿においては，「税源浸食と利益移転（Base Erosion and Profit
Shifting: BEPS）」プロジェクトの行動 3 の勧告が日本の新たなタックス・ヘ
イブン税制にどのように取り込まれたのか，いわばどのような影響を与えた
のか，そしていかなる点において距離を保つこととなっているのかを明らか
にしたい。そのためにまず，日本の従来の対策税制を概観し，日本において
課題とされてきた点を明らかにしたい。そしてタックス・ヘイブン対策税制
を対象とする BEPS の行動 3「有効な被支配外国会社に係るルールの設計
（Designing Effective Controlled Foreign Company Rules）」（2015 年公表）の内容
を明らかにし，いかなる課題に対していかなる勧告がなされたのかを示すこ
とにする。その上で，平成 29 年度税制改正による新たなタックス・ヘイブ
ン対策税制の内容を踏まえることで，BEPS 行動 3 の勧告がどのように日本
のタックス・ヘイブン対策税制に影響を及ぼしたのかを明らかにしたい。

Ⅱ　日本における従来のタックス・ヘイブン対策税制

1　概　　要

　日本におけるタックス・ヘイブン対策税制は，昭和 53 年に成立したもの
であり，その後改正されてきたところであるが，BEPS 行動 3 の勧告が日本
の税制にどのような影響を及ぼしたのかを明らかにするために，平成 29 年

第5章　タックス・ヘイブン対策税制の強化　71

度税制改正前における日本のタックス・ヘイブン対策税制の概要を確認しておくことにしたい。

　この税制は，日本の居住者または内国法人（内国法人等）により発行済株式総数の 50% 超または出資金額の 50% 超を直接及び間接に保有されている外国法人（外国関係会社）のうちタックス・ヘイブンに本店等が所在する外国関係会社（特定外国子会社等）について，その留保所得のうちその特定外国子会社等の 5% 以上の株式または出資を直接及び間接に保有する内国法人等の，その株式等の保有割合に対応する部分（課税対象留保金額）を，その内国法人等の所得に合算して課税するというものであった。特定外国子会社等の留保金額の益金算入という内容を持つこの税制の目的は，国際的租税回避の防止であるため，たとえ外国関係会社がタックス・ヘイブンに所在しているとしても，独立企業としての実体を備え，かつその所在地国において事業活動を行うことについて経済的合理性があると認められる等一定の要件にすべて該当する場合には，正常な投資活動に該当するものとして，適用が除外されている。

　この適用除外となる一定の要件とは，具体的には次のとおりである。すなわち，①主たる事業が，株式や債券の保有，工業所有権や著作権の提供，または船舶や航空機の貸付けではないこと（事業基準），②その所在地において主たる事業を行うに必要と認められる事務所，店舗，工場その他の施設を有していること（実体基準），③その所在地においてその事業の管理，支配及び運営を自ら行っていること（管理支配地基準），④卸売業，銀行業，信託業，証券業，保険業，海運業または航空運送業の場合は，その事業を主として関連者以外の者と行っていること（非関連者基準），⑤④以外の事業の場合は，その事業を主としてその所在地国で行っていること（所在地国基準）である。

　なお，この税制により内国法人等の所得に合算された特定外国子会社等の課税済留保金額を基にして配当等が支払われた場合，その配当等は既に課税済みであるにもかかわらず益金に算入されることになる。そこで二重課税を排除するために，過去の合算課税にかかわる調整を行う必要が生じる。すな

わち，その配当等が支払われた日を含む事業年度開始の日前5年以内に開始した各事業年度において益金算入された課税対象留保金額のうち，配当等に対応する金額（課税済配当等）を損金に算入することを認める措置が取られてきた。

　ここでのタックス・ヘイブン対策税制の考え方を簡潔にまとめるならば，次のとおりである。すなわち，①その目的は，外国子会社を通じた国際的租税回避を防止することにあり，②タックス・ヘイブンに所在する実体のない外国子会社を対象とし，③対象となった外国子会社の留保所得のうち，親会社である内国法人の持分に対応する部分を，その内国法人の所得に合算して課税を行うという考え方である。

2　提示されてきた課題

　こうした改正前のタックス・ヘイブン対策税制に対しては，いくつかの問題点が提示されてきた。たとえば，中里実教授によれば，成立後に徐々に修正されてきたものの，それが必ずしも十分ではなかったとして，次の5つの問題点を指摘している[1]。

(1)　一か零かという方式

　要件を満たすならば，すべての所得が合算課税の対象となるために，不合理な結果が生じていることが指摘されていた。具体的には，タックス・ヘイブンに所在する子会社の支店が日本にある場合，その支店が行う事業の所得は既に課税済みであるにもかかわらず，本店がタックス・ヘイブンにあるために，その課税済みの所得について，日本でさらに合算課税されることが問題であるとの指摘がなされている。

(2)　法人税法第11条との関係[2]

　法人税法第11条では，実質所得者課税の原則が示されている。そのため，タックス・ヘイブンに所在する外国子会社の所得が実質的に親会社である内

---

(1)　中里実「タックス・ヘイブン対策税制改正の必要性」中里実他編著『タックス・ヘイブン対策税制のフロンティア』有斐閣，2013年，3-6頁。

第 5 章　タックス・ヘイブン対策税制の強化　73

国法人の所得であると考えられるのであれば，その所得にせよ，欠損にせよ，親会社である内国法人の課税所得計算に含められることとなる。このことは，論理的にはタックス・ヘイブン対策税制が適用される前に考慮されるべきことであるとの指摘である。

　(3)　租税条約との関係（抵触問題）

　タックス・ヘイブン対策税制は，日本に恒久的施設のない外国法人の所得に課税することになるため，恒久的施設がない場合には課税しないという租税条約の原則に反するのではないかとの指摘である。

　(4)　二重課税の問題

　合算済みの所得を原資として配当が行われた場合について，親会社である内国法人の課税所得計算上，益金不算入とされる期間に制限が設けられていることが問題であるとの指摘である。

　(5)　タックス・ヘイブン子会社の海外支店の存在の無視

　タックス・ヘイブンに所在する子会社がタックス・ヘイブン以外の国や地域に支店を設けている可能性を考慮することなく，税制が設けられているとの問題指摘である。租税回避ではない所得についても，タックス・ヘイブン対策税制の対象となり，合算課税される可能性があるという問題である。

　また藤井保憲氏は，タックス・ヘイブンを利用した国際的租税回避を防止するのは，タックス・ヘイブン対策税制だけでは困難であり，他の手段と組み合わせた総合的な対応が求められるとした上で，特に他国との比較の観点も踏まえて，タックス・ヘイブン対策税制について次の問題点を指摘している[3]。

　(1)　対象となる外国法人

　国内株主により支配されている外国子会社について，持分割合が 50％ 超

---

(2)　この点に関しては，タックス・ヘイブン対策税制は法人税法第 11 条の実質所得者課税の原則を具体化したものとして理解する考え方も存在する。占部裕典『租税法における文理解釈と限界』慈学社，2013 年，365 頁。

(3)　藤井保憲「タックス・ヘイブン対策税制の問題点」水野忠恒編著『改訂版　国際課税の理論と課題』税務経理協会，1999 年，71-79 頁。

という形式的基準によるのではなく，実質的支配を考慮する必要があるのではないかとの指摘である。

(2)　タックス・ヘイブンの定義

タックス・ヘイブンに該当する国や地域をリストアップすることなく，法人税の負担割合により判定されることとなっているが，その負担割合について国際的には相違が存在するとの指摘である。

(3)　対象となる内国法人または居住者（納税義務者）

対象となる内国法人等について，外国子会社の持分割合が 5% 以上（当初は 10% 以上）とされているが，国際的に相違が存在するとの指摘である。

(4)　適用除外

正常な事業活動を営むものをどのように除外するのかについて，国際的に相違が存在するとの指摘である。この問題は，中里教授による(1)の指摘にも通じるものであり，関連者との取引に基づく一定の所得にのみ課税を行う国（アメリカやドイツ）があることが紹介されている。

(5)　課税対象所得

合算課税される額をどのように計算するのかについてであるが，合算の時期を実質的に 1 年間延期できることを問題視する意見があると述べられている。

(6)　二重課税の排除

他国において課税されている場合，課税済みの所得を内国法人の所得に合算するため，他国の課税権の侵害にならないという意味で，タックス・ヘイブン対策税制における二重課税の排除の仕組みが重要であるとの指摘がなされている。

こうした諸問題に加えて，各国が設けるタックス・ヘイブン対策税制に相違がみられる場合，各国のタックス・ヘイブン対策税制を考慮した上での国際的な租税回避行動が採られることにもなり，また二重課税の問題を一層深刻化させることにも繋がるものと思われる。指摘されてきた諸問題のすべてではないものの，タックス・ヘイブン対策税制がグローバルに均一性を保つ

ことができるならば，各国の当該対策税制の有効性を高め，各国の課税権の侵害に関する問題への対処ともなることが，さらに国際的経済活動が一層活発化している企業間での健全な競争にとって，有効な対策税制となることが期待される。

OECD における税源浸食と利益移転（Base Erosion and Profit Shifting：BEPS）プロジェクトにおいては，税負担の軽い国や地域に利益が移転されることで，税源浸食が生じるとの観点から，タックス・ヘイブン対策税制が検討されてきた。そして，その最終報告として，BEPS 行動 3 が 2015 年に公表された。そこで，次に BEPS 行動 3 の内容を確認することにしたい。

Ⅲ　BEPS 行動 3 によるタックス・ヘイブン対策税制の考え方

1　BEPS 行動 3 の背景

海外に存在している軽課税国や地域に支配している会社等（被支配外国会社（Controlled Foreign Company：CFC））を設立し，当該被支配外国会社に所得を移転するならば，自らの居住国の課税ベースを縮小することで租税負担を軽減することができる。そのため，多くの国においては，そうした軽課税国等の被支配外国会社を利用した税負担の軽減に対抗するために，当該被支配外国会社の所得をその親法人の所得に加算して課税する措置（CFC ルール）を導入している。

しかし，こうした CFC ルールを採用している国のあいだでも，その厳しさの程度には差異が存在している。さらには CFC ルールそのものを採用していない国も存在している[4]。そして現行の CFC ルールは，しばしば国際ビジネスの環境変化に対応できずに，多くの国において CFC ルールは有効なものとはなっていないことが懸念されている。このような状況下において

---

(4)　OECD・G20「BEPS」プロジェクト参加国のうち，30 ヶ国が CFC ルールを有している。

は，グローバルに包括的な対応を行なう必要があると考えられた。

そして CFC ルールについて，共通の一般的な政策上の検討事項が示されている（行動3，1.1）。すなわち，

(i) 抑止策としての役割，

(ii) CFC ルールがいかに移転価格ルールを補完するか，

(iii) 有効性と事務的負担・コンプライアンス上の負担の軽減をとることの必要性

(iv) 有効性と二重課税の防止または排除とのバランスをとることの必要性

さらに個々の国で，他のさまざまな政策目的のために，CFC ルールを設計することもできるとしている。そして CFC ルールの設計に影響を与える可能性のある点として，次の2つが挙げられている（行動3，1.2）。

(i) 国の制度が全世界所得課税方式であるか，テリトリアル（territorial）課税方式(5)であるか

(ii) 国が EU 加盟国であるか否か

BEPS プロジェクトでは，上述の政策上の問題を踏まえて，CFC ルールの課題を解決すべく，CFC ルールの設計に必要な「構成要素」を分解整理して提示し，勧告することで，それらの構成要素によって，CFC ルールを有していない国は勧告されたルールを直接導入することが可能となり，既にルールを有している国は勧告内容により密接に整合するように修正できるようになるとされている。CFC ルール設計に必要な「構成要素」は，次の6つである。

① CFC を定義するルール（Rules for defining a CFC including definition of control）

② CFC ルールの適用除外・足切り基準（CFC exemptions and threshold requirements）

③ CFC 所得の定義（Definition of CFC income）

---

(5) 源泉地国課税方式。国内源泉所得にのみ課税し，国外源泉所得には課税しないという方式。

④　所得の算定ルール（Rules for computing income）

⑤　所得の合算ルール（Rules for attributing income）

⑥　二重課税の防止と解消のルール（Rules for prevent or eliminate double taxation）

2　被支配外国会社（CFC）の定義

(1)　勧告の概要

　CFC の定義については，CFC とみなされる外国事業体の類型と，「支配」の定義について検討されている。

　まず事業体の類型については，CFC の範囲に含まれる事業体を広範囲に定義することが勧告されている。広範囲とすることで，一定の透明事業体（transparent entities＝パス・スルー事業体）や恒久的施設（PE）についても，また他の方法によっては BEPS にかかる懸念に対処できない場合であっても，CFC ルールが適用できるようになる。さらに，CFC ルールをすり抜けることを防止するために，ハイブリッド・ミスマッチルールの一形態をCFC ルールに含めることも勧告されている。

　また「支配」の定義については，法的支配基準と経済的支配基準の両方を適用すべきことが勧告されている。すなわちいずれかの基準に該当するならば CFC ルールの対象となる。また両方の基準をすり抜けられないようにするために，実質基準（de facto test）を含めることも可能としている。さらに50％ 超の支配権を有している場合に，支配しているとみなされるべきではあるものの，より低い水準に設定することもできるとされている。なお，支配は直接または間接を問われない。

(2)　事業体の類型

　CFC ルールの対象となる CFC は，法人事業体のみならず，親法人が子会社の法的形態を変更するだけで CFC ルールをすり抜けることを防止するために，一定の状況においては，信託やパートナーシップ，PE もその対象とされる。

透明事業体については，BEPS に係る懸念が存在しているにも拘わらず，親法人所在地国において課税がなされていない場合には，次の CFC ルールはいずれかの方法により適用される (par.27)。

① CFC 所在地国における事業体に対する取り扱いの相違により，CFC 所得が課税を免れることがないように，透明事業体を CFC とみなす方法。

② CFC が CFC ルールの適用を回避することを目的として所得を透明事業体に移転することができないようにするために，CFC ルールにおいて CFC が保有する透明事業体の所得をその CFC の所得として課税する方法

PE については，外国事業体が他国に PE を保有する状況にも適用できるようにするとともに，親法人所在地国が PE の所得を免税としている場合であって外国子会社の所得と同様の懸念が生じるときは，免税の否認または当該 PE に CFC ルールを適用することが考えられている。

さらに各国で取り扱いが異なるような，いわゆるハイブリッド商品やハイブリッド事業体に対する CFC ルールの適用についても各国が対処すること

図表1　修正ハイブリッド・ミスマッチルール (par.31)

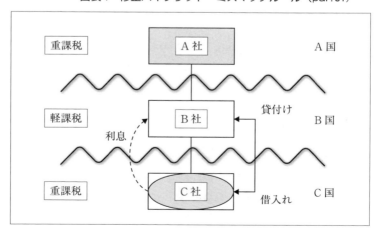

が勧告されている（行動2を参照）。たとえば，親法人所在地国において，多国籍企業グループ内の支払人と受取人を同一の事業体と見なすことで，控除可能な支払いを親会社所在地国において考慮されないこととすることが考えられている[6]。

(3) 支配

支配については，必要な支配の類型と当該支配のレベルについて，判定が必要となる。

支配の類型としては，法的支配，経済的支配，実質支配，連結に基づく支配が考えられており，各国は事実上の支配基準または会計上の連結に基づく基準によって補完することができるものとされている。法的支配は，子法人に対して保有する議決権の割合によって判定される。経済的支配は，法人の利益に対する権利や解散・清算などの一定の状況下における会社の資本や資産に対する権利に焦点を当てて判定される。実質支配は，たとえば外国法人における業務に関するトップレベルの決定者は誰であるのか，また外国法人の日常の活動の指揮者は誰であるのか，などにより判定を行うことになるが，他の支配基準をすり抜けることを防止するための基準である。そして連結に基づく支配は，会計基準により連結対象となっているか否かの観点から判定を行うものである。

一方，支配のレベルについては，どの程度の支配であれば，CFCルールの適用がなされるのかが問題となる。CFCルールの適用は，外国事業体の法的持分または経済的持分の50％超を所有していることが要件となるが，各国がそれぞれの支配基準をより低い水準に設定することもできるものとされている。なお，支配のレベルを判定する際には，非支配株主が共同して行動しているか否かについても考慮されるべきであるとされる。ただし，非支配株主が非居住者となる場合には，その判定は複雑化するため，支配レベルを判定する場合に，非居住者の持分についてまで考慮することは勧告されて

---

(6)　当該支払いが支払人の所在地国において控除できる限りにおいて，外国から外国への課税ベースの浸食問題を引き起こすと考えられる。

いない。

3　CFC ルールの適用除外・足切り基準

⑴　勧告の概要

　課税ベースの浸食や利益移転をほとんどもたらさないと思われる CFC については，CFC ルールの適用除外とし，利益移転の機会が増大している場合に焦点を当てることによって，CFC ルールの範囲を限定することもできるとしている。すなわち，親法人所在地国で適用される法人税率と同等の実効税率が適用される法人を，CFC 課税の対象から除外することが勧告されている。

　そして，適用除外と足切りの基準（要件）として，次の３つが検討された。(par. 52)

① デ・ミニミス金額設定（de minimis amount threshold）（この金額未満では CFC ルールは適用しない）

② 租税回避防止要件（租税回避の動機や目的が存在する状況に CFC ルールの焦点を当てる）

③ 税率による適用除外（親会社よりも低い税率の国の居住者である CFC だけに CFC ルールを適用する）

⑵　各基準と勧告される基準

　まず，デ・ミニミス金額設定によれば，一定の会社を確実に適用除外することができるために，事務上の負担を軽減することができ，かつ CFC ルールの対象が絞られることにより，CFC ルールの効果をより高めることができると考えられている。ただし，この基準によれば，CFC を細分化して所得を分散させることで，すり抜けることが可能となりうる。

　租税回避防止要件によれば，租税回避の結果をもたらす取引や構造だけが CFC ルールの対象となる。この基準では，予防策としての CFC ルールの有効性が狭くなると考えられている。

　税率による適用除外の基準の根拠は，CFC ルールを利益移転の最大のリ

スクをもたらす会社だけに適用することと，軽課税の CFC に焦点を当てることで，納税者にとって明確な基準となり，かつ全般的な事務負担を軽減できることにある。この基準では，CFC 所在国の税率を軽課税とみなす特定の固定税率，または CFC 所在地国の税率と親会社の所在国の税率と比較することにより判定がなされる。なお，ベンチマークとなる税率としては，実効税率の使用が推奨されている。また実効税率算出の際の対応所得は，CFC 所得が親法人の所在地国で稼得されたとした場合の課税標準または IFRS 等の国際的な会計基準に基づいて計算された課税標準のいずれかを使用することが推奨されている。加えて，実効税率の算定はその基礎となる「単位」によっても影響を受ける。通常は，会社別に算定されるが，所得の種類ごとに算定されることも認められるものとされている。

　そして CFC ルールの適用除外・足切り基準としては，税率による適用除外の基準が勧告されている。

4 CFC 所得の定義

(1) 勧告の概要

　CFC ルールの対象となる CFC が確定するならば，次の課題は，CFC の所得が，その株主や支配する者に合算されるべきか否かである。BEPS に係る懸念を生じさせる所得が，確実に親法人所在地の支配株主に合算されるように，CFC ルールに所得の定義を設けることが勧告されている。そして各国がその政策の枠組みと整合的な CFC ルールを設計できるように，その定義の設定に柔軟性を持たせることが認められている。そのため，CFC 所得を定義するためのアプローチの例として，次の 4 つを挙げている。すなわち，①類型分析（categorical analysis），②実質分析（substance analysis），③超過利益分析（excess profits analysis），④取引アプローチ及び事業体アプローチ（transactional and entity approaches）である。

(2) 各アプローチの内容

　類型分析では，所得を複数の類型に分類した上で，その類型に応じて異な

った合算を行う。所得の類型は，法的分類，取引当事者の関連性，所得の源泉地といった要素または指標のうちで，各国が最も適切とみなすものに応じて定義されることとなる。

　法的分類によれば，配当，利子，保険料所得，使用料及び知的財産による所得，販売または役務提供による所得などに分類される。また取引当事者の関連性によれば，誰から取得した所得であるのかに焦点が当てられる。すなわち，関連者から取得した所得は，所得の移転がより容易であり，またその可能性も高いことから，合算されるべき所得とされる。そして所得の源泉地は，所得を得た場所に基づいて所得を分類する方法である。この方法は，CFC 所在国で得た所得については利益移転の懸念が生じにくいが，他国から得た所得は利益移転の懸念が生じやすいことに着目しているため，親法人所在地の関連者や非関連者への販売または親法人所在地国へのサービスの提供や投資から得た所得を CFC 所得として定義すること（「反税源剥がしルール（anti-base-stripping rule）」）が考えられる。このルールに代えて，CFC 所在地国で得た所得は，CFC 所得から除外すること（「源泉地国ルール」）も考えられる。

　実質分析では，CFC が実質的に活動を行った結果の所得であるか否かに着目する。このアプローチでは，CFC の所得が，その根底にある実体から切り離されているか否かの判定を行うために，人や場所，資産，リスク等の様々な基準を用いることができる。このアプローチは他のアプローチと組み合わせることにより，CFC ルールが複雑化するものの，移転した利益をより正確に特定し，定量化できると考えられている。

　超過利益分析では，軽課税国で得た所得のうち，「通常利益（normal return）」を超える所得を CFC 所得として定義するアプローチである。たとえば，売買やサービス提供または製造に無形資産を使用しない場合には，それらの活動からは超過利益を得ることは期待できないと考えられるため，このアプローチは無形資産の所得に関連して意味を有するものと考えられている。すなわち，関連者間で無形資産とリスクの移転の取引があれば，構造的に誤

った価格を設定しやすくなり，超過利益をもたらす可能性がある。そしてこのアプローチについて提案されている方法としては，まず通常利益（＝適格資本×利益率）を計算し，次にCFCが得た所得から通常利益を控除して超過利益が計算され，これがCFC所得とみなされる。通常利益の計算で用いられる適格資本とは，実際の取引や事業の能動的な遂行に使用された資産に投下された資本を指し，利益率はリスク考慮利益率[7]となる。

　取引アプローチ及び事業体アプローチでは，取引ベースまたは事業体別ベースでCFCの所得の類型の分析を行うこととなる。取引アプローチでは，一連の所得を合算すべきか否かについては，各所得の性質を評価して決定される。一方，事業体アプローチでは，合算すべき所得の一定額もしくは一定割合を取得していない事業体，または一定の活動に従事している事業体は，その所得の一部に合算すべき性質を有する場合であっても，合算すべき所得を一切有していないこととされる。すなわち，取引アプローチでは大半の所得がCFC所得の定義の範囲内にない場合でも所得の一部は合算されることになるが，事業体アプローチでは所得の大半がCFC所得の定義の範囲内になるか否かによって，すべての所得が合算されるか否かが決定される。

5　所得の算定ルール

(1)　勧告の概要

　CFC所得の算定に際しては，2つの異なる判定が必要とされる。すなわち，①どの国のルールを適用すべきか，②CFC所得の算定に何らかの特定のルールが必要か否かである。①については，親法人所在地国のルールを用いることが勧告されている。また②については，各国は法的に認められる範囲で，CFC損失の相殺を制限する特定のルールを持ち，CFC損失を同一のCFCの利益またはCFCと同一国内の他のCFCの利益に対してのみ相殺ができるようにすべきであることが勧告されている。

---

(7)　業種や国等によって異なるが，リスク考慮利益率は，おおよそ8％から10％で推定されていることが多いとされる（par. 90）。

84

⑵　2つの判定

CFC所得の算定に際して，親法人所在地国のルールに従うことが勧告されているが，他に次のようなオプションも検討された。すなわち，CFC所在地国のルールを用いることや，納税者に選択権を与えること，IFRS等の国際的な会計基準のような共通の基準を用いることである。BEPS行動計画の目標への適合や，事務的コストの軽減の観点から，親法人所在地国のルールを用いることが勧告されることとなった。

そしてCFC損失の取り扱いについては，基本的には親法人所在地国の既存の国内法により対処できると考えられた。これには損失の使用を類似の性質を有する利益との間の相殺に限定すべきか否かの論点も含まれる（もし，国内法で限定されている場合には，CFCの受動的損失は受動的利益に対してのみ相殺されることになる）。今1つの論点は，CFC損失はCFC利益に限定して相殺可能であるのか，親法人の利益との相殺も可能であるのかであった。この論点については，もし親法人の利益との相殺を認めるならば，CFC所在地国の損失の操作を助長する可能性があると考えられて，CFC損失はCFC利益との相殺に限定されるべきとの勧告が行われた。

6　所得の合算ルール

⑴　勧告の概要

CFC所得の合算については，次の5つのステップに分解できるとされている。

① 所得を合算すべき納税者の決定
② 合算する所得の金額の決定
③ 当該所得を納税者の税務申告に含めるべき時期の決定
④ 当該所得をどう取り扱うべきかの決定
⑤ 当該所得に適用すべき税率の決定

それぞれのステップについて，まず①については，可能な場合には，合算の最低支配基準に関連づけるべきであること（合算閾値を最低支配基準と連動

第 5 章　タックス・ヘイブン対策税制の強化　85

させることで，最低支配基準を満たす場合には所得を合算させることとなる）が勧告されている。そして②については，各株主または支配者に合算する所得の金額は，その所有割合及び実際に所有権または影響力を有していた期間の両方を参照して算定すべきことが勧告されている。そして③と④については，各国が CFC 所得を納税者の申告に合算する時期及びどのように CFC 所得を取り扱うかを決定できるとしている。⑤については，CFC 所得には，親法人所在地国の税率を適用すべきであると勧告している。

(2)　5つのステップ

　所得の合算を行うためには，まずは CFC 所得を誰に合算するかが決定されなければならない。納税者が最低支配基準を満たす場合，すなわち支配基準が満たされたか否かを判定する際に検討される最低限のレベル（たとえば10%）を満たす場合，全般的な支配基準を満たす納税者のみならず，最低支配基準を満たした納税者に対しても合算されることになる。

　合算される CFC 所得の金額については，合算対象となる各納税者の所有権の割合に応じて合算される金額が決定される。その際，事業年度のうち一部の期間だけ所有権を有している場合が問題となる。年度末を基準とする方法や，所有の期間に応じる方法が考えられるとされている。また合算のルールについては，CFC 所得の 100% を超えて合算することができないことも確保されるべきであるとされる。

　CFC 所得の合算時期については，CFC の決算期が終了する課税年度の納税者の課税所得に含まれるべきとされる。しかし，たとえば CFC の事業年度終了後 60 日目の日の属する課税年度に合算するといった規定を設けることも可能とされる。

　また親法人所在地国においては，CFC 所得については，配当とみなすのか，納税者が直接に得た所得とみなすのかといった取り扱いが問題となる。この点については各国の国内法に整合する方法で決定されるべきとされる。

　そして CFC 所得に適用される税率については，親法人所在地国の税率の他に，第 2 のオプションとして「top-up tax」（CFC 所得について納税額と設定

された基準との差を課税する方法)(8)を適用することも考えられるとしている。

7 二重課税の防止と解消

(1) 勧告の概要

CFC ルールの適用により，二重課税が生じる状況としては，①合算された CFC 所得について外国法人税を課される場合，②同一の CFC 所得に対して複数の国の CFC ルールが適用される場合，③CFC ルールに基づいて居住者である CFC の株主に既に合算された所得から配当を CFC が実際に支払う場合，または居住者である株主が CFC の株式を譲渡する場合などである。そこで CFC ルールは，そうした状況において二重課税が生じないように設計されるべきであると勧告されている。

(2) 様々な状況

外国法人税が課されている場合や同一の CFC 所得に複数の国が課税されている場合には，中間法人に対して課された税も含めて，実際に支払われた外国税額について控除することによって対応するとされている。また源泉徴収税を含む実際に納付された税については，他の適用除外の対象となっていない所得に対する税も含んで，同一の所得に対する親法人所在地国における納税額を超えないものとすべきであるとされている。

そして CFC 所得が既に CFC 課税の対象となっている場合には，CFC の持分から生じた受取配当と CFC 課税が行われた利益を非課税とすることとされている。

Ⅳ 日本におけるタックス・ヘイブン対策税制の改革

1 BEPS 行動 3 に対する日本における対応

BEPS プロジェクトを主導してきた国でもある日本にあっては，BEPS プ

---

(8) たとえば，親法人所在地国の税率が30%とし，CFC ルールが実効税率12%未満とされる場合，CFC 所得に対する税率は12%とする方法である。

第 5 章　タックス・ヘイブン対策税制の強化　87

ロジェクトの実施段階に入ったことを踏まえて，すでに国内法の整備等に着手している。そのなかで，BEPS の行動 3 で示された勧告を受けて，日本企業の海外展開を阻害することがないように，そして国際的租税回避に対してより有効な対策となるように，タックス・ヘイブン対策税制が平成 29 年度税制改正のなかで見直された。

　日本におけるタックス・ヘイブン対策税制は，外国子会社を利用した租税回避を防止するために，一定の条件に該当する外国子会社の所得相当額を，日本の親会社の所得とみなして合算課税する制度であり，平成 29 年度税制改正においては，租税回避がなされているのか否かの判断を，外国子会社の税負担率等により把握しようとする考え方から，外国子会社の所得の種類等により把握しようとする考え方に変更された。そのために行われた主な見直しは，次のとおりである。

　(1)　合算対象となる外国関係会社の判定方法等の見直し

　従来，会社単位の税負担率が一定率（20%）未満であることをもって合算対象とされていたが，この合算対象となる税負担率（いわゆるトリガー（発動）税率）が廃止された。それに代えて，外国子会社の経済活動等の内容に応じて合算の方法が定められることとなった。

　(2)　適用除外（免除）の見直し

　従来，適用除外基準（事業基準，実体基準，管理支配基準，所在地国基準，非関連者基準）を設けて，適用除外されうる外国子会社を定めていたが，廃止された。それに代えて，会社単位の租税負担割合（特定外国関係会社の場合は 30%，対象外国関係会社の場合は 20%）により適用免除とされる方法に変更された。この変更は，租税回避に効果的に対応しつつも，従来の制度と比較して，企業において過剰な事務負担とならないようにするためのものである。

　(3)　合算対象となる外国関係会社の判定方法等の見直し

　資本関係が無いものの，契約等により支配している場合や間接的に支配している場合に対応するために，実質支配基準を導入するとともに，持ち株割合の計算方法が見直された。

(4) 適用除外基準をトリガー基準として使用することに変更

　従来，適用除外基準に含まれていた事業基準や実体基準，管理支配基準，所在地国基準・非関連者基準を，経済活動基準と呼ぶこととして，当該税制のトリガー基準として利用することに改められた。そして経済活動基準としての事業基準や所在地国基準について，実体ある事業を行っている航空機リース会社や製造子会社の所得が，親会社の所得に合算されないようにするための措置が取られた。

(5) 受動的所得の対象範囲の設定

　経済実体のない所得，具体的には受取配当や受取利子，有価証券の貸付対価，有価証券の譲渡所得等を受動的所得として合算対象とすることとされた。

2　平成29年度税制改正による
新たなタックス・ヘイブン対策税制の内容
(1)　新たなタックス・ヘイブン対策税制の概要

　平成29年度の税制改正によるタックス・ヘイブン対策税制の内容を概観することにしたい。

　新たなタックス・ヘイブン対策税制では，外国関係会社の発行済株式総数または議決権総数，あるいは請求権に基づく剰余金の配当等の額の総額のうちに占めるそれぞれの所有割合（直接または は間接の外国関係会社株式等の保有割合）が10％以上である内国法人，並びに直接及び間接の外国関係会社株式等の保有割合が10％以上である一の同族株主グループに属する内国法人が，タックス・ヘイブン対策税制の適用対象となる。

　そして，その特定外国関係会社または対象外国関係会社に係る課税対象金額が，当該外国関係会社の事業年度終了の日の翌日から2か月を経過する日を含むその内国法人の事業年度の益金の額に算入される（措法66の6①）。その益金の額に算入される額，すなわち課税対象金額は，特定外国関係会社または対象外国関係会社の決算に基づく課税所得を基礎として計算された金額（基準所得金額）から，その事業年度前7年以内に生じた繰越欠損金額及び各

第5章　タックス・ヘイブン対策税制の強化　89

事業年度において納付することとなる法人所得税について調整を加えた金額
（適用対象金額）に，内国法人が特定外国関係会社または対象外国関係会社に
対して有する請求権等勘案合算割合を乗じて計算した金額である。

> 課税対象金額（益金算入額）＝　適用対象金額　×　請求権等勘案合算割合

　請求権等勘案合算割合とは，次の区分に応じて定められたそれぞれの割合
（次の①と③の両方に該当する場合は，合計割合）である（措令39の14②一）。す
なわち，①外国関係会社の株式等を直接または間接に有している場合は，外
国関係会社の発行済株式数のうちに占める内国法人が保有する請求権等勘案
保有株式等の割合，②外国関係会社が内国法人に係る非支配外国法人に該当
する場合は，100%，③内国法人に係る被支配外国法人が外国関係会社の株
式等を直接または間接に有している場合は，外国関係会社の発行済株式等の
うちに占める当該被支配外国法人が保有する請求権等勘案保有株式等の割合。
ここにいう請求権等勘案保有株式等とは，内国法人またはその被支配外国法
人が直接及び間接に有する外国法人の株式等の数または金額であり，請求権
の内容が異なる株式等が含まれている場合には，内国法人がその内容が異な
る株式等に係る請求権に基づいて受けることができる剰余金の配当等の額は
その総額のうちに占める割合を乗じて計算した数または金額となる。

　そして特定外国関係会社（経済活動基準の実体基準及び管理支配基準のいずれ
も満たさない外国関係会社）については，その租税負担割合が30%未満の場
合に，また対象外国関係会社（経済活動基準のいずれかを満たさない外国関係会
社）については，租税負担割合が20%未満の場合に，会社単位の合算課税
が行われる。

　さらに，この税制では経済活動基準をすべて満たす外国関係会社を，部分
対象外国関係会社と呼び，剰余金の配当等や受取利子等，有価証券の譲渡損
益，デリバティブ取引損益等の一定の所得の金額（特定所得の金額）について，
部分対象外国関係会社の発行済株式総数等のうちに占める内国法人の請求権
等勘案直接保有株式等の割合を乗じて計算した金額（部分課税対象金額）が，

当該外国関係会社の事業年度終了の日の翌日から2か月を経過する日を含む内国法人の事業年度の益金の額に算入される（措法66の6⑥）。なお，部分対象外国関係会社については，租税負担割合が20％未満の場合に特定所得（受動的所得）の金額の合算課税が行われる。

　租税負担割合が特定外国関係会社の場合は30％以上の場合，対象外国関係会社や部分対象外国関係会社は20％以上の場合は合算課税が免除されることになるが，これは，事務負担を軽減する趣旨で設けられた規定である。

　なお外国関係会社の所得が現地で課税され，かつこの税制により内国法人で合算課税される場合，外国税額控除ができる（措法66の7①）等の二重課税の調整措置がとられている。

　外国関係会社は，株式数等または議決権等の過半数を保有しているなど，日本の居住者や内国法人が実質的に支配しているという意味で，日系の外国法人を指していることになる。そしてその保有者である居住者や内国法人との間に，なんらかの関係が存在しているか否かは問われることなく，すべての日本の居住者や内国法人等が保有する株式数や議決権等の合計で，外国関係会社に該当するか否かが判断されることになる。また保有関係は，直接保有のみならず，間接保有も含めているため，居住者が支配している会社や内国法人の子会社・孫会社，外国法人と居住者等との間に株式等の保有を通じて連鎖関係にある外国法人（出資関連外国法人）が保有している株式数や出資額も判断する割合に含められるとともに，内国法人の立場からするならば，その子会社や孫会社に該当する外国法人も，外国関係会社に含まれることになる。

⑵　経済活動基準

　経済活動基準には，事業基準と実体基準，管理支配基準，非関連者基準，所在地国基準が設けられている。これらの諸基準は，タックス・ヘイブン対策税制が発動するか否かの基準として機能するとともに，外国関係会社を分類するための基準としても機能することになる。

　事業基準とは，外国関係会社の主たる事業が，①株式（出資を含む。）もし

第5章 タックス・ヘイブン対策税制の強化 91

図表 2 平成29年度税制改正によるタックス・ヘイブン対策税制のイメージ[9]

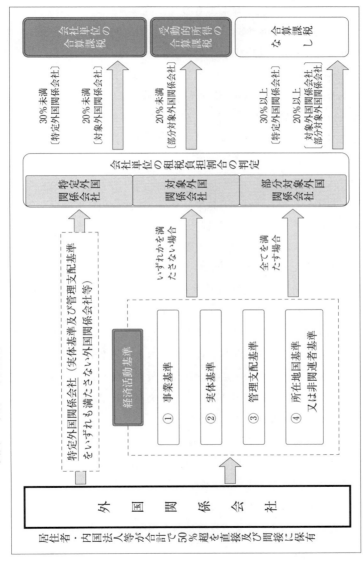

くは債券の保有，②工業所有権その他の技術に関する権利，特別の技術による生産方式もしくはこれらに準じるもの（これらの権利に関する使用権を含む。），もしくは著作権（出版権及び著作隣接権その他これらに準じるものを含む。）の提供，③船舶もしくは航空機の貸付け（統括事業を行う事業持株会社並びに航空機の貸付けを的確に遂行するための業務すべてに従事しているものを除く。）のいずれにも該当しないことを要請する基準である（措法66の6②三イ）。具体的な例を示すならば，①は特定外国子会社等が持株会社，②は無形資産の利用料を受け取る会社，③は船舶や航空機のリース会社となっている場合が該当する。

　ここで挙げられた事業は，タックス・ヘイブンと考えられる国や地域で行われる合理性が認められず，国内においても実施可能な事業であると考えられている。ただし，株式等の保有を主たる事業とする場合であっても，その事業が企業集団を構成する海外のグループ子会社等を統括する事業を実質的に行っている場合には，その事業を海外で行う合理性があると考えられるため，事業基準を満たすと判断される。

　実体基準とは，外国関係会社が，本店所在地国にその主たる事業を行うために必要と認められる事務所または店舗，工場その他の施設を有していることを要請するものである（措法66の6②二イ(1)・三ロ）。そして対象外国関係会社の判定に際しては，事業持株会社の場合の主たる事業は，統括業務となる。この基準は，外国関係会社が登記されて設立されているものの，事業を行っている実体がない，いわゆるペーパーカンパニーではないことを求めている。施設の有無は可視的なものであるが，主たる事業を行うために必要であるか否かについては，その事業の内容や形態等に応じて異なるものと思われる。たとえば，事業に必要であるとされる施設が，事務所であるのか，店舗であるのか，工場であるのかは，その主たる事業に応じて異なることとなるであろうし，その事業に必要な施設の規模についてもその事業に依存することになると考えられる。なお，その施設を外国関係会社が自己所有してい

---

(9)　国税庁「平成29年度　法人税関係法令の改正の概要」37頁。

第 5 章　タックス・ヘイブン対策税制の強化　93

るのか，賃借しているのかは，この基準の判定に際して関係がないと考えられる。

　管理支配基準とは，特定外国関係会社や対象外国関係会社が，その本店所在地において，その事業の管理，支配及び運営を自ら行っていることを要請する基準である（措法 66 の 6②二イ 7⑵・②三ロ）。事業の管理や支配，運営という概念は曖昧であるため，実務上は，①株主総会及び取締役会等が現地で開催されているか，②役員等の職務が執行されているか，③会計帳簿等の作成及び保管が現地で行われているか，などをすべて満たしているのかを総合的に勘案して判断されることになる。なお，内国法人が 100% 所有しているような特定外国関係会社等の場合，日本で株主総会が開催されることも考えられうる。したがって日本での株主総会開催をもって直ちにこの基準を満たさないことにはならない。また現地での事業計画について内国法人である親会社と協議し，承認を受けるようにしている場合も，そのことをもって直ちにこの基準を満たさないことにはならない。

　非関連者基準とは，外国関係会社が行う主たる事業が卸売業，銀行業，信託業，金融商品取引業，保険業，水運業，航空運送業，または航空機の賃貸業である業種を対象として，外国関係会社がその事業を主として関連者以外の者（非関連者）とのあいだで行っていることを要請する基準である（措法 66 の 6②三ハ⑴）。ここにいう関連者とは，①外国関係会社の発行済株式等の総数や総額のうち直接及び間接に保有する株式等の数や金額が 10% 以上である居住者または内国法人，②外国関係会社に係る連結法人やその連結法人とのあいだに連結完全支配関係がある他の連結法人，③①の内国法人の発行済株式等の総数または総額のうち，50% 超の株式等の数または金額を有する者，④①の居住者または内国法人と外国関係会社との間に介在する他の外国法人などが含まれる（措法 66 の 6②三ハ⑴，措令 39 の 14 の 3⑭）。

　そしてこの基準が要請されるのは，既述の 8 業種に該当する事業を営む者が，もっぱら関連者とのあいだの取引によってその事業が行われている場合には，タックス・ヘイブンと考えられる国や地域において子会社等を設けて

事業を行うことに合理性はないと考えられるため，タックス・ヘイブンを利用して関連者と取引を通じた租税回避が行われることを防止することを趣旨としている。どの程度をもって，主として非関連者あるいは関連者と取引を行っていると判断するのかについては，50% が基準となっている。すなわち，基本的に取引全体のうち 50% 超が非関連者との取引である場合には，主として非関連者とのあいだで事業が行われていると判断される。たとえば，卸売業の場合，各事業年度の棚卸資産の販売に係る収入金額または棚卸資産の仕入に係る所得価額の合計額のうち，非関連者との取引金額が 50% 超であることが求められ，銀行業の場合には，各事業年度の受入利息または支払利息の合計額のうち，非関連者との取引金額が 50% 超であることが求められている（措令 39 の 14 の 3⑮）。また非関連者とのあいだで取引される資産などが関連者に移転等することが予め定まっている場合には，その取引は関連者とのあいだの取引と判断される。なお各業種における取引金額の算定については，法令上の定めがないため，一般に公正妥当な会計処理の基準に従うものと考えられる。

　所在地国基準は，非関連者基準が適用される業種以外の業種を対象として，外国関係会社がその事業（事業持株会社の場合は統括業務）を主として本店所在地国において行っていることを要請する基準である（措法 66 の 6②三ハ(2)）。その事業を主として本店所在地国において行っているのか否かは，事業の種類ごとに定められている。たとえば，不動産業にあっては，主として本店所在地国にある不動産（その不動産の上に存する権利を含む。）の売買または貸付け（その不動産を使用させる行為を含む。），その不動産の売買または貸付けの代理または媒介及びその不動産の管理を行っている場合には，この基準を満たしていると考えられる。物品賃貸業（航空機の貸付けを主たる事業とするものを除く。）にあっては，主として本店所在地国において使用に供される物品の貸付けを行っている場合には，また製造業にあっては，主として本店所在地国において製品の製造を行っている場合には，この基準を満たしていると判断される（措令 39 の 14 の 3⑳）。

(3) 特定外国関係会社と対象外国関係会社，部分対象外国関係会社

　タックス・ヘイブン対策税制上，外国関係会社が特定外国関係会社または対象外国関係会社に該当する場合は，会社単位の合算課税の対象となり，部分対象外国関係会社に該当する場合は，資産を運用することで生じる所得等が含まれる特定所得（受動的所得）の金額が合算課税の対象となる。そして外国関係会社のこうした分類は，①事業基準，②実体基準，③管理支配基準，④所在地国基準または非関連者基準の経済活動基準により行われる。

　特定外国関係会社は，①実体基準及び管理支配基準の両方を満たさない場合，また②総資産の額に対する有価証券，貸付金及び無形固定資産等の合計額の割合が50%超であり，かつ総資産の額に対する利子や配当等，有価証券の貸付け対価・譲渡損益，デリバティブ取引損益，外国為替差損益，有形固定資産の貸付け対価，無形資産等の使用料・譲渡損益の合計額の割合が30%超である場合，あるいは③租税に関する情報の交換に非協力的な国等に本店等を有する場合の外国関係会社である（租法66の6②二）。たとえば，ペーパーカンパニーや事実上のキャッシュボックス，ブラックリスト国に所在するものが含まれる。

　対象外国関係会社は，特定外国関係会社以外で，経済活動基準のいずれかを満たさない外国関係会社を指す。

　そして部分対象外国関係会社は，経済活動基準をすべて満たす外国関係会社を指す。タックス・ヘイブン対策税制においては，たとえ経済活動基準をすべて満たすとしても，受動的所得については，合算課税の対象としている。

　なお，外国関係会社の判定は，その外国法人の各事業年度終了時の状況により判定される（措令39の20①）ため，特定外国関係会社や対象外国関係会社，部分対象外国関係会社の判定もまた同様となる。

(4) 受動的所得の合算課税

　受動的所得の合算課税については，重要な改正内容であるため，より詳しく確認することとする。タックス・ヘイブン対策税制上，部分対象外国関係会社（外国金融子会社等は除く。）の次に掲げる特定所得（受動的所得）の金額

に係る部分適用対象金額のうち，内国法人が直接及び間接に有する当該部分対象外国関係会社の株式等の数または金額につき，その請求権の内容を勘案した数または金額並びにその内国法人と当該部分対象外国関係会社との間の実質支配関係の状況を勘案して請求権等勘案合算割合を乗じて計算した金額（部分課税対象金額）は，当該部分対象外国会社の事業年度終了の日の翌日から2か月を経過する日を含む内国法人の事業年度の益金の額に算入される（租法66の6⑥）。

　特定所得（受動的所得）としては，①剰余金の配当等の額，②受取利子等の額，③有価証券の貸付対価の額，④有価証券の譲渡所得（部分対象外国関係会社の有する他の法人の株式等の数または金額が占める発行済株式総数等の割合が20％以上である場合を除く。），⑤デリバティブ取引損益の額，⑥外国為替損益の額，⑦①から⑥を生じさせる資産の運用，保有，譲渡，貸付け等より生じる損益の額，⑧固定資産の貸付けによる対価の額，⑨工業所有権その他の技術に関する権利，特別の技術による生産方式等または著作権（出版権及び著作隣接権等を含む。）（以下，無形資産等）の使用料の額，⑩無形資産等の譲渡損益の額，⑪①から⑩までに相応する金額がないとした場合の部分対象外国関係会社の所得の金額から総資産の額に人件費や減価償却累計額を加算した金額の50％を控除した額である（措法66の6⑥一〜十一）。

V　コーポレート・インバージョン対策税制

　タックス・ヘイブンを利用したコーポレート・インバージョンに対する対策税制もまた設けられている。コーポレート・インバージョン（corporate inversion）とは，内国法人が外国法人を設立し，その外国法人が最終的に親会社となるような組織再編を指す。たとえば，日本に本拠を置く多国籍企業グループが，タックス・ヘイブンと考えられる国や地域に外国法人を設立し，その後，三角合併を利用してその外国法人が親会社となるようにする組織再編等が該当する。ここでの三角合併では，外国法人の日本子会社が，その外

第 5 章　タックス・ヘイブン対策税制の強化　97

国法人（親会社）の株式を対価として内国法人を吸収合併する手法が用いられる。こうした組織再編に伴って，あるいはその過程において，内国法人が外国親会社または外国関連会社に対する多額の負債を負うこととなり，また内国法人の保有する資産（たとえば，外国子会社株式等や無形資産）が外国親会社または外国関連会社に移転されることにより，租税回避を行うことが可能となる。そうした租税回避を防止するための対策が必要とされる。すなわち，コーポレート・インバージョン対策税制は，タックス・ヘイブン対策税制から免れることを防止するための措置であり，いわばタックス・ヘイブン対策税制を補完する役割を担っていると言える。そこで，このコーポレート・インバージョン対策税制の内容についても確認しておくことにしたい。

　コーポレート・インバージョン対策税制は，特定内国法人（特定関係が生じる直前に 5 人以下の株主等並びにそれらと特殊な関係にある個人及び法人によって発行済株式等の 80% 以上が保有されている内国法人）の株主等（特殊関係株主等）である内国法人が，コーポレート・インバージョンにより，タックス・ヘイブンと考えられる国や地域に所在する外国法人（特定外国関係法人及び対象外国関係法人に該当する場合）を通じて，特殊関係内国法人（特定内国法人または特定内国法人からその資産または負債の大部分の移転を受けた内国法人）の発行済株式等の 80% 以上を間接保有することとなった場合には，その特定外国関係法人等に係る適用対象金額のうち，その特殊関係株主等である内国法人が有するその特定外国関係法人等の直接及び間接保有の株式等に対応する部分としてその株式等の請求権の内容を勘案して計算された金額（課税対象金額）に相当する金額を，その特殊関係株主等である内国法人の収益の額とみなして，その事業年度終了の日の翌日から 2 か月を経過する日を含む事業年度の課税所得の計算上，益金の額に算入することとされる（措法 66 の 9 の 2①②）。

　この税制においても，タックス・ヘイブン対策税制の場合と同様に，適用除外基準が設けられている。外国法人が，実体基準と管理支配基準のいずれも満たさない外国関係会社である特定外国関係会社，あるいは事業基準と実体基準，管理支配基準のいずれかを満たさず，もしくは主たる事業の種類に

より非関連者基準または所在地国基準を満たさない外国関係会社（特定外国関係会社を除く。）である対象外国関係会社のいずれにも該当しない場合には，その課税対象金額に相当する金額が特殊関係株主等である内国法人の益金の額に算入されることはない（措法66の9の2③）。ただし，非関連者基準を満たすか否かの判断を行う際しては，関連者にその外国関係法人に係る特殊関係内国法人，特殊関係株主等その他これらの者に準じる者を含めて判断されることになる。

なお，タックス・ヘイブン対策税制の場合と同様に，受動的所得の合算課税の適用を受けることになる（措法66の9の2⑥）。

Ⅵ　お わ り に
－BEPS 行動 3 の勧告内容と
日本の新たなタックス・ヘイブン対策税制－

日本における新たなタックス・ヘイブン対策税制は，BEPS の行動3の勧告を大きく取り入れたものとなっていることが確認できる。まず合算課税の対象となりうる外国関係会社について，実質支配基準を導入し，形式的に持分割合を基準としていた場合に比して，課税対象となりうる外国会社がより広くなったと言える。いわゆるペーパーカンパニーや事実上のキャッシュボックス等に対する課税の規定も設けられた。また適用除外を，法人レベルで判定することから租税負担割合により所得課税レベルで判定することとなった。このことは，BEPS 行動3で検討されていたデ・ミニミス金額設定による方法と租税回避防止要件による方法，さらに税率による方法の3つのなかから，勧告されていた税率による適用除外の方法が採用されたことを意味している。すなわち，BEPS の行動3の勧告に則っていると言える。所得の定義に関しても，CFC の所得がより確実に親法人所在地の支配株主に合算するための改正がなされた。たとえば，受動的所得に係る課税について従来の資産性所得よりも範囲が拡大し，強化されていることが分かる。また二重課

税調整の項目が追加され，二重課税を避ける方向での緩和もなされた。このようにBEPSの行動3の勧告で示されたCFCのルールの強化が反映されたものと言える。

　しかし，合算課税の適用除外の基準として用いられている租税負担割合が，タックス・ヘイブンを利用した国際的な租税回避の抑止に対してどのように影響を与えるのか，また受動的所得の合算課税がどのように企業行動に変化をもたらすのか等については，引き続き見守る必要があると思われる。

　さらにタックス・ヘイブン対策税制については，国際的な課税問題であり，二重課税の排除問題や租税条約に抵触する可能性の問題，移転価格税制との関係の整理等については，国内の法整備だけでは対応仕切れないことがあるため，国際的な動向を踏まえて，より有効なタックス・ヘイブン対策税制であるように，継続的な見直しが必要となるものと思われる。

【参考文献】

- OECD, OECD/G 20 Base Erosion and Profit Shifting Project, Public Discussion Draft *BEPS ACTION 3: Strengthening CFC Rules*, OECD, 2015.
- OECD, OECD/G 20 Base Erosion and Profit Shifting Project, *Designing Effective Controlled Foreign Company Rules, Action 3-2015 Final Report*, OECD, 2015.
- OECD, OECD/G 20 Base Erosion and Profit Shifting Project, *Explanatory Statement 2015 FINAL REPORTS*, OECD, 2016.
- 居波邦泰『国際的な課税権の確保と税源浸食への対応－国際的二重非課税に係る国際課税原則の再考－』中央経済社，2014年。
- EY税理士法人編『詳解　新しい国際課税の枠組み　BEPSの導入と各国の税制対応－企業への影響と留意点－』第一法規，2017年。
- 占部裕典『租税法における文理解釈と限界』慈学社，2013年。
- 国際課税実務検討会『外国子会社合算税制（タックス・ヘイブン対策税制）における課税上の取扱いについて』日本租税研究協会，2014年。
- 国税庁「平成29年度　法人税関係法令の改正の概要」
  http://www.nta.go.jp/shiraberu/ippanjoho/pamph/hojin/kaisei_gaiyo2017 _4/pdf/all.pdf

- 小松芳明委員長（特別委員会最終報告）「国際課税と国際協調－当面改善すべき諸問題に関連して」『税務会計研究』第 13 号，2002 年 9 月，93-188 頁。
- 中里実，太田洋，伊藤剛志，北村導人編著『タックス・ヘイブン対策税制のフロンティア』有斐閣，2013 年。
- 水野忠恒編著『改訂版　国際課税の理論と課題』税務経理協会，1999 年。

「税源浸食と利益移転（BEPS）」対策税制

第6章　ハイブリッド事業体と 国際課税問題

－ハイブリッド・ミスマッチによる BEPS 問題を中心として－

日本大学教授　**平野　嘉秋**

Ⅰ　は じ め に

　多国籍な展開を行う企業（以下「多国籍企業」という。）の事業活動において，国際課税上様々な問題が生じている。その一つとして BEPS 問題（ハイブリッド事業体による国際的二重非課税問題等）が具現化してきた。BEPS とは「Base Erosion and Profit Shifting」の略で「税源浸食と利益移転」と訳されており，具体的には，本来課税されるべき経済活動が行われている国で所得が計上されないという問題である。

　BEPS 問題の契機となったのは，欧米における多国籍企業の租税回避事件であった。これらの背景には，国境を自由に動ける多国籍企業のような納税者に対し，そのような行動ができない企業の不公平感がある。BEPS は公平な競争を害し，BEPS を活用しない企業は，競争上不利な立場に追いやられる場合がある。このような流れを受け，2012 年 6 月，OECD 租税委員会により，国境を越えた脱税・租税回避スキームである BEPS 問題への取組み（以下「BEPS プロジェクト」という。）が開始され，本格的な BEPS プロジェクトが始動し，2015 年，ハイブリッド・ミスマッチによる国際的二重非課税問題等に関して「Organisation for Economic Co-operation and Develop-

ment〔OECD〕Neutralising the Effects of Hybrid Mismatch Arrange-
ments-Action 2: 2015 Final Report〔Hybrids Report〕（OECD Publishing,
Paris, 2015）（以下，『2015 ハイブリッド・ミスマッチ最終報告書』）が公表された。

II　ハイブリッド事業体と課税問題

1　ハイブリッド事業体による国際的二重非課税問題

⑴　ハイブリッド・ミスマッチの発生

　多国籍企業の事業形態として，いわゆる“多様な事業体”が多く用いられ
ている。国際化の進展に伴い，自国の制度にない事業体が数多く国外から進
出してくると納税主体として扱うべきか否かという問題が生じる。国家間で
租税制度は異なり，そのため各国における租税法上の納税主体概念も異なる
ことが少なくない。例えば，日本の租税法上の納税主体としては，個人，法
人，法人課税信託及び人格のない社団等があげられるが，他国の租税法にお
いてはそれら以外の納税主体も見受けられるし，日本の租税法において納税
主体として扱われる事業体のなかにも，他国で納税主体として扱われない事
業体も存在する。

⑵　国際的二重非課税

　事業体が自国内だけで事業活動を行う場合には，租税法上重要な問題は生
じないが，他国へ進出したり，さらには事業活動が三か国以上にまたがるよ
うな外国事業体の構成員として自国の居住者や法人等が参加した場合に，当
該事業体の租税法上の概念に国家間でハイブリッド・ミスマッチが生じたと
き，国際課税面で様々な問題が生じる。その一つに国際的二重非課税問題が
ある。

　居住者が外国事業体に参加するとき，基本的に次の二つの租税法上の分類
において相違が生じることがある。

　　①　源泉地国の税制下ではパス・スルー課税が適用される事業体（以下
　　「パス・スルー型事業体」という。）として分類されるが，居住地国の税制

下では法人課税が適用される事業体（以下「納税主体」という。）として分
類される。

② 源泉地国の税制下では納税主体として分類されるが，居住地国の税制
下ではパス・スルー型事業体として分類される。

ハイブリッド事業体とは，その事業体が一方の法域の税制下で納税主体と
して扱われて当該事業体が稼得した所得に対して法人課税が適用されるが，
他方の法域の税制下では当該所得に対してパス・スルー課税が適用されると
いう税制上の扱いの差異が生じる事業体をいい，ハイブリッド事業体を利用
した国際的二重非課税のケースとして『2015 ハイブリッド・ミスマッチ最
終報告書』では，①D/NI（支払者段階所得控除/受領者段階免税）結果となるミ
スマッチ，②D/D（同一支払複数段階所得控除）結果等となるハイブリッド・
ミスマッチが示されている。

① D/NI 結果を生み出すミスマッチ

D/NI 結果とは，支払者を管轄する法域の税制上は支払いが課税所得の計
算上，控除されるのに対して，受領者を管轄する法域の税制上は当該支払い
に対応する受取りについては課税所得に包含されず免税となり，国際的二重
非課税が生じることをいう[1]。

② D/D 結果を生み出すミスマッチ

D/D 結果とは，支払いが，支払者を管轄する法域の税制上では当該支払
いは課税所得の計算上控除されるが，他方の法域の税制下でも当該支払いが
課税所得の計算上，控除される，つまり同一の支払いが複数の法域で課税所
得の計算上，控除され，その結果，国際的二重非課税が生じることをいう[2]。

---

(1) A D/NI outcome arises where a payment is deductible under the laws of
one jurisdiction (the payer jurisdiction) and is not included in ordinary in-
come under the laws of any other jurisdiction where the payment is treated
as being received (the payee jurisdiction). (Organisation for Economic Co-
operation and Development [OECD] Neutralising the Effects of Hybrid Mis-
match Arrangements--Action 2: 2015 Final Report [Hybrids Report]
(OECD Publishing, Paris, 2015), at [384]).

2　ハイブリッド事業体による国際的二重課税問題

　外国事業体の分類に関して国家間でミスマッチが生じた場合，源泉地国で租税が課された者と居住地国で外国税額控除の救済を受けようとする者が相違することになり，厳格な名義人主義により，居住地国において源泉地国で課された租税に関して外国税額控除による救済が受けられないとき，国際的二重課税が生ずる。また，事業体の設立地がA国で，その構成員にB国居住者も含まれる事業体の事業活動が第三国C国で行われた場合に，事業体の租税法上の概念が各国家間でハイブリッド・ミスマッチが生じる場合，二重課税の救済が不可能となるという，より深刻なケースも生じる。

　また，ハイブリッド・ミスマッチに関する『2015ハイブリッド・ミスマッチ最終報告書』では，各国に対して「国内法に係る特別な勧告」が求められており，各国が「国内法に係る特別な勧告」で対応しようとすると，逆に二重課税問題が生じる可能性もある。

3　ハイブリッド事業体を利用した国際的租税回避問題

　事業活動や投資活動を行う上で，事業体に法人課税が適用されるか，パス・スルー課税が適用されるかでは，税務上の結果が相違し，その相違は事業計画及び投資計画における主な関心事となる。つまり，事業体に法人課税が適用される場合，その事業体が稼得した所得はまず事業体の段階で課税され，課税後の所得が出資者に分配され，それは出資者の段階で配当として課税され，事業体及び出資者の二段階で課税されるという二重課税（いわゆる"経済的二重課税"）が生じ，コストが著しく高くなる。また，欠損となっても，それは事業体に留保され，出資者にパス・スルーされない。

　対照的に，事業体にパス・スルー課税が適用される場合，その事業体が稼得した所得はその事業体の構成員にパス・スルーされ，その事業体の段階で

---

(2)　A D/D outcome arises where a payment that is deductible under the laws of one jurisdiction (the payer jurisdiction) triggers a duplicate deduction under the laws of another jurisdiction (*Id.*, at〔388〕).

第6章　ハイブリッド事業体と国際課税問題　105

は課税されず構成員の段階で課税されることにより，事業体が稼得した所得について事業体段階と構成員段階の二段階で課税されるという経済的二重課税が回避される。すなわち，パス・スルー課税が適用される事業体それ自体は，租税債務を負わず，税務に関する事項は各構成員にパス・スルーされる。さらに，パス・スルー課税が適用される事業体の損失については，原則として構成員の段階でその他の所得と相殺され，タックス・メリットが生じ，タックス・シェルターとしての機能を果たす。

　そこで，ハイブリッド事業体におけるパス・スルー課税を利用した人為的な損益通算や利益の繰延べが租税回避スキームとして利用される傾向がある。

4　ハイブリッド事業体の法人該当性基準問題

　外国事業体の税法上の分類，つまり納税主体になるか否かというメルクマールは，日本の租税法においては整備されていない。そのため，近年のグローバル化した経済取引の進展に伴い，この問題がクローズアップされ，日本において税務上の争いが多発してきている。そして，これらは，上記の国際的二重非課税問題，国際的二重課税問題の原因ともなる。

Ⅲ　ハイブリッド事業体による国際的二重非課税問題に対する BEPS 最終報告書等

1　ハイブリッド・ミスマッチ問題の沿革

　ハイブリッド・ミスマッチに係る問題は，近年の議論で急に出てきたものではなくて，当該問題は OECD 等で過去にハイブリッド・ミスマッチやその前提となるパートナーシップに関するレポートでも報告されている。代表的なものとして，下記の報告がある[3]。

---

(3)　そのほか，2010 年 9 月の「Addressing Tax Risks lnvolving Bank Losses」，2011 年 8 月の「Corporate Loss Utilisation through Aggressive Tax Planning」がある。

(1) パートナーシップ報告書

OECD 租税委員会は 1993 年に，パートナーシップ等法人格を有しない事業体に対する OECD モデル租税条約の適用を検討するため作業部会を設置し検討を開始した[4]。1999 年，長期間にわたる協議及び検討の結果，法人格のない事業体に対する国際課税に関する問題点が「OECD, THE APPLICATION OF THE OECD MODEL TAX CONVENTION TO PARTNERSHIPS (OECD, Issues in International Taxation, No. 6, 1999)」[5]として公表された。この報告書は「パートナーシップ調査報告書（OECD partnership Report)」として知られているが，米国税法と同様の立場をとり，原則としてパートナーシップが稼得した所得については，源泉地国は居住地国の分類に従うことを要求している[6]。しかしながらこの要件は，租税条約上の特典を請求することができる場合で，居住地国が同一の所得について実際に課税する場合に限定されている。同報告書は指針の作成を差し控え，一連の事例を挙げて，標準的な解決策よりも，実用主義的な解決策を定めている。

同報告書ではパートナーシップについて直接言及され，その説明に当てられているが，同報告書は実際に，現行の国際的な課税制度の下における，法人格のない事業形態について，包括的とは言えないが，幅広く問題点を取り上げ，OECD モデル租税条約をどのように適用するかについて OECD 租税委員会の見解を示し，モデル条約改正案を提示している[7]。

(2) 2012 ハイブリッド・ミスマッチ報告書

2012 年の「Hybrid Mismatch Arrangement; Tax Policy and Compliance Issues」（以下「2012 年ハイブリッド・ミスマッチレポート」という）においては，

---

(4) Michael Lang, Pasquale Pistone, Josef Schuch, Claus Staringer and Alfred Stok, Corporate Income Taxation in Europe (Edward Elgar, 2013), at pp. 212-214.

(5) 古賀明監訳『OECD モデル租税条約のパートナーシップへの適用』（日本租税研究協会，2000 年）において邦訳されている。

(6) Michael Lang, *supra note 4*, at pp. 212-214.

(7) *Ibid.*

第6章　ハイブリッド事業体と国際課税問題　107

ハイブリッド・ミスマッチ・アレンジメントに係る国際的二重非課税問題を取り上げ，その対抗策として，各国が国内法において，ハイブリッド・ミスマッチの取引に係る他国の国内税法上の取扱いを斟酌したうえで，自国の国内税法上，二次的又は防御的に国際的二重非課税を防止するように各国の国内税法においてその対策を講じるといういわゆる「リンキング・ルール」を推奨している。ハイブリッド・ミスマッチ・アレンジメントの事例[8]が2012年にOECD租税委員会によって報告されている。

(3)　2013 BEPS 報告書

　2013年2月12日，BEPSに関する最初の報告書『Addressing Base Erosion and Profit Shifting（税源浸食と利益移転への対応報告書：以下「2013 BEPS報告書」という。)』が公表された。BEPSは公平な競争を害し，BEPSを活用しない企業は，競争上不利な立場に追いやられる場合がある。このような流れを受け，2012年6月，OECD租税委員会により，BEPSプロジェクトが開始され，本格的なBEPSプロジェクトが始動した。同報告書はBEPSの現状分析に係る報告書であり，その問題点と対応が必要な分野を示している。2013年7月にOECD租税委員会により公表された「BEPS行動計画」[9]は，一部の多国籍企業が税制の隙間や抜け穴を利用した過度なタックス・プラニ

---

(8)　例えば，連結納税制度とパス・スルー課税を利用した事例として，「甲国において設立された親会社A社は乙国にC社を設立し，乙国においてC社を通じ間接的にB社を所有している。甲国税務上，C社はパス・スルー課税が適用され，乙国税務上，C社は法人課税が適用され，甲国と乙国の税務においてC社の税務上の取扱いにはミスマッチが生じており，C社はいわゆる"ハイブリッド事業体"となる。C社はB社資本を100%所有し，A社は当該C社のequityを100%所有しているとする。C社は第三者D社から借入を行い，その借入金でB社の株式を取得し，C社はD社に当該借入金の利子を支払った。乙国の税務上，C社は納税主体となり法人税が課されるが，当期においては所得がなく，支払利子相当額が赤字となっている。乙国においてC社とB社は連結納税が適用され，C社の欠損金（支払利子相当額）はB社の所得と相殺される。他方，甲国においては，A社はC社に対してはパス・スルー課税が適用され，C社の赤字（支払利子相当額）はA社の損金の額に算入することができる。その結果，D社に対する支払利子相当額は甲国，乙国2か国において損金の額に算入することができる。」というものである。

ング（節税）により二重非課税の状況にあることを是正し，利益を生み出す
経済活動が実際に行われ，価値が創出される場所での課税を十分に可能とす
ることを目的としている。

(4) 2015 ハイブリッド・ミスマッチ最終報告書

2012 年 6 月，OECD 租税委員会により，国境を越えた脱税・租税回避ス
キームである BEPS 問題への取組み（以下「BEPS プロジェクト」という。）が
開始され，本格的な BEPS プロジェクトが始動し，2015 年，ハイブリッド
事業体による国際的二重非課税問題等（ハイブリッド・ミスマッチ問題）に関
する『2015 ハイブリッド・ミスマッチ最終報告書』）が公表された。報告書
については次項において詳述する。

2 『2015 ハイブリッド・ミスマッチ最終報告書』による 国際的二重非課税問題対策

(1) 概要

『2015 ハイブリッド・ミスマッチ最終報告書』は第一部と第二部に分かれ
ており，第一部がハイブリッド・ミスマッチ問題に対する国内法における改
正に関する勧告であり，12 章にわたる。第二部はハイブリッド・ミスマッ
チ問題に対する租税条約の改正における勧告であり，モデル租税条約の変更
について提言されている。

同報告書には，ミスマッチにより生じる BEPS 問題に対応するため，各
国で税制改正によって広く対応されることが強く推奨され，取り上げられて
いる懸案事項は，源泉地国と投資家の居住地国の両方で非課税（又は低課税）
となる国際的二重非課税である。同報告書では，「2 以上の管轄地域の税法
に基づく事業体又は金融商品の税務上の取扱いの差異を利用して当事者が納
付税額を引き下げる」という契約を射程としている。具体的には，加盟国に

---

(9)　BEPS の行動計画が 15 に分類され，「ハイブリッド・ミスマッチ・アレンジメ
　　　ントの無効化」は行動計画 2 で示されている。

第6章　ハイブリッド事業体と国際課税問題　109

おける国内法の改正に関する8件の勧告と，租税条約の変更に関する勧告が提言されている。

　同報告書における勧告は広範囲に及ぶが，本稿では，同報告書第一部の事業体を利用したミスマッチによる国際的二重非課税対策としての国内法改正に係る勧告に焦点を当てている。同勧告の一つはD/NI結果となるミスマッチに係る勧告であり，もう一つがD/D結果となるミスマッチに係る勧告である。

⑵　D/NI結果となるハイブリッド・ミスマッチに係る勧告

　ハイブリッド事業体を利用したD/NI結果となる国際的二重非課税に係る勧告が『2015ハイブリッド・ミスマッチ最終報告書』第3章，5章及び8章で勧告3.5.8として提言されている。

　⑴　勧告3

　勧告3[10]の「無視されるハイブリッド支払ルール（Disregarded hybrid payment rule）」は，支払者が所在する国の税制下では納税主体として扱われ，受領者が所在する国の税制下ではパス・スルー型事業体として扱われる場合に共通して適用される[11]。「無視される支払い（disregarded payment）」とは「支払者を管轄する国の税制下で課税所得から控除されるが，受領者を管轄する国の税制下では課税所得に包含されない支払い」をいい，無視される支払いから生じるD/NI結果を勧告対象としている。

　勧告3で提言された第一次的対応（primary rule）ではリンキング・ルールが採用され，支払者の所在する国（以下「支払国」という。）でD/NI結果をもたらす範囲内で所得控除を否認することが提言されている[12]。第二次的な「防御」ルールも勧告されており，支払国が課税所得からの控除を否認しない場合，受領者の所在する国（以下「受領国」という。）は，国内法において，D/NI結果となる範囲内で，当該支払い[13]を受領者の通常所得に含めるべき

---

(10)　OECD Hybrids Report, *supra note 1*, at ch 3.

(11)　*Ibid*.

(12)　*Id*., at〔119〕.

であると勧告されている。なお，支払国の支払者における課税所得からの控除が両国の課税所得に含まれる所得と相殺されている限り，このルールは適用されず，二重課税所得を超過する超過控除額は繰り延べられる[14]。

　勧告3は，同一の「支配グループ」（通常は50%以上の直接的又は間接的な所有権）の当事者にのみ適用され[15]，「役務提供に対する支払い，賃料，ロイヤルティ及び利息などの当期の支出」に適用されるが，「資本資産を取得する費用又は減価償却の引当額」には適用されない[16]。

　ハイブリッド事業体による支払いについては『2015ハイブリッド・ミスマッチ最終報告書』において事例3.1として例示されている[17]。

事例3.1

パス・スルー型事業体とハイブリッドローンを利用したスキーム

事実

1. 　下図に示された事例では，Acoが事業子会社（Bco 2）のための持株会社として Bco 1 を設立する。Bco 1 はハイブリッド事業体（即ち B 国法の下では税務上納税主体として取り扱われるが，A 国法の下ではパス・スルー型事業体として取り扱われる事業体）である。Bco 2 は A 国法の下でも B 国法の下でも，納税主体として取り扱われる。

---

(13)　当該支払いは勧告12で定義されている（*Id.*, at ch 12）。
(14)　*Id.*, at〔124〕,〔125〕.
(15)　*Id.*, at〔138〕.
(16)　*Id.* at〔121〕.
(17)　*Id.*, at ex. 3.1（p. 288）.

第 6 章　ハイブリッド事業体と国際課税問題　111

出典：Organisation for Economic Co-operation and Development［OECD］
　　　Neutralising the Effects of Hybrid Mismatch Arrangements -- Action
　　　2: 2015 Final Report［Hybrids Report］（OECD Publishing, Paris,
　　　2015）, at p. 238.

2.　Bco 1 が Aco から資金を借り入れ，Bco 1 はハイブリッドローンでその資金
　を Bco 2 に転貸する。そのローンの利息は，B 国法の下では通常の課税所得と
　して取り扱われるが，A 国法の下では免税配当として取り扱われる。A 国で
　のグループ会社の合算純利益ポジションは以下のとおりである。

Country A A Co			Country B B Co 1		
	Tax	Book		Tax	Book
Income			Income		
Interest paid by B Co 1	0	200	Interest paid by B Co 2	300	300
			Expenditure		
			Interest paid to A Co	(200)	(200)
			Net return		100
			Taxable income	100	

		B Co 2		
		Income		
		Operating Income	400	400
		Expenditure		
		Interest under hybrid loan	(300)	(300)
Net return	200	Net return		100
Taxable income	0	Taxable income	100	

3. Bco 1 は A 国法の下ではパス・スルー型事業体であるので，Aco と Bco 1 との間のローンの利息は税務上無視され，A 国においては，課税所得は発生しない。ハイブリッドローンの利息の支払いは，A 国法の下では企業会計上の収益として認識されるけれども，税務上免税配当として取り扱われ，該当期間に対する Aco の課税所得の計算には考慮されない。従って Aco はこの仕組の下では課税所得を認識しない。

4. B 国法の下では，Bco 2 は営業収益 400 を認識し，ハイブリッドローンについて 300 の控除を受ける権利を有する。Bco 1 はハイブリッドローンの利息を収益として認識し，更に Aco では無視される支払利息について 200 の控除を受ける権利を有する。従って累計では，この仕組の下では B 国におけるグループ会社全体では純収益は 400 であるが，課税所得は 200 となる。

問

5. 上記所得に対する課税結果について，ハイブリッド・ミスマッチルールに基づいて，調整が行われるか。

答

6. A 国においても B 国においても，ハイブリッド金融商品ルールは，ハイブリッドローンの利息には適用されない。何故ならば，その利息については，D/NI 結果が生じないからである（B 国の税法の下では所得に算入される）。しかしながら，Bco 1 は A 国の税法の下では無視されるという事実は，Bco 1 が Aco に行う控除可能な支払利息は，A 国法の下では無視され，従って勧告 3 の無視ハイブリッド支払規則の対象になることを意味する。

7. B 国が，勧告 3.1 に基づく第一次的な規則を Bco 1 が行う利息の支払いに適

第6章　ハイブリッド事業体と国際課税問題　113

用しない場合には，A 国は勧告 3.2 に定められた防御規則に基づき，支払利息を全額，通常の課税所得に含めるべきである。

分析

ハイブリッドローンの支払利息は，ハイブリッド金融商品ルールに基づく調整は行われない。

8.　ローンに関する支払いが B 国の法律の下では損金算入可能な利息として取り扱われ，A 国の法律の下では免税配当として取り扱われるという意味において，当該ローンはハイブリッドローンということができるが，その利息は B 国の法律の下では課税所得に含まれないので，当該ローンにはハイブリッド金融商品ルールにいうミスマッチは生じない。無視されるハイブリッド支払ルールを適用し，Bco 1 に対し無視された支払利息に対する控除を否認する。

9.　この場合，支払者も支払いも A 国の法律の下では無視されるので，Bco 1 がハイブリッド支払者である。従って B 国は，第一次勧告を適用して，支払いが二重課税所得を超過する範囲内で，Bco 1 に対し支払利息控除を否認する。ハイブリッドローンの利息の支払いは，A 国の法律の下では通常の課税所得に算入されないので，二重課税所得を構成しないことになる。利息控除は全額，B 国法の下では否認されるべきである。下記表にこの調整の最終結果を例示する。

Country A A Co			Country B B Co 1		
	Tax	Book		Tax	Book
Income			Income		
Interest paid by B Co 1	0	200	Interest paid by B Co 2	300	300
			Expenditure		
			Interest paid to A Co	0	(200)
			Net return		100
			Taxable income	300	
			B Co 2		

			Income		
			Operating Income	400	400
			Expenditure		
			Interest under hybrid loan	(300)	(300)
Net return		200	Net return		100
Taxable income		0	Taxable income		100

10. Bco 1 は，"無視される支払利息"の全額の控除が否認される。最終調整の結果，B 国法の下では取決めに基づく収益は全額が課税対象となる。B 国が何の調整もしない場合には，Aco は受取利息を通常の課税所得として取り扱う。

11. 無視されるハイブリッド支払ルールが，B 国における支払いに適用されない場合には，A 国はその規則を適用し，受取利息を通常所得に含めるべきである。下記表は，無視ハイブリッド支払ルールに基づき A 国が調整した最終結果である。

Country A A Co			Country B B Co 1		
	Tax	Book		Tax	Book
Income			Income		
Interest paid by B Co 2	200	200	Interest paid by B Co 2	300	300
			Expenditure		
			Interest paid to A Co	(200)	(200)
			Net return		100
			Taxable income	100	
			B Co 2		
			Income		
			Operating Income	400	400

		Expenditure		
		Interest under hybrid loan	(300)	(300)
Net return	200	Net return		100
Taxable income	200	Taxable income		100

12.　取決めに基づく Aco 及び Bco 1，Bco 2 の課税所得が，取決めに基づくそ
　　れぞれの純収益に等しくなるように，当該利息を Aco において全額通常の課
　　税所得に包含することが求められる。

実施解決

13.　Bco 1 は独立した会計を行い，B 国法に基づき課税される所得と支出額を
　　すべて開示する。B 国は，二重課税所得である所得の全項目の累計額を維持し，
　　Bco 1 が無視された支払いに対する控除の請求を禁止することを Bco 1 に要求
　　することができる。但しこの累計額を超過する範囲内とする。

14.　Aco は，控除に関する情報（B 国法に基づき取得した）で，Bco 1 がグル
　　ープ間の支払いに対して B 国で請求した情報，及び Aco に帰属する Bco 1 の
　　純利益の金額に関する情報（A 国法に基づく）を有している。A 国は，前者
　　の金額（無視される支払いに対して Bco 1 が請求する控除額）が後者（A 国
　　法に基づき Aco に帰属する Bco 1 の純利益額）を超過する範囲内で，Aco に
　　通常の課税所得を認識するよう要求することができる。

(2)　勧告 4

　勧告 4 は，"リバース・ハイブリッド"事業体への支払いに起因する D/
NI 結果を射程としている[18]。リバース・ハイブリッド事業体とは，「投資
国」（すなわち，投資家の居住国）の税制下で納税主体として扱われ，「設立国」
（すなわち，事業体が設立されている国）の税制下ではパス・スルー型事業体と
して扱われるものをいう[19]。リバース・ハイブリッド事業体は，受領国で
パス・スルー型企業である受領者に対して「第三国」（すなわち，支払者がい

---

(18)　*Id.*, at ch 4.
(19)　*Id.*, at〔140〕.

る場所）からの支払いを共通して含むが，投資国の税制下で納税主体として扱われる。我が国税制における米国 LLC の取扱いが該当する。

勧告 4 では，支払いが D/NI 結果をもたらす範囲内でミスマッチを無効化する，具体的には，リンキング・ルールを適用し，ハイブリッド・ミスマッチをもたらすリバース・ハイブリッドへの支払いに関して，支払者を管轄する法域の税制は，D/NI 結果をもたらす範囲内で当該支払いの所得控除を否認すべきであると提言されている。

勧告 4 は，投資家，リバース・ハイブリッド事業体及び支払者が同じ支配グループのメンバーである場合，又は支払いが仕組み契約に基づいて行われ，支払者がその仕組み契約の当事者である場合にのみ適用される。

(3) 勧告 5

勧告 5 では，CFC 及びその他のオフショア投資制度の改善が勧告され，管轄する法域の税制下では，リバース・ハイブリッド事業体への支払いに関して D/NI 結果が生じないように，オフショア投資制度[20]を導入するか，又は変更すべきであると勧告されている。同様に，管轄する法域の税制では，輸入されたミスマッチの取決めに関連して，オフショア投資制度を導入又は変更することを検討すべきであると提言されている[21]。また，非居住投資家に対する税の透明性の制限が勧告され，リバース・ハイブリッド事業体の所得が，管轄する法域の税制及び非居住者である投資家の同一所得に法人所得税が課せられていない場合には，管轄する法域の税制上居住者である納税者として扱われるべきであり，さらに，仲介者のための情報申告について，管轄する法域内に設立された者に対して適切な納税申告と情報申告の要件を導入し，納税者と税務当局がその非居住者投資家に帰属した支払いを適切に決定するのに役立てるべきであると提言されている。

(4) 勧告 8

勧告 8 では，支払国以外の複数の管轄法域で発生する D/NI 結果に対処す

---

(20) 我が国における外国子会社合算税制に相当するものである。

(21) OECD Hybrids Report, *supra note 1*, at ch 5 (p. 63).

るために「輸入ミスマッチルール」（支払いが間接的な D/NI 結果をもたらす範囲内で課税所得からの控除を否認する），具体的には，支払者を管轄する法域の税制上，受領者が当該受領者を管轄する法域における税制上ハイブリッド控除と相殺して支払いを処理する範囲内で，輸入されたミスマッチ支払い[22]の課税所得からの控除を否認すべきであると提言されている。当該勧告は，納税者が輸入されたミスマッチ契約の当事者と同一の支配グループに属する場合，又は支払いが仕組み契約の下で行われ，納税者が当事者である場合に適用されるものとされている。

上記でいう，ハイブリッド控除とは，下記の支払いをいい，他のハイブリッド控除と相殺して当該支払いを処理する範囲内で他の者に行われた支払いによる控除を含む。

① ハイブリッド・ミスマッチをもたらす金融商品に基づく支払い
② ハイブリッド支払者が行った，ハイブリッド・ミスマッチをもたらす無視された支払い
③ ハイブリッド・ミスマッチをもたらすリバース・ハイブリッドに対する支払い
④ ハイブリッド支払者又は二重居住者が二重控除をトリガーにしてハイブリッド・ミスマッチをもたらす支払い

(3) ハイブリッド事業体による D/D 結果に対処するための勧告

(1) 勧告 6

勧告 6 は，事業体が「ハイブリッド支払者」であることにより生じる D/D 結果に対処するものであり，支払いが D/D 結果となる範囲内で生じるミスマッチを無効化することが提言されている[23]。具体的には，支払者を管轄する法域の税制下で課税所得からの控除が可能な支払いで，親会社を管轄

---

(22) 輸入された（インポートされた）ミスマッチの支払いとは，ハイブリッド・ミスマッチルールの対象ではない受領者に対する控除可能な支払いをいう（*Id.*, at 234）。

(23) OECD Hybrids Report, *supra note 1*, at ch 6 (p. 67).

する法域でも重複控除を引き起こすハイブリッド・ミスマッチが生じるハイブリッド支払者に適用すべきとされ，具体的には，(a)親会社を管轄する法域の税制上，D/D結果となる範囲内で，当該支払いの重複控除を否認する，(b)親会社を管轄する法域の税制上，ミスマッチを無効化しない場合，支払者を管轄する法域の税制は，D/D結果となる範囲内で，当該支払いの課税所得からの控除を否認することが提言されている。

二重課税所得の額を超過する控除額（「超過控除額」という。）については，他の期間の二重課税所得と相殺でき，損失の取残しを防ぐために，超過控除額は，他の管轄法域において相殺することができない二重課税所得ではないことを，納税者が税務行政の了承を得るように立証することを条件に認めている[24]。

勧告6は，事業体が「ハイブリッド支払者」であることにより生じるD/D結果に対処するものである[25]。ハイブリッド支払者は，支店があり，支店が開設されている国と事業体が設立されている国の両方の法域の税制下で支払いが課税所得から控除され，支払国の居住者は支払国で支払いを課税所得から控除することが認められているが，投資家（又は関係者）の所在する法域の税制下ではパス・スルー型事業体として扱われる場合に広く発生する[26]。

勧告された対応は，D/D結果をもたらす範囲内で重複控除を否認すべきであるということであり[27]，その本店が所在する国が実行しない場合は，支店/支払国が控除を否認する防御ルールが提案されている[28]。

当事者が同一支配グループに属している場合，又は「仕組み債」の下でD/D結果が生じ，支店/支払者がその取決めの当事者である場合にのみ，防御ルールが適用されるとしている[29]。また，当期に二重課税所得を超える

---

(24)　*Id.*, at〔186〕.
(25)　*Id.*, at ch 6 (p. 67).
(26)　*Id.*, at〔182〕.
(27)　*Id.*, at〔183〕.
(28)　*Ibid.*

範囲（当該超過控除額を繰り延べし，将来の二重課税利益と相殺することができる）には適用されない[30]。

勧告6に係る事例が『2015ハイブリッド・ミスマッチ最終報告書』において事例6.1として例示されている[31]。

事例6.1
期間帰属差異と評価差額の会計処理
事実
1. 下記図表に例示した事例では，AcoはB国のハイブリッド子会社（Bco 1）の株式を全額所有している。Bco 1は現地の銀行から資金を借り入れ，減価償却資産を保有している。Bco 1はBco 2の株式を全額所有している。
2. Bco 1はA国法に基づくとパス・スルー型事業体として取り扱われるが，B

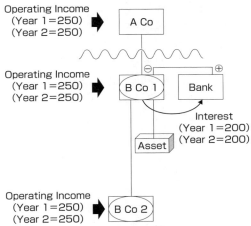

出典：Organisation for Economic Co-operation and Development [OECD] Neutralising the Effects of Hybrid Mismatch Arrangements -- Action 2: 2015 Final Report [Hybrids Report] (OECD Publishing, Paris, 2015), at p. 310.

---

(29) *Id.*, at [215].
(30) *Id.*, at [186].
(31) *Id.*, at ex 6.1 (p. 310).

国では居住納税主体として取り扱われ，Bco 1 の所得と支出は，両国で全額課税される。Bco 2 は，リバース・ハイブリッド事業体で，A 国法の上では納税主体として取り扱われ，B 国法の下ではパス・スルー型事業体として取り扱われる。A 国法と B 国法の間で Bco 2 の性格が相違し，B 国では Bco 2 の所得はすべて Bco 1 で派生した所得として取り扱われるが（課税は B 国法に基づいて行われる），この所得は A 国法の下では課税対象にはならない。

3. Bco 1 と Bco 2 はそれぞれ，2 年間にわたって営業収益 500 を認識する。取決めにより仕組まれた方法により，Bco 1 の収益及び支出（減価償却費を含む）は，A 国法と B 国法の下では，課税所得及び損金算入可能支出として取り扱われる。しかしながら A 国と B 国では，かかる課税所得及び支出の金額を認識する方法，タイミングには差異があり，これらの項目は異なった金額及び異なった期間で認識される。

(a) A 国法の下では，Bco 1 の 2 年間の営業収益は年度 1 に 20%（100），年度 2 に 80%（400）派生したものとして取り扱われる。A 国法の下では，年度 1 に Bco 1 に生じた金利負担の 50%（100）を年度 2 に認識することが要求される。A 国における税制上の優遇措置により，Bco 1 が保有している財産について，より多額の減価償却費を請求することが Aco に認められている。

(b) B 国法の下では，Bco 1 の所得の 60%（300）が年度 1 に，40%（200）が年度 2 に派生したものとして取り扱われる。しかしながら，金利負担及び減価償却費は，2 つの会計期間に均等に配分される。

4. 年度 1 及び年度 2 における AB グループの合算純利益のポジションは次のとおりである。

		Country A A Co			Country B B Co 1 and B Co 2 Combined		
			Tax	Book		Tax	Book
Year 1	Income				Income		
	Operating income of A Co	250	250			
	Operating income of B Co 1	100	0	Operating income of B Co 1	300	250
					Operating income of B Co 2	250	250
	Expenditure				Expenditure		
	Interest paid by B Co 1	(100)	0	Interest paid by B Co 1	(200)	(200)
	Depreciation	(180)	0	Depreciation	(120)	(120)

第 6 章　ハイブリッド事業体と国際課税問題　121

Net return		250	Net return			180
Taxable income	70		Taxable income		230	

	Country A A Co			Country B B Co 1 and B Co 2 Combined		
		Tax	Book		Tax	Book
Year 2	Income			Income		
	Operating income of A Co	250	250			
	Operating income of B Co 1	400	0	Operating income of B Co 1	200	250
				Operating income of B Co 2	250	250
	Expenditure			Expenditure		
	Interest paid by B Co 1	(300)	0	Interest paid by B Co 1	(200)	(200)
	Depreciation	(180)	0	Depreciation	(120)	(120)
	Net return		250	Net return		180
	Taxable income	170		Taxable income	130	

Net return for Years 1 & 2	500	360
Taxable income for Years 1 & 2	240	360

B 国法

5.　年度 1 においては，Bco 1 及び Bco 2 は，合算ベースで，合計 550 の税務上の収益が発生し，320 の控除があったものと取り扱われ，その結果，正味の課税所得は 230 となった。翌年には，B 国グループは前年より 100 少ない営業収益を認識したが同額の控除があり，その結果，その年の正味の課税所得は 130 となった。

A 国法

6.　A 国法に基づく支払いの年度間差額の認識によれば，A 国は，年度 1 に営業収益 100 が発生し，金利負担 100 があったものとして Bco 1 を取り扱う。しかしながら Aco は，B 国法に基づき認められるよりも多額の減価償却費を

計上する。この認識の差異による最終結果として，年度 1 に Aco は正味課税所得 70 を収得したものとして取り扱われる。年度 2 に，A 国法に基づき Aco は，追加所得及び費用を認識することを要求され，その効果として年度 1 に発生した期間帰属差異が逆転する。Aco は引き続きより高い率で減価償却費を計上し，その期間の正味の課税所得は 170 となる。

7. この仕組においては，事業体の 2 年間の累計純収益は 860 となるが，取決めに基づき認識された正味の課税所得は 600 である。これは 260 を限度として二重損金算入が損金算入禁止所得と相殺されたことを示す。

|問|

8. この仕組の下では，ハイブリッド・ミスマッチ効果を無効にするため，損金算入可能ハイブリッド支払ルールはどのように適用されるか。

|答|

9. A 国法も B 国法も同一の支払いに対して（同じ資産の減価償却に対して）控除を認め，従ってこれらの控除が，二重控除発生の原因となっている。当該項目は他の租税管轄地の法律の下では通常の課税所得に含まれているので，Bco 1 の所得は同様に，両租税管轄地の法律の下では二重課税所得として取り扱われる。

10. 損金算入可能ハイブリッド支払ルールに基づき，ハイブリッド・ミスマッチが引き起こされている範囲内で，親会社の租税管轄地は二重控除を否認すべきであるという対応が勧告される。この場合，同規則の適用の結果，A 国においては年度 1 に 180 の控除（Aco の利息と減価償却控除が Aco の二重課税所得を超過する金額）が否認されるが，A 国は年度 2 に繰り越されるべき超過控除額が，翌年に発生する二重課税所得と相殺されることを認めることができる。

11. A 国が第一次対応策を実施しない場合には，B 国はハイブリッド・ミスマッチが引き起こされる範囲内で，控除を否認する。この場合，同規則適用の結果，B 国は年度 1 において 20 の控除（Bco 1 の利息と減価償却控除が，Bco 1 の二重課税所得を超過する金額）を否認する。B 国は，その後の各年度に繰り越されるべき超過控除額を，将来の二重課税所得と相殺することができる。

12. 単純な案件の場合には，収入と支出の各項目について，金融商品を比較することによって，金融商品を引き受けることができるが，他方税務行政当局は，損金算入可能ハイブリッド支払ルールの実施による解決策の採用を選択することができ，更に同規則の政策目標を保持し，実質的に同様の成果が得られるよ

第6章　ハイブリッド事業体と国際課税問題　123

うに，できる限り現行の国内規則と税額計算に基づいて解決策を講じる。

分析

利息控除及び減価償却費が二重控除の原因となる。

13.　Bco 1 がハイブリッド支払者であるが，その理由は Bco 1 は B 国（支払者の租税管轄地）においては居住者であるけれども，支払利息と減価償却費が，A co（Bco 1 の投資家）に対して二重控除の引き金となるということである。これらの支払いが，二重課税所得を超過する範囲内で，二重控除を引き起こすものと見られる。

＜A 国法に基づく二重控除の決定と，第一次対応策の実施＞

14.　　勧告 6 に基づく第一次対応策は，親会社の租税管轄地（この場合 A 国）は，それが二重課税所得を超過する範囲内で，現地国法に基づいて認められている二重控除を否認すべきであるということである。A 国法に基づいて認識された所得で，B 国法の下では通常の課税所得として取り扱われる所得の唯一の項目は，Bco 1 の営業収益である。従って 1 年度においては第一次対応策に基づいて否認される控除額は 180 である。この金額の控除を否認すると，Aco は年度 1 において純利益 250 を認識することになる。

15.　　A 国は，Aco に超過控除をその後の年度に繰り越すことを認め，それがその後の年度において二重課税所得の余剰額と相殺されるようにすることができる。下記表にこの調整額の計算を例示する。

		Country A A Co			Calculation of adjustment under Country A law			Carry forward
			Tax	Book		Tax	Book	
Year 1	Income				Dual inclusion income			
	Operating income of A Co	250	250					
	Operating income of B Co 1	100	0		Operating income of B Co1		(100)	
	Adjustment	180						
	Expenditure				Double deductions			
	Interest paid by B Co 1	(100)	0		Interest paid by B Co 1		100	
	Depreciation	(180)	0		Depreciation		180	
	Net return		250					
	Taxable income	250			Adjustment		180	(180)

		Country A A Co			Calculation of adjustment under Country A law			Carry forward
			Tax	Book		Tax	Book	
		Income			Dual inclusion income			
		Operating income of A Co	250	250				
		Operating income of B Co 1	100	0	Operating income of B Co 1		(400)	
Year 2		Adjustment	80					
		Expenditure			Double deductions			
		Interest paid by B Co 1	(100)	0	Interest paid by B Co 1		300	
		Depreciation	(180)	0	Depreciation		180	
		Net return		250				
		Taxable income	250		Adjustment		80	(260)

16. Aco は年度1において180，年度2において80の控除が否認される。この2年間における損金算入可能ハイブリッド支払ルール適用の結果，最終的に，Aco はその2年間における自社の活動によって稼得した，非二重課税所得が全額課税されるが，超過控除額を繰り越し，Bco 1の営業から発生した純損失を（税務上）計上することになる。

＜防御ルール＞

17. 勧告6に基づく防御ルールにより，支払者の租税管轄地（この場合B国）は，それが二重課税所得を超過する範囲内で，現地国法に基づいて認められる二重控除を否認すべきである。この事例では，B国法に基づいて認識される所得であるが，A国法の下では通常の課税所得として取り扱われる所得の唯一の勘定項目は，Bco 1の営業収益である。従って年度1において第一次対応策に基づいて否認された控除額は20である。この金額の控除を否認すると，Bco 1は年度1に正味の課税所得250となる。

18. B国は，Bco 1に超過控除額をその後の年度に繰り越すこと認め，それがその後の年度において二重課税所得の余剰額と相殺することができるようにすることができる。この調整の結果を下記表に例示する。

第6章　ハイブリッド事業体と国際課税問題　125

	Country B B Co 1 and B Co 2 Combined	Tax	Book	Calculation of adjustment under Country B law	Tax	Book	Carry forward
Year 1	Income			Dual inclusion income			
	Operating income of B Co 1	300	250				
	Operating income of B Co 2	250	250	Operating income of B Co 1		(300)	
	Adjustment	20					
	Expenditure			Double deductions			
	Interest paid by B Co 1	(200)	(200)	Interest paid by B Co 1		200	
	Depreciation	(120)	(120)	Depreciation		120	
	Net return		180				
	Taxable income	250		Adjustment		20	(20)

	Country B B Co 1 and B Co 2 Combined	Tax	Book	Calculation of adjustment under Country B law	Tax	Book	Carry forward
Year 2	Income			Dual inclusion income			
	Operating income of B Co 1	200	250				
	Operating income of B Co 2	250	250	Operating income of B Co 1		(200)	
	Adjustment	120					
	Expenditure			Double deductions			
	Interest paid by B Co 1	(200)	(200)	Interest paid by B Co 1		200	
	Depreciation	(120)	(120)	Depreciation		120	
	Net return		180				
	Taxable income	250		Adjustment		120	(140)

19.　この２年間における損金算入可能ハイブリッド支払ルール適用の結果は最終的に，Bco 1 は，その２年間に Bco 2 からの非二重課税所得（500）に課税されるが，超過控除額を繰り越し，Bco 1 の営業から発生した純損失（税務上）を計上することになる。

＜実施解決＞

20. このような仕組においては，両租税管轄地の法律に基づいて，確定申告書が作成され，内国税の概念を用いて，現地法に基づいて決定された収入と支出が示されるのが一般的なケースである。税務行政当局は，出発点としてこれらの現行の情報源と税額計算を利用して，二重控除及び二重課税所得を明らかにすることができる。

21. 例えばA国は，Bco 1を通して稼得し，派生した所得と控除の項目を別途明らかにすることをAcoに要求し，その計算に基づいて調整した純損失の範囲内で，Acoに控除を否認することができる。防御ルールを適用する場合には，B国は，Bco 1の所得に対してのみ，Bco 1の損失を充てることを要求し，経営支配に変更があった場合には，継続規則を適用しBco 1による同損失の繰越を防止することができる。

(2) 勧告7

勧告7は二重居住者である納税者（すなわち，納税者が2か国の居住者である場合）による納税のD/D結果に対応するものであり，支払いがD/D結果となる範囲内でミスマッチを無効化することが提言されている。具体的には，二重居住者には，支払者が居住する両国の法律に基づいて所得控除可能な支払いを行い，D/D結果がハイブリッド・ミスマッチとなる場合には，各居住地を管轄する法域で，D/D結果をもたらす範囲で，当該支払いの所得控除を否認することとされ，両国の法律上，所得となる所得（すなわち二重課税所得）に対して相殺されている場合には，ミスマッチは生じないものとされている。

また，支払いの所得控除が二重課税所得と相殺されている範囲では，このルールは適用されない（当期の二重課税利益の超過控除額は，将来の期間の二重課税所得と相殺するために繰り越すことができる）[32]。二重課税所得の額を超える所得控除（超過控除額）は，他の期間に二重課税所得と相殺でき，損失の取残しを防ぐために，超過控除額は，他の法域の税制上，二重課税所得でない所得と相殺されないことを，納税者が立証により税務行政の了承を得ること

---

(32) *Id.*, at〔232〕.

を条件に認められる。なお，当該勧告は，二重居住者による所得控除可能な支払いにのみ適用されるが，適用範囲に制限はない。

勧告7に係る事例が『2015ハイブリッド・ミスマッチ最終報告書』において事例7.1で例示されている。

事例7.1
二重居住事業体を用いた二重控除
事実
1. 下記図表に例示した事例において，Aco 1 は Aco 2 の株式を全額所有している。Aco 2 は，A国においてもB国においても，税務上居住者である。Aco 1 は A 国法に基づき Aco 2 と連結納税されている。Aco 2 が Bco の株式を全額取得する。Bco はリバース・ハイブリッド事業体で，A国法上別法人として取り扱われているが，B国法の下では無視される。

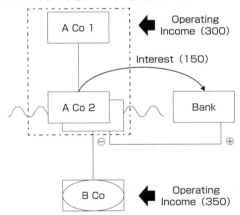

出典：Organisation for Economic Co-operation and Development [OECD] Neutralising the Effects of Hybrid Mismatch Arrangements -- Action 2: 2015 Final Report [Hybrids Report] (OECD Publishing, Paris, 2015), at p. 336.

2. Aco 2 は銀行から資金を借り入れる。そのローンの利息は，A国においてもB国においても損金算入が可能である。Aco 2 にはその他の収入又は支出はない。AB グループの合算純利益のポジションは次のとおりである。

Country A A Co 1			Country B A Co 1 and B Co Combined		
	Tax	Book		Tax	Book
Income			Income		
Operating income of A Co 1	300	300	Operating income of B Co	350	350
Expenditure			Expenditure		
Interest paid by A Co 2 to bank	(150)		Interest paid by A Co 2 to bank	(150)	(150)
Net return		300	Net return		200
Taxable income	150		Taxable income	200	

3.　A国の連結納税制度により，Aco 2の支払利息（150）は，Aco 1の営業収益と直接相殺されることが認められ，150の課税所得の税務処理はAco 1に委ねられる。B国法に基づいて，Bcoの課税所得は，Aco 2が稼得したものとして取り扱われ，Aco 2の利息控除と相殺され，課税所得200の税務処理はB国グループに委ねられる。従ってこの仕組の結果は最終的に，ABグループ各事業体は合計で500の会計上の純収益をあげるが，課税所得は350ということになる。

質問

4.　上記税務処理の結果は，二重居住納税者ルールに基づいて調整が行われるか。

回答

5.　A国もB国も，二重居住納税者ルールを適用し，支払利息控除を否認すべきである。AB両国に対し，同じ支払いに対しては同じ規則を適用すると，二重課税のリスクが生じるが，他方，規則の適用を命令して別の仕組をしても，二重課税の発生を防止することができる信頼し得る方法は見当たらない。

6.　二重居住納税者が二重居住納税者ではなくなる場合には，超過控除を勧告7.1(c)に定められた規則に基づき，非二重課税所得に充てることができ，経理上立ち往生の損失が処理される。

分析

＜二重居住支払者ルールの適用＞

7.　Aco 2は二重居住法人である場合，Aco 2が居住者である両租税管轄地の法律に基づいて，支払利息が控除の引き金になる。その租税管轄地において，税法上の居住者の資格を有している場合，又はその租税管轄地において，全世界

第6章　ハイブリッド事業体と国際課税問題　129

で稼得した純収益に課税される場合には，税法上その租税管轄地の居住者として取り扱われるべきである。租法上連結グループの一員であり，現地国法の上でパス・スルー型事業体として取り扱われる場合でも，その租税管轄地の居住者として取り扱われる。かくしてA国における連結納税制度により，同連結グループの納税義務者を全員，単一の納税義務者として取扱い，彼等の間で行われる取引が無視されることになる場合には，Aco 2はなお，同規則の上ではA国の居住者として取り扱われる。

8.　Aco 2には，その控除によりA国及びB国の法律に基づき二重控除が生じるような結果となるその他の所得がない。A国における連結納税制度及びB国法に基づきリバース・ハイブリッドに投資するAco 2の能力により，それぞれの場合，二重控除がハイブリッド・ミスマッチを発生させる原因になる。従ってA国もB国も二重居住納税者ルールに基づき，利息控除を否認すべきである。これらの調整の総合的な効果を示す表は以下のとおりである。

Country A A Co 1		
	Tax	Book
Income		
Operating income of A Co 1	300	300
Adjustment		150
Expenditure		
Interest paid by A Co 2 to bank	(150)	
Net return		300
Taxable income		300

Calculation of adjustment under Country A law			Carry forward
	Tax	Book	
Dual inclusion income			
Double deductions			
Interest paid by A Co 2 to bank		150	
Adjustment		150	(150)

Country B A Co 2 and B Co		
	Tax	Book
Income		
Operating income of B Co	350	350
Adjustment		150
Expenditure		

Calculation of adjustment under Country B law			Carry forward
	Tax	Book	
Dual inclusion income			
Double deductions			

Interest paid by A Co 2	(150)	(150)
Net return		200
Taxable income	350	

Interest paid by A Co 2 to bank		150
Adjustment	150	(150)

9. 上記表を見れば分かるように，両租税管轄地において二重居住納税義務者規則を適用した結果，最終的に課税所得の累計額を 650 に増加させることになる。これは取決めに基づいて得られる実際の正味の企業利益を超えている。しかしながら Aco 2 には，仕組を変更する機会が与えられ，それによって正味租税負担は軽減される。

　　例えば Aco 2 は，借入金を同等の利子率で Aco 1 に貸し付けることができる。下記表に示されるように，この借入金の転貸の結果二重課税所得が生み出され，課税結果のミスマッチが削減される。

Country A A Co 1			Country B A Co 2 and B Co Combined		
	Tax	Book		Tax	Book
Income			Income		
Operating income of A Co 1	300	300	Operating income of B Co	350	350
			Interest paid by A Co 1	150	150
Expenditure			Expenditure		
Interest paid by A Co 2 to bank	(150)		Interest paid by A Co 2 to bank	(150)	(150)
Interest paid by A Co 1 to A Co 2		(150)			
Net return		150	Net return		350
Taxable income	150		Taxable income	350	

10. 借入金を Aco 1 に転貸した結果，最終的に，二重控除額に相当する二重課税所得額が生み出されることになり，かくして両租税管轄地の法律に基づいて，課税結果のミスマッチが削減され，取決めに基づく累計純利益が両租税管轄地の法律に基づいて課税が確保される。この支払利息は A 国法の下では課税されないけれども（何故ならばそれは連結グループの構成員間で行われる支払いであるから），それは二重課税所得の定義に合致する。何故ならばこの場合，連結の効果により受取人は同じ所得について二重課税を免れ，経済的な負担が

軽減されることになるからである。

11. 本規則に基づく二重課税の影響を免れるもう一つの方法は，A国法に基づき課税される Bco から配当を支払うことである。

この配当は B 国法の下では課税されないけれども（何故ならばそれはパス・スルー型事業体が行う支払いであるから），二重課税所得の定義に合致する。何故ならば配当は，受取人に二重課税を免除することを目的として，B 国の税法に基づき課税対象から除外されるからである。親会社の租税管轄当局が，分配について納税される外国税に対し税額控除を認める場合にも，同じことが言える。Aco 2 に配当を支払う場合の効果を下記表に例示する。

Country A A Co 1			Country B A Co 2 and B Co Combined		
	Tax	Book		Tax	Book
Income			Income		
Operating income of A Co 1	300	300	Operating income of B Co	350	350
Expenditure			Expenditure		
Interest paid by A Co 2 to bank	(150)		Interest paid by A Co 2 to bank	(150)	(150)
Dividend paid by B Co	150				
Net return		300	Net return		200
Taxable income	300		Taxable income	200	

12. 配当課税の効果は，A 国法に基づく二重課税所得の追加額で，利息控除に相当する金額が生み出され，かくして A 国の税法に基づく課税結果のミスマッチが削減される。配当は B 国法の下では課税対象にならないが，当該配当はなお二重課税所得とみなされる。何故ならば B 国法の下で認められた課税対象から除外されることにより，B 国の納税義務者は同じ経済的所得に対する二重課税から保護されるからである。

＜経理上立ち往生の損失の処理＞

13. 損金算入可能ハイブリッド支払ルールと共に，二重居住納税者ルールにより，両租税管轄地において控除が制限されている場合又は他の租税管轄地で発生する控除を，商業上の理由で利用することができない場合に，「経理上立ち

往生の損失」が発生する可能性がある。例えば，Bco の営業収益が不十分で，銀行借り入れに対する金利債務を履行することができない場合に，A 国の税法に基づき経理上立ち往生の損失が発生する可能性がある。二重居住納税者規則に基づき超過控除を有する二重居住法人が，二重居住者の地位を放棄した場合には，居住地の租税管轄当局はその超過損失を解放し，非損金二重算入所得と相殺することを認めることができる。ただし，居住地の租税管轄当局が，納税義務者は繰越損失を他の租税管轄地で利用することができないことを了承した場合に限るものとする。

| 実施解決 |

14. 各国は，二重居住法人が連結納税その他のグループ納税制度に参加するのを防止することを選択することができ，又同法人が非損金二重課税所得を二重居住法人に移し，未利用欠損金を吸収処理するのを防止するために制定した特定の取引規則を導入することができる。

Ⅳ　ハイブリッド事業体を利用した国際的租税回避問題

　事業体にパス・スルー課税が適用される場合，事業体の損失については，原則として構成員の段階でその他の所得と相殺され，タックス・メリットが生じ，タックス・シェルターとしての機能を果たす。そこで，ハイブリッド事業体を利用した人為的な損益通算や利益の繰延べが租税回避スキームとして利用される傾向がある。本節では，紙幅の関係上，人為的な損益通算や利益の繰延べに対する我が国における対応策を考察する。

1　損益通算を規制する基本通達の改正

　民法上の任意組合に関する所得税基本通達 36・37 共－19 が平成 17 年度に改正され，「任意組合等の組合員の当該任意組合等において営まれる事業（以下において「組合事業」という。）に係る利益の額又は損失の額は，当該任意組合等の利益の額又は損失の額のうち分配割合に応じて利益の分配を受けるべき金額又は損失を負担すべき金額とする。ただし，当該分配割合が各組

第 6 章　ハイブリッド事業体と国際課税問題　133

合員の出資の状況，組合事業への寄与の状況などからみて経済的合理性を有
していないと認められる場合には，この限りではない。(平17課個2-39，課
資3-11，課審4-220改正)」と従前には明示されていなかった分配割合に
「経済的合理性」が必要とされた。当該分配割合は必ずしも出資の価額の割
合と同じくする必要はなく，また，利益分配の割合と損失負担の割合を別々
に定めることもできる。これを税の計算においても無制限に認めた場合には，
組合員間における財の自由な移転を認めることとなり課税上弊害があると解
されることから，組合契約において定められた当該分配割合が「経済的合理
性」を有している場合には，当該分配割合によって計算して差し支えないこ
ととするものの，経済合理性がないと認められる場合には，所得税の計算に
おいては当該損益分配の割合によらない場合がある。分配割合について契約
に定めていない場合には，当該割合は各組合員の出資の価額に応じることと
なる(33)。

　また，利益の繰延べを回避する取扱いとして，平成17年度に所得税基本
通達36・37共-19の2が改正され，「任意組合等の組合員の組合事業に係
る利益の額又は損失の額は，その年分の各種所得の金額の計算上総収入金額
又は必要経費に算入する。ただし，組合事業に係る損益を毎年1回以上一定
の時期において計算し，かつ，当該組合員への個々の損益の帰属が当該損益
発生後1年以内である場合には，当該任意組合等の計算期間を基として計算
し，当該計算期間の終了する日の属する年分の各種所得の金額の計算上総収
入金額又は必要経費に算入するものとする。(平17課個2-39，課資3-11，課
審4-220追加)」として，組合員と組合に計算期間の相違があった場合でも，
原則として利益が繰り延べられない取扱いに改正されている。

　法人税基本通達においても同様の取扱いに改正され，「法人が組合員とな
っている組合事業に係る利益金額又は損失金額のうち分配割合に応じて利益
の分配を受けるべき金額又は損失の負担をすべき金額（以下「帰属損益額」と

─────────
(33)　国税庁個人課税課情報第2号（平成18年1月27日）。

いう。）は，たとえ現実に利益の分配を受け又は損失の負担をしていない場合であっても，当該法人の各事業年度の期間に対応する組合事業に係る個々の損益を計算して当該法人の当該事業年度の益金の額又は損金の額に算入する。ただし，当該組合事業に係る損益を毎年1回以上一定の時期において計算し，かつ，当該法人への個々の損益の帰属が当該損益発生後1年以内である場合には，帰属損益額は，当該組合事業の計算期間を基として計算し，当該計算期間の終了の日の属する当該法人の事業年度の益金の額又は損金の額に算入する」ものとして取り扱われる。

2 租税特別措置法における特例措置

平成17年度税制改正で，租税特別措置法において「特定組合員の不動産所得に係る損益通算等の特例」措置が講じられ，民法上の任意組合等において特定組合員に該当する個人が，平成18年以後の各年において，組合事業から生ずる不動産所得を有する場合においてその年分の不動産所得の金額の計算上「当該組合事業による不動産所得の損失の金額」があるときは，当該損失の金額に相当する金額はなかったものとみなす措置（措法41条の4の2①）が講じられ，パス・スルー課税における損益通算が制限された。

上記「特定組合員に該当する個人」とは「組合契約」を締結している組合員（「外国におけるこれらに類する契約」を締結している者を含む。）のうち，下記の要件を満たす者以外の組合員をいう（措法41の4の2①，措令26条の6の2①）。

① 組合事業に係る重要な財産の処分若しくは譲受け又は組合事業に係る多額の借財に関する業務の執行の決定に関与し，かつ，

② 当該業務のうち契約を締結するための交渉その他の重要な部分を自ら執行する組合員

特例の対象となる組合契約とは，次に掲げる組合契約（以下「組合契約」という。）とされる（措法41の4の2②一、措令26の6の2⑤）。

① 民法667条1項に規定する組合契約（いわゆる任意組合契約）

② 投資事業有限責任組合契約法 3 条 1 項に規定する投資事業有限責任組合契約

③ 米国における上記①及び②に類する契約（外国における有限責任事業組合契約法 3 条 1 項に規定する有限責任事業組合契約に類する契約を含む。）

外国における任意組合契約及び投資事業有限責任組合に類する契約（外国における有限責任事業組合契約に類する契約を含む。）には，例えば，米国におけるジェネラル・パートナーシップ契約やリミテッド・パートナーシップ契約等が想定される。なお，パートナーシップ契約であっても，その事業体の個々の実態等により外国法人と認定される場合には特例の対象となる組合契約とはならない[34]。

法人税についても，同様の「組合事業に係る損失がある場合の課税（法人税）の特例」措置が講じられている。

V　ハイブリッド事業体の法人該当性基準問題

我が国税法は米国と同様，納税義務者を内国法人と外国法人に区分しているが，内国法人とは日本国内に「本店又は主たる事務所」を有する法人（法法 2①三，所法 2①六），外国法人とは内国法人以外の法人をいう（法法 2①四，所法 2①七）と定義しているのみで，納税主体となる「法人」については何らの定義も存在せず，法人該当性基準は税法上，存在していない[35]。そのため，近年のグローバル化した経済取引の進展に伴い，この問題がクローズ

---

(34)　平成 17 年度税制改正時に公表された国税庁個人課税課の個人課税情報第 2 号（平成 18 年 1 月 27 日）「平成 17 年度税制改正及び有限責任事業組合契約に関する法律の施行に伴う任意組合等の組合事業に係る利益等の課税の取扱いについて（情報）」の質疑応答で明らかにされている。

(35)　米国では，内国歳入法において，キントナー規則を改め，チェック・ザ・ボックス規則が 1997 年 1 月 1 日から発効しており，アメリカ又は各州の法律に基づきアメリカで組成された事業体を「内国事業体」といい，内国事業体でない事業体を「外国事業体」として区分し，多様な事業体が納税主体となるか否かを自ら選択するルールとなっている。

アップされ，日本において税務上の争いが多発してきている。

　法人該当性基準がなく，実務上，グレーゾーンに属する外国事業体については裁判で決着がつけられており，米国のLLCが日本の租税法上，納税主体に該当するかが争われた東京高裁平成19年10月10日判決（さいたま地裁平成19年5月16日判決），ケイマンのパートナーシップが納税主体に該当するかが争われた最高裁平成20年3月27日決定（名古屋高裁平成19年3月8日判決，名古屋地裁平成17年12月21日判決），バーミューダLPSが納税主体に該当するか否かが争われた東京高裁平成26年2月5日判決，米国デラウェア州LPSの日本租税法上の「法人」該当性が争点となった東京高裁平成25年3月13日判決（東京地裁平成23年7月19日判決等）及び最高裁平成27年7月17日判決等がある。

　これら判決等のうち，米国デラウェア州のリミテッド・パートナーシップ（以下「米国LPS」という。）の我が国租税法上の「法人」該当性が争われた裁判が注目されており，本事件判決について本節で考察する。

1　概　　要

　居住者Xらは，それぞれ外国信託銀行である本件各受託銀行との間で本件各受託銀行を受託者とする本件各信託契約を締結し，本件各受託銀行は，自らがリミテッド・パートナー（LP）となり，ジェネラル・パートナー（GP）等との間で，米国のリミテッド・パートナーシップ（LPS）を組成する旨の本件各LPS契約を締結するとともに，本件各LPSに対し，本件各信託契約に基づいて拠出されたXらの現金資産を出資し本件各LPSにおいて，米国で不動産投資事業を行った。Xらは，本件各建物の貸付けに係る所得が不動産所得に該当し，その賃貸料等を収入金額とし，減価償却費等を必要経費として，不動産所得の金額を計算すると損失の金額が生じ，その減価償却費等による損益通算をしたが，課税庁は，本件各建物の貸付けに係る所得が不動産所得に該当しないとし，所得税の各更正処分等を受けたことから，これらの処分がいずれも違法であるとして，それらの取消しを求めた事案で

ある。

【主な争点】

主な争点は，本件米国LPS（米国の税法上はパス・スルー課税とされる事業体）が我が国の租税法上「法人（として課税されるべき事業体）」に該当するか否かであった。

2　各裁判所における判示事項

下級審では，各裁判所において異なる判断がなされた。大阪地裁，大阪高裁及び東京高裁は，本件米国LPSを我が国租税法上は法人として課税されるべき事業体であると判断したが，名古屋地裁，名古屋高裁及び東京地裁は，本件米国LPSは我が国租税法上の法人には該当しない事業体であると判断した。そのため，最高裁の判断が注目されていたが，平成27年7月17日，米国LPSの法人該当性（納税主体か否か）に関する最高裁判所の判断（以下「米国LPS最高裁判決」という。）が下された。

(1)　地裁

区　分	判　旨
大阪地裁（平成22年12月17日）判決	本件各LPSは，〔1〕その構成員の個人財産とは区別された独自の財産を有し（本件各LPSの財産につきパートナーの共有とされておらず，また，本件各LPSの名において不動産等の登録をすることができる。），〔2〕本件各LPSがその名において契約等の法律行為を行い，その名において権利を有し義務を負うことができ，〔3〕その名において訴訟当事者となり得ると認められる。したがって，本件各LPSは，「自然人以外のもので，権利義務の主体となることのできるもの」であり，日本の租税法上（私法上）の「法人」に該当すると認められる。（納税者敗訴）
東京地裁（平成23年7月19日）判決	州LPS法に準拠して組成されたLPSは，経済的，実質的にみてもパートナー間の契約関係を本質として，その事業の損益をパートナーに直接帰属させることを目的とするものであるといわざるを得ないから，州LPS法の規定するその設立，組織，運営及び管理等の内容に着目して経済的，実質的に見ても，明らかに日本の法人と

	同様に損益の帰属すべき主体（その構成員に直接その損益が帰属することが予定されない主体）として設立が認められたものということはできない。したがって，本件各LPSは，日本の租税法上の法人に該当するとは認められないというべきである。（納税者勝訴）
名古屋地裁 （平成23年 12月14日） 判決	本件各LPSが我が国の租税法上の法人に該当するか否かについては，……（略）……，基本的には，当該外国の法令の規定内容から，その準拠法である当該外国の法令によって法人とする旨を規定されていると認められるか否かという観点からこれを検討し，さらに，より実質的な観点から，当該外国の法令が規定する内容を踏まえて，当該事業体が我が国の法人と同様に損益の帰属すべき主体として設立が認められたものといえるかどうかを検証するのが相当であると解される。……（略）……以上の諸点を総合すると，……（略）……州LPS法がこれに準拠して組成されたLPSを法人とする旨を定めたものと解することはできない。……（略）……州LPS法の規定するLPSの成り立ち，組織，運営及び管理等の内容に着目して実質的に見ても，本件各LPSは，我が国の法人と同様に損益の帰属すべき主体（その構成員に直接その損益が帰属することが予定されない主体）として設立が認められたものということはできない。……以上の次第で，本件各LPSは，我が国の租税法上の法人には該当しないというべきである。（納税者勝訴）

(2) 高裁

区 分	判 旨
大阪高裁（平成25年4月25日）判決	州LPS法に基づき設立された本件各LPSは，「separate legal entity」として構成員から独立した法的主体として存在しており，その構成員と区別された独自の財産を有し，その名において契約を締結し，その名において権利を取得し義務を負い，権利義務の帰属主体となるものであるということができ，州LPS法や本件各LPS契約の規定内容についての……認定説示を総合考慮すると，州LPS法201条（b）の規定は，州LPS法に基づき設立されたLPSを法人とする旨を規定しているものと解するのが相当である。一審判決是認。（納税者敗訴）

東京高裁（平成25年3月13日）判決	州LPS法に基づいて設立された本件各LPSは，構成員から独立した法的主体として存在しているというべきであり，州LPS法に基づき設立されたLPSが「separate legal entity」となると規定する州LPS法201条（b）の規定は，州LPS法に基づいて設立されるLPSを法人とする旨を規定しているものと解すべきである。したがって，本件各LPSは，我が国の租税法上の「法人」に該当する。一審判決取消。（納税者敗訴）
名古屋高裁（平成25年1月24日）判決	米国の私法上，パートナーシップは，権利義務能力や訴訟当事者能力の存在が認められた以後においても，構成員間の契約に基づいて組成される「集合体」としての本質が損なわれることはなく，その損益が直接構成員に帰属するとの扱いも一貫して維持されているのであるから，パートナーシップである本件各LPSにおいても，州LPS法及び本件LPS契約に照らし，損益がLPSに一旦帰属すると考えるべき理由はなく，上記認定判断（原判決引用）は何ら左右されない。一審判決是認。（納税者勝訴）

(3) 最高裁（平成27年7月17日）判決

　上記のとおり下級審において米国LPSの法人該当性を肯定する裁判例と否定する裁判例に分かれ，最高裁判所の判断が待たれていたが，平成27年7月17日，米国デラウェア州のLPSは我が国租税法上は法人であるとの判断が下された。その理由は下記のとおりである。

「我が国の租税法は，外国法に基づいて設立された組織体のうち内国法人に相当するものとしてその構成員とは別個に租税債務を負担させることが相当であると認められるものを外国法人と定め，これを内国法人等とともに自然人以外の納税義務者の一類型としているものと解される。………（中略）………外国法に基づいて設立された組織体が所得税法2条1項7号等に定める外国法人に該当するか否かは，当該組織体が日本法上の法人との対比において我が国の租税法上の納税義務者としての適格性を基礎付ける属性を備えているか否かとの観点から判断することが予定されているものということができる。………（中略）………以上に鑑みると，外国法

に基づいて設立された組織体が所得税法2条1項7号等に定める外国法人に該当するか否かを判断するに当たっては、まず、より客観的かつ一義的な判定が可能である後者の観点として、①当該組織体に係る設立根拠法令の規定の文言や法制の仕組みから、当該組織体が当該外国の法令において日本法上の法人に相当する法的地位を付与されていること又は付与されていないことが疑義のない程度に明白であるか否かを検討することとなり、これができない場合には、次に、当該組織体の属性に係る前者の観点として、②当該組織体が権利義務の帰属主体であると認められるか否かを検討して判断すべきものであり、具体的には、当該組織体の設立根拠法令の規定の内容や趣旨等から、当該組織体が自ら法律行為の当事者となることができ、かつ、その法律効果が当該組織体に帰属すると認められるか否かという点を検討することとなるものと解される。

………（中略）………上記のような州LPS法の定め等に鑑みると、本件各LPSは、自ら法律行為の当事者となることができ、かつ、その法律効果が本件各LPSに帰属するものということができるから、権利義務の帰属主体であると認められる。………そうすると、本件各LPSは、上記のとおり権利義務の帰属主体であると認められるのであるから、所得税法2条1項7号等に定める外国法人に該当する」

⑷　バミューダLPS事件との比較

しかし、上記米国LPS事件裁判と同時期に争われていたバミューダLPS事件（英国領バミューダ諸島における法律で組成されたLPSが我が国税法上、法人に該当するか否かが争点となった事件）で、上記米国LPS事件判決と異なる内容の判決（損益の帰属すべき主体として設立が認められたものといえない場合には、我が国の租税法上の「法人」には該当しない）が確定している。

区　分	判　旨
東京地裁（平成24年8月30日）判決	当該「パートナーシップ」が、経済的、実質的にみても、パートナー間の契約関係を本質として、その事業の損益をパートナーに直接帰属させることを目的とするものであるといわざるを得ない上、

（平成 23 年（行 ウ）第 123 号）	当該バミューダ諸島の法律の規定する当該「パートナーシップ」の設立，組織，運営及び管理等の内容に着目して経済的，実質的にみても，明らかに我が国の法人と同様に損益の帰属すべき主体として設立が認められたものということができない場合には，我が国の租税法上の「法人」に該当しない。（納税者勝訴）
東京高裁（平成 26 年 2 月 5 日）判決（平成 24 年（行 コ）第 345 号）	英国領バミューダ諸島の法律に基づいて組成された事業体である「リミテッド・パートナーシップ」が，経済的，実質的にみても，パートナー間の契約関係を本質として，その事業の損益をパートナーに直接帰属させることを目的とするものであり，バミューダ法の規定するその設立，組織，運営及び管理等の内容に着目して経済的，実質的に見ても，明らかに我が国の法人と同様に損益の帰属すべき主体として設立が認められたものといえない場合には，我が国の租税法上の「法人」には該当しない。 　その組織によって代表の方法，総会の運営，財産の管理その他団体としての主要な点が確定しているということもできない場合には，構成員の変更にもかかわらず団体そのものが存続していると解される余地があるとしても，我が国の租税法上の「人格のない社団等」に該当しない。（納税者勝訴）
最高裁（平成 27 年 7 月 17 日）	不受理

3　国税庁ホームページにより公表された米国 LPS 最高裁判決後の取扱い

　国税庁は，平成 29 年 2 月 9 日，英文ホームページ上において，「The tax treatment under Japanese law of items of income derived through a U. S. Limited Partnership by Japanese resident partners」という文書（英文のみ）を公表し，上記米国 LPS 裁判における判決と異なる取扱い（米国 LPS についてパス・スルー課税を認める[36]）が示され，それは同裁判における課税庁の主張とは異なるものである。

VI　むすびにかえて

　ハイブリッド・ミスマッチによる BEPS 問題についての我が国における
対応と残された課題について若干の提言を行う。

1　国際的二重非課税問題

　OECD の「税源浸食と利益移転（BEPS）プロジェクト」における国際的
二重非課税問題への対応として，2014 年 9 月に公表された OECD の「税源
浸食と利益移転（BEPS）プロジェクト」の報告書において，受取配当益金
不算入制度を採用している国は，損金算入配当を配当益金不算入制度の対象
外とするよう勧告がなされた。我が国は，この勧告を踏まえ，平成 27 年度
税制改正で，損金算入配当を外国子会社配当益金不算入制度の対象から除外
する改正が行われ，D/NI 結果に対して一応の対策が講じられた。

　しかし，外国事業体が設立国の租税法上はパス・スルー課税，我が国の租
税法上は外国法人に該当する場合，外国事業体からその構成員である内国法
人が利益の配当を受けた場合，いわゆるリバース・ハイブリッドのケースと

---

(36)　The tax treatment under Japanese law of items of income derived through a
　　　U. S. Limited Partnership by Japanese resident partners
　　　……（略）…… Taxpayers seek clarity because a July 17, 2015 decision by
　　　the Japanese Supreme Court has led some taxpayers to raise the concern
　　　that, as a general matter, U. S. LPs should be treated as opaque entities
　　　and not as fiscally transparent entities.
　　　　In light of 2005 tax reform (newly introduced loss limitation rules for for-
　　　eign partnerships), the NTA will no longer pursue any challenge to the fis-
　　　cally transparent entity (FTE) treatment of an item of income derived
　　　through a U. S. LP. ……（略）……
　　　　Accordingly, for purposes of applying the U. S.-Japan income tax con-
　　　vention (the "Treaty"), a Japanese resident that derives the item of income
　　　through a U. S. LP, and that meets all other requirements under the Trea-
　　　ty would be eligible to claim treaty benefits. (http://www.nta.go.jp/for-
　　　eign_language/tax_information.pdf：閲覧日 2017 年 3 月 10 日)

なり，その利益の分配の額について外国子会社配当益金不算入制度の適用の可否が問題となる。

外国子会社配当益金不算入制度とは，内国法人が一定の外国子会社（出資割合 25% 以上，6 月以上継続出資の外国法人）から受ける剰余金の配当等についてはそれに係る費用の額に相当する金額（原則として，剰余金の配当等の額の 5% 相当額）を控除した金額が益金の額に算入されないとする制度（法法 23 の 2）である。

したがって，我が国の租税法上は外国法人に該当する外国事業体への内国法人の出資割合が 25% 以上であり，かつ，その利益の分配額の支払義務が確定する日以前 6 月以上，その出資が継続している場合には，その支払いを受けた利益の分配の額は，損金算入配当といえない以上，当該内国法人において外国子会社配当益金不算入制度が適用され，上記改正が適用されず，益金不算入になると考えられる。その結果，外国事業体の設立国でパス・スルー課税が適用され，我が国の構成員が課税されない場合，国際的二重非課税となる。対応措置を講じる必要がある。

2 国際的二重課税の調整に関する問題

外国事業体が居住地国でパス・スルー型事業体として扱われ，源泉地国で納税主体として扱われる，すなわち事業体の分類に関して国家間でハイブリッド・ミスマッチが生じた場合，外国税額控除の適用上，「納税義務者は外国の税法に基づき法的にその租税債務に対して責任のある者である」という名義人主義により，居住地国の居住者である当該事業体の構成員は当該事業体が外国で課された法人税について外国税額控除が受けられず，国際的二重課税が生ずる可能性がある。

しかし，その実質は，当該事業体の構成員が事業活動を行うのと経済的実質は同一とも考えられる。その国外所得が帰属する者を，外国税額控除を受けられる納税義務者として指定すれば，外国税額控除制度の趣旨とより一致する。法的二重課税ではないという理由，すなわち納税した名義人が異なる

という理由のみで直接税額控除による国際的二重課税が調整されないという
ことは，国際取引の上での障害となるであろう。

　事業活動を多国間に展開していくうえでは，国際取引を円滑に進めていく
ことが必要である。そのため，関連する納税義務者を同一納税義務者とみて，
二重課税が調整できるような立法措置も検討の余地があると思料する。この
問題に限らず，事業活動を多国間に展開していく上での障害を排除し，さら
に活性化を促進するため，国際的な経済的二重課税を回避することが，重要
である。

3　国際的租税回避問題

　ハイブリッド事業体におけるパス・スルー課税を利用した人為的な損失の
先行計上スキームや恣意的な利益分配による国際的租税回避問題について，
一応の解決が通達や租税特別措置法の改正で図られているが，我が国におけ
る対応策は十分とはいえない。

(1)　タックス・ヘイブン対策税制

　本稿第 V 節で考察した米国 LPS 最高裁判決では，米国デラウェア州の
LPS が我が国の租税法上，外国法人に該当すると判断した。その結果，リ
バース・ハイブリッドとなり，米国 LPS のパートナーである内国法人等に
おいてタックス・ヘイブン対策税制の適用による合算課税の適用を受けるか
否かという問題が生じる。

　米国 LPS が米国内国歳入法上，チェック・ザ・ボックス規則によりパ
ス・スルー課税を選択していたとしても，我が国租税法上は法人として扱わ
れるから，租税特別措置法 66 条の 6 第 2 項 1 号に規定する「外国関係会社」
に該当することになる。そこで，租税負担割合が焦点となるが，当該 LPS
自体は租税を負担していないことから，①租税負担割合はゼロとして「特定
外国子会社等」に該当するものとする解釈，②当該 LPS が稼得した所得の
うち，そのパートナーである内国法人等に帰せられるものとして計算される
利益の分配額とこれに対して課される租税の額により租税負担割合を計算し

その割合がトリガー税率（20％）未満である場合は「特定外国子会社等」に該当するものとする解釈が生じるが，明確ではない。タックス・ヘイブン対策税制の適用の可否を明確化すべきである。

(2) 移転価格税制

移転価格税制における国外関連者とは，内国法人と一定の出資関係にある「外国法人」とされているが，「外国法人」の意義については特段の定義規定は置かれていない。

したがって，設立国の租税法上パス・スルー課税を選択している外国事業体が我が国の租税法上「外国法人」と判定された場合，その外国事業体は設立国の租税法上，パス・スルー課税の適用を受けるか否かにかかわらず，当該外国事業体との一定の取引については，当該内国法人は移転価格税制が適用されると解するべきであるが，明確ではない。移転価格税制の適用の可否を明確化すべきである。

4　外国事業体の法人該当性基準

平成27年7月17日の米国LPS最高裁判決では，法人該当性基準として，「権利義務の帰属主体」であるか否かを基準としたが，バミューダLPS判決では「損益の帰属すべき主体として設立が認められたものといえない場合には我が国の租税法上の「法人」には該当しない」との判断が下され，相違している。また，上記判決後の平成29年2月9日，国税庁は英文ホームページ上において，「The tax treatment under Japanese law of items of income derived through a U.S. Limited Partnership by Japanese resident partners」という文書（英文のみ）を公表し，国税庁は，外国パートナーシップを活用した損失先行スキームに対しては，平成17年度税制改正で立法により解決済み（「特定組合員の不動産所得に係る損益通算等の特例（所得税）」「組合事業に係る損失がある場合の課税の特例（法人税）」の創設）として，これを踏まえ，米国のLPSを通じて稼得する所得について我が国の納税義務者がパス・スルー課税を適用しても否認しない（ただし，チェック・ザ・ボックス規則により

米国LPSが米国連邦税法上の法人として課税される団体として分類される選択をしなかった場合に限る），また，米国LPSを通じて我が国の居住者が米国源泉所得を稼得した場合に日米租税条約上のその他の必要とされる要件を満たすとき，同条約上の恩典を享受することができる旨を明確にした。上記米国LPS裁判における判決と異なる取扱い（米国LPSについてパス・スルー課税を認めること）を示し，外国事業体の法人該当性判断において，この取扱いは，米国LPSのみを取り扱ったものか，また，外国事業体について納税義務者に事実上の選択権（法人課税を適用するか，パス・スルー課税を適用するか）を与えたものであるといえるか等，国際課税実務上，混乱が生じている。

　明確で予測可能性の高い指針が必要であり，立法で抜本的に解決すべきである。

【参考文献】

居波邦泰『国際的な課税権の確保と税源浸食への対応』（中央経済社，2014年）

古賀明監訳『OECDモデル租税条約のパートナーシップへの適用』（日本租税研究協会，2000年）

中里実ほか『BEPSとグローバル経済活動』（有斐閣，2017年）

BEPS実務研究会『BEPSの実務Ⅰ』（商事法務，2017年）

日本租税研究協会『税源浸食と利益移転（BEPS）行動計画』（租税研究協会，2013年）

吉村政穂「BEPS行動計画2：ハイブリッド・ミスマッチ取決めの効果否認について」『グローバル時代における新たな国際租税制度のあり方』（21世紀政策研究所，2014年）

OECD, Neutralising the Effects of Hybrid Mismatch Arrangements‐Action 2: 2015 Final Report［Hybrids Report］（OECD Publishing, 2015）.

OECD, Addressing Base Erosion and Profit Shifting（OECD Publishing, 2013）.

OECD, Hybrid Mismatch Arrangement; Tax Policy and Compliance Issues（OECD Publishing, 2012）.

「税源浸食と利益移転（BEPS）」対策税制

第7章　電子商取引課税

神戸大学教授　鈴木　一水

I　はじめに

　情報通信技術（information and communication technology：ICT）の発達に伴う経済の電子化は，ビジネスモデルの変革を促してきた。特に多国籍企業においては，遠隔地との迅速な取引が容易になり，国境をまたぐサプライチェーンの構築が進むとともに，そこでの業務機能，資産所有およびリスク負担の分散化と，それらの管理の統合という相反する現象が同時に進行している。また，電子商取引を通じた大規模データの収集，分析そして利用が可能になって，企業による価値創造にとっての無形資産の重要性も高まっている。さらに，電子商取引には顧客も参加できることから，財・サービスを生産・販売する企業のみが価値を創造するのではなく，顧客からも価値が付加されるようになってきている。しかも，顧客からの価値付加と顧客の参加は，相乗効果を有する。

　このような電子経済（digital economy）下では，サプライチェーン上の価値創造の過程の連鎖であるバリューチェーンも変質している。市場国における経済活動にとっての物的拠点の重要性の低下，無形資産への大きな依存，ネットワーク効果，顧客からも価値を獲得する多面的（multi-sided）ビジネ

スモデルなどは，企業がどのように価値を創造し利益を稼得するか，源泉や居住の概念，さらには課税所得の性格づけといった税務上の基本的概念を変容させ，特に国際課税の立場からは，多国籍企業による価値創造に対する課税管轄の決定を困難にしつつある。これは，電子経済がBEPS問題を増幅しやすいことを意味する。

OECDのBEPS最終報告書行動1「電子経済の下での税務上のチャレンジへの対策」（Addressing the Tax Challenges of the Digital Economy, Action 1-2015 Final Report）（以下，行動1という。）は，電子経済における新しいビジネスモデルに関連して容易になる課税へのチャレンジによって生じるBEPS問題への対応を取り上げている。BEPSプロジェクトにおいては，実質的な経済活動の行われた地域を価値創造が行われた場とし，そこで税を支払うべきであるという基本的考え方に基づいて議論が行われてきた。しかし，電子経済が発展すると，価値創造が行われた場となるはずの実質的な経済活動の行われた地域を特定することが困難になる。

この問題への対応を議論している行動1は，課税原則の概要，ICTの発達と将来の見通し，経済に対するICTの普及の影響を受けた新しいビジネスモデルと電子経済の主な特徴，電子経済におけるBEPS戦略の中核要素，BEPS行動計画および間接税に関するOECDの作業，電子経済下で生じる幅広い税務上のチャレンジに対応するための可能なオプション，これらのオプションの評価，および勧告と次のステップの説明から構成されている。そこでは，経済の電子化の進展と国際課税との関係を，行動2から行動10で取り上げられた個別の対応の総論として横断的に検討している。

本章では，この検討の内容を紹介しながら，行動2から行動10で取り上げられた個別の対応を，電子経済の観点から整理する。また，わが国でも，行動1で指摘された間接税に関する取組みは，すでに税制改正を通じて導入済みであるので，その消費税制改正の内容も説明する。

II　電子経済下でのビジネスモデル

　ICT の発達は，小売り，物流，金融サービス，製造，教育，医療などの
さまざまな分野のビジネスモデルを変化させている（行動 1，par. 114）。小売
りの分野では，顧客からオンラインで注文を受け付けるとともに，顧客サー
ビスや広告のための顧客データを容易に収集し分析できるようになってきた。
物流の分野では，貨物と輸送手段の世界規模での追跡と，顧客への情報提供
が可能となった。また，輸送手段の遠隔計測によって，業務過程の効率化も
進んでいる。金融サービスの分野では，顧客がオンライン上で借入れや金融
商品の購入その他の取引を実行できるようになった。また，データを活用し
た顧客分析を通じて，関連金融商品を開発したり，広告収入を得られるよう
にもなった。製造の分野では，生産過程の監視が容易になり，設計や開発が
精緻化した。また，製品の知識集約化も進んでいる。教育の分野では，教室
内ではなく，ビデオやオンラインを用いた遠隔授業が行われるようになった。
医療の分野でも，遠隔診断が可能となった。各分野におけるビジネスモデル
の変革に伴って，事業の過程も変化し，以前よりももっと大規模でより遠距
離にわたって事業を展開することが可能になってきた。

　電子経済は，多国籍企業が世界規模での業務を統合するグローバル・バリ
ューチェーンを拡大し変えてきた。ICT の進歩に，外国為替規制および関
税障壁の緩和や電子財・サービス経済への移行が結びつくことによって，グ
ローバル・サプライチェーンの統合にとっての障害が取り除かれ，多国籍企
業グループの事業の機能が，国ごとではなく，世界レベルで中央集権化され
るグローバル・ビジネスモデルを採用しやすくなってきている。

　こうした電子経済下でのビジネスモデルには，電子商取引，クラウド・コ
ンピューティング，オンライン決済サービス，オンライン広告，アプリケー
ションストア，超高速取引，参加型ネットワーク・プラットホームなどが採
用されている。このような新しいビジネスモデルには，無形資産やデータへ

の依存，移動性，利用者の参加，ネットワーク効果，多面的ビジネスモデル，独占または寡占化，変動性といった特徴がある（行動 1, par. 151）。

　移動性には，無形資産の移動性，利用者・顧客の移動性，業務機能の移動性が含まれる。電子経済下では，企業にとっての価値創造と経済成長には，無形資産への投資と形成が大きく貢献する。特許権やブランドなどの無形資産は，その無形という性質上，関連企業間で容易に移転可能であるため，無形資産の所有権がその開発または形成のための活動から分離されることがある。ICT の発達によって，顧客・利用者は遠隔地から注文し利用できるので，選択の幅が広がり，それだけ企業にとって顧客・利用者の入れ替わりは激しくなってきている。また，注文や利用は匿名でできるので，顧客・利用者の識別と所在地の特定が困難になってきている。同じく ICT の発達による遠隔地間の活動を組織し調整する費用の低減によって，業務が実行される場と顧客の所在する場の両方から地理的に離れた場所にある中枢が，グローバル業務を統合して遂行することも可能になってきている。

　財・サービスの利用者は，それらを改良あるいは他の顧客に提供するためのデータを提供することがある。たとえば，レシピ掲載サイトやグルメ情報提供サイトでは，顧客・利用者からレシピや口コミなどの情報が無料で提供され，それが価値の創造に貢献している。

　ネットワーク効果は，利用者の意思決定や行動が他の利用者の受けるベネフィットに直接影響することをいう。利用者の参加によるネットワーク効果によって，利用者が増えれば増えるほど，より多くの情報が提供され，その多くの情報を求めてより多くの利用者が参加し，さらに情報が提供されるという相乗効果が生じて，より大きな価値が創造されることが多い。

　多面的ビジネスモデルは，複数の異なるグループがプラットホームを通じて相互に作用し，各グループの意思決定が外部性を通じて他のグループの成果に影響する市場を基礎とするものである。利用者の参加と財・サービスの無料化が結びついて生じる外部性から，企業は価値を獲得できることがある。

　一度 ICT に投資すると，そのシステム内での業務の拡大に伴う追加費用

は少なくて済むので，この低い追加費用がネットワーク効果と結びつくと，その企業は市場で支配的位置を速く占めることができる。ただし，技術進歩はコンピュータ性能を向上させる半面，費用を低下させるので，インターネット上の参入障壁は低く，イノベーションは促進されやすい。このため，たとえ企業が市場での寡占的地位を占めたとしても，市場での優位性は短期間に失われ，地位が入れ替わることも多い。

　これらの特徴は，企業がどのように価値を創造し利益を稼得するか，源泉や居住の概念，さらには課税所得の性格づけといった課税上の基本的な概念まで変容させるので，価値創造の生じる場としての課税管轄の決定を困難にしつつある（行動1，par.2）。特に多国籍企業においては，国境を越えるグローバル・サプライチェーンにおける物的拠点の重要性が低下するとともに，顧客の役割も変化してきている。この結果，グローバル・サプライチェーン上のどこで経済活動が行われ価値が形成されたかを特定することが，困難になりつつある。この状況は，BEPS問題をより深刻化させる。電子経済下でのBEPS問題に対応していくためには，電子経済とそこでの新しいビジネスモデルを分析してそこでの特徴を明らかにし，どの特徴が課税へのチャレンジ，したがってBEPS問題を誘発し悪化させているかを識別しなければならない。

Ⅲ　電子経済下でのBEPS問題

　電子経済における新たなビジネスモデルに対して，現行の国際課税ルールでは，直接税および間接税の両方の課税が十分に行われないおそれがある。直接税については，電子経済における無形資産の重要性の高まりと，その評価の難しさと移動性の高さが，BEPS機会を提供する。なぜならば，電子経済下では，市場国から離れた場所に事業基盤を集め，市場国には最低限の人員を置くだけで，市場国で多くの販売を行うことができる。このように業務を物理的には分散することができるようになるので，市場国と居住国の両方

にわたるサプライチェーン全体に係る管轄にわたって税を削減または除外する機会が生じる。間接税の分野でも，付加価値税の非課税取引の遂行に関係してBEPSリスクを悪化させる。

1　直接税についてのBEPS問題

ICTの発達による遠隔取引が普及してきたため，直接税では，課税所得がそれを生み出す活動から人為的に引き離される状況が懸念される（行動1，par. 180)。特に従来の直接税に関する国際課税制度は，外国における支店や工場などの事業を行う一定の場である恒久的施設（permanent establishment：PE）に該当する事業活動の拠点から生み出された利益に，そのPE所在国が課税できるという，いわゆる「PEなければ課税なし」という考え方を採用してきた。国外の法域において法人税課税を受けるだけのつながり（ネクサス；nexus）を有しているかどうかを判断するための基準としてPEという概念が用いられ，PEに該当する物的拠点の有無によって，事業所得に対する法人税の課税の可否が判断されてきたのである。

しかし，電子経済のビジネスモデルでは，物的拠点を持たなくても取引ができる。したがって，物的拠点を課税拠点とする従来の考え方が，電子経済下での企業のグローバル・サプライチェーン上でのバリューチェーンへの課税にとって適切ではなくなっている。さらに，電子商取引を通じて顧客などから得られたデータから創造される価値と課税管轄との関係といった伝統的なビジネスモデルでは問題にならなかった課題も，電子経済では生じる。これらの電子経済下に特有の課題は，法人税のような直接税の二重非課税と課税権の配分という問題を生じさせる。

電子経済下でBEPSのために用いられる戦略は，伝統的なビジネスモデルに係るBEPS戦略と根本的に異なるものではない。しかし，電子経済下で容易に可能となる国境を越えたサプライチェーン上での業務機能，評価の難しい無形資産およびリスクの分散化と恣意的な配置は，BEPSリスクを高める。

第7章　電子商取引課税　153

　行動 1 は，多国籍企業による直接税についての BEPS 戦略には，次の 4 つの要素があると指摘している（par. 183）。

- 市場国での課税の最小化
- 源泉課税の最小化
- 中間国での課税の最小化
- 最終親会社居住国における軽課税または課税の繰延べ

　電子経済下では，市場国に居住していない企業が，市場国に物的拠点を置くことなく，その国の消費者と取引できる。市場国に物的拠点があったとしても，電子経済の進展による遠隔販売および決済の増加によって，物的拠点の重要性は低下する。OECD モデル租税条約（OECD Model Tax Convention）5 条および 7 条は，非居住国に PE を有する場合にのみ，非居住企業はその非居住国での事業所得に課税される，と定めている。しかし，電子経済下では，PE のない国の顧客から収益を得る機会がより大きくなる（行動 1，par. 185）。

　軽課税国に子会社その他の PE を設け，契約上，そこに評価の難しい無形資産を低額で移転したり，リスクを移転し，しかもそこから重課税国における業務に資金を提供させることによって，所得を軽課税国に移転させることもできる（行動 1，par. 187）。また，市場国にマーケティングや技術サポートのため，あるいはミラーサーバー保守のための子会社その他の PE があっても，親会社がこれらの活動によって形成される無形資産の所有権を持ちリスクを負担すると主張したり，市場国企業の資金を絞ってリスクを制限したり，契約上は現地従業員に重要な機能を果たさせないことによって，市場国における業務機能，資産およびリスクに配分される所得を最小化することもできる。もしその所得配分が実態を反映しないか，親会社に独立企業間価格よりも低い対価が支払われるならば，このようなスキームは BEPS 問題を引き起こす（行動 1，par. 188）。

　そもそも最初に独立企業間価格原則が考案された当時は，多国籍企業集団が事業を展開する各国に，それぞれ生産・販売等のすべての機能を有して事

業を遂行する子会社があるのが普通であった。しかし，外国為替制限および関税障壁の撤廃そして電子経済化に伴って，事業統合にとってのこれらの障害は弱まったことから，多国籍企業集団はグローバル・バリューチェーンを拡大させ，グローバル経済において事業機会を最大限に活かすように業務を調整する単一のグローバル企業として事業を展開している。こうしたグローバル経済化によって，会社法制や個別の法人格の重要性は低下する。このことはまた，個別企業ごとの法人税課税の限界を顕在化させるとともに，国家主権としての課税権の限界をも示唆する。

企業集団内の他の会社への利子，ロイヤリティ，サービス料などの形での支払いによっても，市場国での損金算入を大きくし，市場国から所得を吸い上げることができる（行動1，par. 189）。たとえば，軽課税国にある企業が低金利で調達した資金を重課税国にある企業に高金利で貸し付けたり，市場国での支払いが損金算入可能なハイブリッド・ミスマッチ取決めを通じた資金移動によって，市場国での損金算入を拡大することができる。

源泉税の回避は，租税条約の乱用防止対策が不十分な国にペーパーカンパニーを設立し，企業集団内での資金移動経路に組み込む租税条約漁りによって可能になる（行動1，par. 190）。

中間国での課税を最小化する方法もいくつかある（行動1，par. 191）。中間国における租税優遇措置の利用や，受取人側では益金不算入となる対価の損金算入を可能とするハイブリッド・ミスマッチ取決めの利用だけでなく，中間国にある企業から軽課税国にある企業に損金算入可能な過大支払いをしたり，業務機能，資産とくに無形資産またはリスクを軽課税国に配置することによって，所得を軽課税国に配分することがある。たとえば，中間国で事業を営む企業が，軽課税国にある別の企業に無形資産を保有させ，これらを利用するためのロイヤリティを支払うことによって中間国での所得を軽課税国に移転することがある。中間国で果たされる機能や利用される資産あるいは負担されるリスクを過小に主張することによって，中間国に配分される利益を少なくすることもある。

企業集団内の軽課税国にある企業に無形資産の所有権とリスクを配分することによって，最終親会社居住国での税負担を削減することもある（行動1，par. 195）。また，最終親会社居住国に国外源泉所得の非課税または繰延べ制度がある場合や，CFC制度がない場合にも，最終親会社居住国での税負担を削減することができる（行動1，par. 196）。

このような直接税の分野でのBEPS機会は，ネクサス，データおよび所得の性格づけに関連した課税上のチャレンジを引き起こすおそれがある（行動1，par. 248）。もしそのようなチャレンジがあると，現行の国際課税ルールの下で，経済活動が行われ価値が生み出された法域で所得が確実に課税できるかについての疑念が生じる（行動1，par. 249）。特に現行のPEに着目したネクサス・ルールが適切であり続けるかが疑問である。ICTの進化によって，事業遂行のための物的拠点の必要性は低下し，これが顧客との相互作用によって生み出されるネットワーク効果と結びつくと，物的拠点に頼るルールが適切であり続けるか疑わしいからである。

データの収集と分析への依存が高まり，多面的ビジネスモデルの重要性が増大すると，データの価値評価，ネクサスおよび利益の属性と性格づけについての疑問も生じる（行動1，par. 379）。多面的ビジネスモデルでは，利用者や顧客がバリューチェーンの重要な構成要素となり，その中で遠隔収集されたデータと創造された価値の帰属をどのように考えて税務上のネクサスを促えるかが問題になる。このように，電子経済では，経済活動が行われ価値が創造される場に課税所得を適切に配分することが難しい。

新しいビジネスモデルの展開も，所得の性格づけについての問題を生じさせる（行動1，par. 380）。新しいデジタル製品や配送サービス手段（たとえば，3Dプリンティング）が，特にクラウド・コンピューティングに結びつくと，決済の性格づけも難しくなる。

2 間接税についてのBEPS問題

間接税に関しては，金融サービスに代表される非課税企業および多国籍企

業への遠隔電子供給（remote digital supplies）における付加価値税の課税対象外取引に課税されないか，きわめて軽い課税しかなされないという BEPS 問題がある（行動 1, par. 198）。

　国外事業者が国内の消費者と行う電子商取引に対して付加価値税を徴収する効果的な国際的枠組みがないと，消費国において課税しようとしても，国外事業者からの自主的な申告がない限り，完全には課税できない。その結果，同じ取引にもかかわらず，国内事業者との取引には付加価値税が課税されるのに対して，国外事業者との取引には課税されないという競争上の不公平が生じる。そのため，有効で効率的な徴税の仕組みを構築する必要がある。

　また，同一会社内での財・サービスおよび無形資産の移動に付加価値税が課されることはないので，1つの会社が国境を越えてグローバル・サプライチェーンを構築している場合には，社内での財・サービスおよび無形資産の国境を越えた移転には，付加価値税が課されないことになる（行動 1, par. 202）。そのため，サプライチェーンの始まりが付加価値税制度のない国であれば，付加価値税負担を回避できるという問題もある。

IV　電子経済下での BEPS 問題への取組み

1　課税へのチャレンジへの対応オプション

　行動 1 では，電子経済によって生じる課税へのチャレンジに対処するためのいくつかのオプションが検討されている。電子経済下では，物的拠点のない国での販売から所得を得るとともに，利用者から提供されたデータから形成された無形資産に基づく第三者へのデータ販売，広告および事業自体の売却から収入を得ることができる。行動 1 も，この 2 つの特徴，すなわち物的拠点を伴わない所得と，利用者からの価値創造に伴う収益に留意して，検討を進めている。

　行動 1 は，行動 7（PE 認定の人為的回避）の PE 認定除外規定の修正によって，除外が本来の準備的または補助的活動のみに適用されるようになり，市

場国での PE 認定除外を利用した直接税課税の回避を抑止できると結論づけている（行動 1，par. 275）。行動 7 は，PE 認定からの除外が，本来の準備的または補助的である活動に対してのみ適用されることを確保するように，除外項目を修正するオプション（OECD Model Tax Convention 5（4）修正）を示している。たとえば，オンライン通販企業が，商品の保管・配送を行うことを主たる目的として市場国に大きな倉庫を有し，相当数の従業員を雇用している場合には，この活動はその企業の販売活動に必須のものであり，準備的または補助的な活動とはされない。また，細分化禁止（anti-fragmentation）ルールも導入されている。この修正は，行動 15（多国間協定の開発）の 2 国間租税条約を修正する多国間協定によって，既存の租税条約ネットワークの中で実施されることが期待されている（行動 1，par. 344）。

　また，行動 1 は，企業が収集したデータの価値に着目した課税と電子商取引の決済に着目した課税という観点から，①重要な経済的拠点（significant economic presence）という形での新たな PE 課税，②一定の電子商取引に対する源泉税の課税，および③平衡税（equalisation levy）の導入の 3 つのオプションも検討している（行動 1，section 7.6）[1]。一定の種類の電子商取引に対する源泉課税は，重要な経済的拠点という新しいネクサス概念に基づく所得からの徴税を強制するための補完的手段として位置づけられる。これに対して，平衡税の導入は，新しいネクサスに所得を帰属させることの難しさを克服するための代替的手段として位置づけられる。以下，この 3 つのオプションに関する行動 1 の検討内容を紹介する。

2　重要な経済的拠点概念に基づく新しいネクサス

　重要な経済的拠点の形での新たな PE 課税とは，非居住企業がある国の経済と意図的かつ持続的な相互作用（purposeful and sustained interaction）を持つと示す要素がある場合には，その国にたとえ物的拠点がなくても重要な経

---

(1)　21 世紀政策研究所経団連経済基盤本部編著『BEPS Q & A　新しい国際課税の潮流と企業に求められる対応』経団連出版，2016 年，67 頁。

済的拠点があるとして，その国においてその経済的拠点に帰属する所得に課税する，というものである（行動1，par.277）。「その国の経済と意図的かつ持続的な相互作用を示す要素」には，非居住企業からその国の顧客への国境を越えた取引から生じる収益要素のほかに，それをもたらす電子要素と利用者要素とがある。

収益要素は，ある国の顧客から得た収益が，その国における重要な経済的拠点の存在をもっとも明確に示す指標となりうると考える。しかし，この考え方には，いくつかの技術的な問題がある。まず，対象となる取引を，非居住企業による国内顧客との取引によって生じるすべての収益を含むように定義しなければならない。次に，収益を識別する閾値となる基準額を，企業集団全体に適用しなければならない。これは，複数の企業を介在させて遠隔販売取引を細分化することによって適用対象から逃れることを防ぐためである。さらに，税務当局には，基準額以上の国境を越えた取引を識別してその金額を測定する能力が求められる。企業の登録を強制することによって取引を捕捉することも考えられる。しかし，税務当局が，国境を越えた取引がいつどれだけ行われたかを捕捉し，正しく申告しているかどうかを確認することは，実際には難しい（行動1，par.278）。

電子要素も，重要な経済的拠点の判定に，部分的に利用される。電子要素には，ローカル・ドメインネーム，ローカル電子プラットホーム，現地決済オプションがある。多国籍企業は，現地利用者が現地サイトを見つけやすくするとともに，社名や商標を保護するために，ローカル・ドメインネームを使う。ただし，ローカル・ドメインネームが，今後も市場接近にとっての有効な方法であり続けるかどうかはわからない。非居住企業は，言語や文化習慣を考慮して，ローカル・ウエブサイトその他の電子プラットホームを設けることもある。もっとも，ローカル電子プラットホームは，必ずしも課税管轄と一致するとは限らない。さらに，非居住企業は，現地の顧客が円滑に購入手続を進めることができるように，あらかじめ現地通貨，手数料および税などを反映して表示された価額による現地での支払いを選択できるようにす

るための現地決済オプションを用意することがある。これも電子要素の1つになる（行動1, par. 279）。

利用者要素は，電子経済の特徴の1つであるネットワーク効果の重要性を考慮している。これは，利用者からのデータのインプットなどが，ある国の経済への参加の水準を反映するとの理由から，その国の経済と意図的かつ持続的な相互作用を示す指標とされる。具体的には，月別の活発に活動している利用者の数，オンライン契約の実行数，および収集されるデータ量が，この要素を構成する。課税年度にその国に常時居住している活発な利用者の数は，非居住企業のその国の経済への浸透の度合いを示唆する。ただし，活発な利用者であることの識別方法や，活発とされるのに必要な関与の程度の尺度などの開発が必要となる。課税年度にその国に常時居住している顧客・利用者との契約が，電子プラットホームを通じて実行される数や，課税年度にその国に常時居住する顧客・利用者から電子プラットホームを通じて収集されるデータや電子コンテンツの量も，重要な指標となる。もっとも，企業が収集したデータを国別に保存しているとは限らないし，また，ある国の利用者から収集されたデータが非居住企業によって稼得された利益に貢献しているとは限らないという限界もある（行動1, par. 280）。

以上述べてきたように，収益要素をはじめとする各要素には，それぞれ限界がある。特に，収益要素だけでは，ある国の経済との意図的かつ持続的な相互作用を立証するのに十分とはいえない。そこで，収益要素を他の要素と結びつけて，重要な経済的拠点を判定することも考えられる。どの要素と結びつけるかは，各市場の特徴と，規模，言語，銀行規制などの経済的属性によって決められることになる（行動1, par. 282）。

企業が物的拠点を持たない場合の課税拠点として，重要な経済的拠点概念を採用すると，従来の所得帰属ルールを変更せざるを得なくなる。行動1は，市場国に物的拠点を有する企業との公平性を維持する方法として，分割割当法（fractional apportionment method）と，修正みなし所得法（modified deemed profit method）を検討している。

分割割当法では，①分割される課税ベースを定義し，②課税ベースを分割するための配分要素を決定し，③配分要素に加重値を付す，という連続した段階を実行する。しかし，ほとんどの国がPEごとの会計単位に基づく所得帰属法を採用しており，分割割当法は現行の国際基準から逸脱する。さらに，この方法を使うと，事業を伝統的なPEを通じて行うか新しいネクサスを通じて行うかによって，課税の帰結が異なってしまうおそれがあるという問題も指摘されている（行動1，par.288）。

修正みなし所得法は，重要な経済的拠点を，非居住企業が事業を営む物的拠点と同等とみなし，国内顧客との取引から非居住企業が得る収益に，あらかじめ定められた費用比率を適用してみなし所得を決定する。費用比率は，業種，市場占有度および財・サービスの種類を考慮して決められる（行動1，par.290）。しかし，事業の多角化した多国籍企業にとって，1つの重要な経済的拠点に複数の業種別費用比率を適用することは困難である。また，電子ビジネスモデルと伝統的ビジネスモデルとは費用構造も異なるので，両者の公平性を維持するのも困難である。さらに，この方法も現行の国際基準から逸脱した方法であるという問題もある（行動1，par.291）。

3　電子商取引への源泉課税

一定の電子商取引に対する源泉税の課税とは，国境を越えるオンライン取引などの電子商取引を通じて国内顧客によって購入された財・サービスに対して国内顧客が支払う対価から源泉徴収を行って国外事業者に課税するというものである。この方法にも，いくつかの技術的な問題がある。

第1の問題は，源泉課税の対象となる取引の範囲を画定することが困難なことである（行動1，par.294）。対象取引の種類を列挙すると明確にはなるが，現実問題として，実際の取引が該当するかどうかについて争いの生じるおそれがある。そのため一般的な定義をせざるを得ない。

第2の問題は，源泉徴収の方法に関するものである。事業者間取引の場合には，源泉国（消費国）に居住する支払事業者が源泉徴収義務を果たすこと

が期待できる。しかし，事業者・消費者間取引の場合には，支払者である個人消費者は源泉税を申告して支払う経験もインセンティブもほとんど持ちあわさないので，支払者からの源泉徴収には限界がある。さらに，多くの個人消費者に少額の源泉徴収を強制することは，かなりのコストと行政上の障害も生じさせる（行動 1，par. 296）。

　そこで，国内消費者による国外への支払いに対する源泉徴収を決済仲介機関に義務づけることが考えられる。しかし，決済仲介機関は，対象取引に関する情報を入手できないのが普通である。非居住の遠隔販売業者にすべての受取銀行口座を指定させて登録を強制すれば，決済仲介機関が源泉徴収義務を履行することは可能になるかもしれない。しかし，消費国と関係のない第三国にある決済仲介機関に源泉徴収を義務づけることは，やはり難しい。

　第 3 の問題は，収益に対する課税の弊害である。費用が収益に比例して発生しない場合のように，収益が利益の代理変数にならないときには，収益への源泉課税は不完全になる（行動 1，par. 298）。

4　平衡税の導入

　平衡税は，国内顧客・利用者に供給される財・サービスの総価値に課税され，国内顧客・利用者によって支払われ，登録制によって国外供給企業または決済仲介機関によって徴収される。この課税は，国内企業が課税される一方で，国外企業が課税されないという不公平を是正し，国外からの供給企業と国内の供給企業の税務上の取扱いを同じにするためのものである（行動 1，par. 302）。本節 2 で述べたように，重要な経済的拠点概念に基づく新しいネクサス概念に応じた所得帰属ルールを作ることは困難を伴う。平衡税は，この困難さを回避するための代替的方法として検討されている。すでにいくつかの国では，保険分野で，市場国での所得課税を受けない国外の保険会社に支払われる保険料に対する物品税（excise tax）の形で採用されている。

　平衡税は，それを導入する政策目標に依存して設計される。市場国における顧客との国境を越えた取引への課税を政策目標とする場合には，すべての

国境を越えた国内顧客との取引に平衡税を適用することも考えられる。あるいは，平衡税の適用範囲を，オンライン拠点を通じて国内顧客との意図的かつ持続的な相互作用を有している状況に限定し，重要な経済的拠点を維持する場合にのみ，平衡税を適用することも考えられる。しかし，適用範囲を狭くしすぎると，オンライン拠点を通じる国外供給企業と，それを通じない国内供給企業との間の税の不均衡に有効に対処できなくなるおそれもある（行動1，par. 304）。

　顧客・利用者によって直接提供されたと考えられる価値に課税することが政策目標であれば，平衡税は，国内顧客・利用者から収集されたデータなどに課税されることになる。たとえば，その国における毎月の活発な利用者数平均に基づいて課税することが考えられる。しかし，この方法にはいくつかの問題がある。第1に，毎月の活発な利用者数を正確に測定することは難しい。活発であることの程度を明示することが困難だからである。第2に，国外企業にとっての月次の活発な利用者数が，その国外企業によって稼得される国内収益と直接関連するとはいえないことである。第3に，国外企業にもたらされる価値は各利用者によって大きく異なるので，活発な利用者数に基づいて平衡税率を適切に設定することも困難さを伴う。別の方法として，国内顧客・利用者から収集されたデータ量に基づいて課税することも考えられる。しかし，データの価値は，その内容と収集された目的によって大きく変動し，しかも国内収益と国内顧客・利用者から収集されたデータとの間に信頼できる関係を識別することも難しい（行動1，par. 305）。

　平衡税の課税には，同一所得が法人税と平衡税の両方の課税を受けることがあるという問題もある。この問題は，国外企業が源泉国（市場国）で平衡税を課税されると同時に居住国で法人税を課税される状況か，企業が源泉国（市場国）で法人税と平衡税の両方を課税される状況のどちらかで生じる。この問題に対しては，法人税を課さないかきわめて低い税率で課す場合にのみ平衡税を適用するか，法人税に対して平衡税の税額控除を認めるという工夫で対処できるかもしれない（行動1，par. 307）。

5 検 討 結 果

　行動1は，行動7によるPE認定除外規定の修正以外の3つのオプションのどれも，現段階では勧告していない（行動1, par. 357）。その理由は，経済活動による価値創造と課税とを結びつけるというBEPSプロジェクトの基本的な考え方に基づいて開発された他の個別対策が，電子経済に関連するBEPS問題にかなりの影響を及ぼすことから，個別対策によって所得課税の場と経済活動すなわち価値創造の場との調和が促されることが期待でき，これによって軽課税国へ利益を恣意的に移転させるという課税へのチャレンジが緩和されるとともに，付加価値税は市場国で効果的に課されると期待されるからである。

　他方，3つのオプションは，主要な国際課税原則を大幅に変更するための作業を必要とし，それでいてICTの進歩によってもたらされる変化に確実に対処できるかどうかわからない。このため，これらのオプションは勧告されていない。ただし，参加国は，既存の租税条約を尊重することを条件として，BEPSに対する追加的予防措置として，オプションのどれかを国内法または2国間租税条約に導入することも認められている。国内法による対応には，既存の国際的な法律上の義務と矛盾しないことを確保するためのある程度の調整とともに，明瞭性を与えるためにより詳細な基準設定が必要とされる。

　そこで以下では，行動2以下の個別のBEPS対策を，電子経済におけるBEPS問題との関係から整理する。

　市場国におけるBEPS問題は，行動6（租税条約濫用の防止）と行動7（PE認定の恣意的回避の防止）によって対処されることが可能であり，市場国における課税権の回復が期待される。行動6によって，市場国は条約漁りによる二重非課税を認めないように国内法を適用できるというミニマムスタンダードが示されている（行動6, pars. 53-67）。

　PE認定については，以前は本来的に単なる準備的または補助的と考えられていた活動が，電子経済では，企業の中核的事業活動に該当するという問

題がある。たとえば，オンライン通販会社の商品の引渡しのための倉庫の重要性は高まっている。そこで，従来は準備的または補助的とされてきた活動が中核的活動に該当するようになる状況を特定し，多国籍企業集団内での財・サービスの販売に関連する人為的な契約によって PE の定義が形骸化され PE 認定除外から不適切な利益を得ることがないかどうかを，検討する必要がある。

　行動 7 によって，OECD モデル租税条約の 5 条 (4) の各除外項目が準備的または補助的性質を持つ活動に制限されるように除外リストを修正することが合意された（行動 7，par. 13）。また，関連企業間での事業活動を細分化することによる PE 認定除外から利益を得ることを不可能にするために，機能や期間を細分化することによる PE 認定除外を排除する新しい細分化禁止ルールが導入された（行動 7，par. 15）。さらに，OECD モデル租税条約の 5 条 (5) と (6) における PE の定義の修正も合意された（行動 7，par. 9）。この PE の定義の修正と新しい細分化禁止ルールは，密接に関連する企業間での事業活動の細分化を通じた PE 除外からベネフィットを得ることを不可能にする（行動 1，par. 217）。たとえば，市場国の子会社が主要な役割を果たすような契約を親会社が締結していて当該子会社が締結していなくても，当該子会社は親会社の PE となる。また，オンライン通販会社が，消費者への近さと迅速な配送を売りにするために多くの従業員が働く大きな現地倉庫を市場国に置いている場合のその倉庫は，そのオンライン通販会社にとっての PE になる。

　最終親会社国での BEPS 問題は，行動 3（CFC ルールの強化）によって対処されることが可能であり，これによって最終親会社国における課税権の回復が期待される（行動 1，par. 235）。電子財・サービスの提供においては移動性の高い無形資産が重要なことから，そこからの所得も移動性が高まる。電子経済下で遠隔地から電子財・サービスを提供するときに，多国籍企業集団は主要な無形資産を軽課税国に設立した CFC に配置し，電子財・サービスの販売にその無形資産を利用することによって，たとえその CFC が重要な活

動を行っていなくても，そこに所得を移転させてほとんど税を支払うことなく，源泉国（市場国）および最終居住国での課税を逃れることがある。行動3による有効なCFCルールは，電子経済による移動性の高い所得の源泉国から軽課税国への移転を減らすので，最終親会社国の課税を回復させることが期待される。

市場国と最終親会社国の両方におけるBEPS問題は，行動2（ハイブリッド・ミスマッチ取決めの無効化），行動4（利子等の損金算入を通じた税源浸食の制限），行動5（有害税制への対抗），および行動8-10（移転価格税制（移転価格が価値創造と一致することの確保））によって対処されることが可能である。また，税務行政におけるリスク評価プロセスは，行動12（タックスプランニングの報告義務）および行動13（移転価格関連文書化の要請）によって促進されると期待されている。

電子経済下では，市場国または中間国から所得を奪うために，あるいはCFCルールの適用や条約濫用防止規定の適用を回避するためにハイブリッド・ミスマッチ取決めを使うことがあるので，これには行動2が有効であると期待されている（行動1，par. 219）。

電子経済で特徴的な統合されたグローバル事業では，軽課税国に設立した事業体で資金を借り入れ，それを重課税国で事業活動を行う事業体に融資して，支払利子の損金算入効果を大きくするタックスプランニングが行われることがある。これには，行動4が有効であると期待されている（行動1，par. 220）。

電子経済下では，価値を創造し所得を稼得する源泉となる無形資産への依存度が高い。しかも，多くの国では，知的財産の活用からの所得に対する課税優遇措置が取られてきた。行動5の有害税制への対抗におけるネクサス・アプローチは，研究開発などの活動における実際の支出と利益とのつながり（ネクサス）を重視する（行動1，pars. 223-224）。

また，無形資産に大きく依存する電子経済下では，無形資産は移動させやすいので，それに伴って所得も移転しやすい。行動8-10が，この問題に対

処し得る。行動 8-10 の目的は，多国籍企業集団内の所得配分を，その所得を生じさせる経済活動の行われた地域に一致させることにある（行動 1，par. 225）。電子経済下で BEPS 問題を引き起こす無形資産の重要性の拡大とその移動性の高さは，所得の税務上有利な地域への移転を容易にする。なぜならば，無形資産の時価評価は難しく，その評価のために有用な情報の格差が納税者と税務当局との間に存在し，無形資産の移転をもたらす費用分担取決めも識別しにくいからである。その結果，独立企業間価格から乖離した無形資産の移転が可能になる（行動 1，par. 226）。行動 8-10 が示す「OECD 移転価格ガイドライン」の改訂ガイダンスは，契約上は負担されることになっているが，その契約で具体的に定められたコントロールを実行できず，そのリスクを負担する財務的能力を持たない当事者が負担することになっているリスクは，実質的にリスクをコントロールでき負担する財務的能力のある当事者に配分することとしている（行動 1，par. 230）。

　国境を越える電子商取引に係る付加価値税については，「OECD 国境を越えた取引に係る消費税ガイドライン」（International VAT/GST Guidelines）の原則を適用し，ガイドラインで示された徴税の仕組みの導入を検討することが勧告されている（行動 1，par. 357）。この勧告によると，事業者間取引と事業者・消費者間取引のいずれであっても，課税地は顧客の所在国あるいは居住国とされるので，国境を越えた電子商取引は，市場国で課税されることになる。これによって，市場国における国内事業者と国外事業者との競争条件を均質化することができる（行動 1，par. 347）。

　他方，国境を越える電子商取引が，事業者間取引と事業者・消費者間取引のいずれであるかによって，課税方式は異なってくる。事業者間取引においては，リバースチャージ方式によって課税されるのに対して，事業者・消費者間取引においては，国外事業者が事業者登録を行ったうえで徴収する方式がとられる。

6 次のステップ

BEPS プロジェクト後には，監視プロセスの一環としての追跡作業が，幅広い利害関係者と協議しながら進められ，その成果は 2020 年までに作成される予定である。また，現行租税条約の下での，クラウド・コンピューティング決済のような新しいビジネスモデルにおける一定の決済についての性格づけの明確化と，各国が国際 VAT/GST ガイドラインを対等の立場で実施するための実施パッケージの開発も予定されている（行動 1，par. 361）。

V　わが国における電子商取引に対する
消費課税制度の改正

直接税に関しては，行動 1 が勧告を行っていないので，わが国では国内法化の措置がされていないけれども，間接税に関しては，平成 27 年度税制改正おいて，国境を越えた電気通信利用役務に係る消費税の課税の見直しが行われ，平成 27 年 10 月 1 日から施行されている。その概要は，次のとおりである。

1　電気通信利用役務の提供に係る消費税の内外判定基準の見直し

電気通信利用役務の提供とは，電子書籍・音楽・広告の配信等の電気通信回線を介して行われる役務の提供をいう（消費税法 2 条 1 項 8 号の 3)[(2)]。国境を越えて行われる電気通信利用役務の提供に係る内外判定は，平成 27 年度税制改正によって，当該役務の提供を受ける者の住所地等で判定されることとされた。

改正前は，「役務の提供を行う者の役務の提供に係る事業所等の所在地」に着目し，国内事業者が，国外事業者および国外の消費者に対して役務を提

---

(2)　ただし，たとえば調査報告書を電子メールに添付してインターネットを通じて送信するなどの，資産の譲渡に付随して行われる役務の提供や，単に通信回線を利用させる役務の提供は含まれない。

供する取引が国内取引として課税され，国外事業者が国内事業者および国内の消費者に対して役務を提供する取引は，国外取引として課税対象外とされていた。このため，サービスの提供者が国内事業者である場合には消費税が課税される一方，サービスの提供者が国外の事業者である場合には消費税が課税されず，国内で消費される同様のサービスであっても，提供者によって課税関係が異なり，最終消費者の税負担に差異が生じるという問題が生じていた。

こうした国内外の事業者間の競争条件の不均衡を是正する観点から，改正後は，「役務の提供を受ける者の住所若しくは居所又は本店若しくは主たる事務所の所在地」に着目し，国内事業者が，国外事業者および国外の消費者に対してサービスを提供する取引が国外取引として課税対象外とされ，国外事業者が国内事業者および国内の消費者に対してサービスを提供する取引は国内取引として課税されることになった（消費税法4条3項3号）。この改正は，OECD等の国際機関において国境を越えた役務の提供に係る付加価値税の課税の在り方について，仕向地主義を適用する方向で議論が行われている方向性に沿ったものと考えられている[3]。

2　電気通信利用役務の提供に係る消費税の課税方式の見直し

国外からの電気通信利用役務の提供を国内事業者が受ける事業者向け電気通信利用役務の提供に係る消費税にはリバースチャージ方式が導入され，国外事業者が一定の届け出をすることを条件に（消費税法62条），国外事業者が行う事業者向け取引の納税義務者は，当該役務の提供を行った国外事業者ではなく，当該役務の提供を受ける国内事業者とされる（消費税法2条1項8号の4，8号の5，4条1項，5条1項）。事業者向け取引とは，提供される役務の性質や取引条件等から，役務の提供を受ける者が事業者であることが明らかなものをいう（消費税法2条1項8号の4）。役務の提供を受ける国内事業者

---

[3]　関禎一郎ほか『改正税法のすべて　平成27年度版』大蔵財務協会，2015年，829頁。

は，この仕入に係る消費税の仕入税額控除が可能になる。

ただし，リバースチャージ方式は，当分の間，国内事業者の課税売上割合が95% 未満の課税期間にのみ適用され，課税売上割合が95% 以上の課税期間では，当該役務提供に係る仕入はなかったものとされる（改正消費税法附則42条）。これは，課税売上割合が95% 以上の事業者等においては，リバースチャージ方式による納税額とほぼ同額の仕入控除税額が計上されることを踏まえて，事業者の事務負担に配慮する観点から，当分の間の措置として，リバースチャージ税額とリバースチャージ税額に係る仕入控除税額を同額とみなし，申告対象から除外しているのである[4]。

3 国外事業者から受けた消費者向け電気通信利用役務の提供に係る仕入税額控除の制限

事業者向け電気通信利用役務以外の消費者向け電気通信利用役務の提供にはリバースチャージ方式の適用はなく，原則どおり国外事業者が申告納税を行う（国外事業者申告納税方式）。国内事業者が国外事業者から消費者向けの役務提供を受けた場合には，仕入税額控除を認めない（改正法附則38条1項本文）。これは，国外事業者が執行管轄の及ばない国外に所在することから，税務執行を通じて適正な申告納税の履行を促すことに限界があり，結果的に納税なき仕入税額控除という問題が生じる可能性があり，こうした課税の公平を阻害する事態を制度的に防止するためである[5]。

4 登録国外事業者制度の創設

当分の間，国内事業者が国外事業者から提供を受けた消費者向け電気通信利用役務については，国税庁長官の登録を受けた登録国外事業者に係る消費者向け電気通信利用役務についてのみ仕入税額控除を認める（改正法附則38条1項但し書）。

---

(4) 川田剛『国際課税の基礎知識〔十訂版〕』税務経理協会，2017年，519頁。

(5) 前掲注（3），838頁。

VI　残された課題

　行動1は，電子商取引に係る直接税に関するBEPS問題に対して，電子経済に固有のBEPS問題は存在しないとの立場から，行動2以下の個別対策を実行することによって対処できるとし，電子商取引に対する独自の対策を提示してはいない。しかし，ICTのさらなる発達は，統合されたサプライチェーンにおける無形資産の移動性をさらに高め，財・サービスの配送や決済の機能とリスクをさらに拡散させる可能性がある。たとえば，遠隔操作ロボットを使って製造するようになると，操作する場とロボットが作業する場とが離れ，生産という過程がさらに細分化され分散化されることになる。さらに，3Dプリンティング技術の発達は，製品を工場で製造し，倉庫に保管し，自動車・鉄道・船舶・航空機といった輸送手段を使って顧客まで配送するという伝統的な過程を根本的に変革する可能性がある。企業は，製品を直接製造する必要はなくなり，企業の居住国また第三国に設計図やプログラムを保存したサーバーを設置し，そこからの指示で遠隔地の顧客の近くにある3Dプリンターによって製品が作られるようになると，価値創造の場がますます不明確になってくる。しかも，その代金の決済が，クラウドを通じて仮想通貨で行われるようになると，決済仲介機関も通さなくなるので，税務当局はその電子商取引を捕捉することも，源泉課税することもできなくなる。

　このような状況が出現しても，なお行動2以下の個別対策で対応できるかどうかは不明である。他のBEPS最終報告書勧告の電子経済に及ぼす影響を監視しながら課税上の問題に対処する作業が，今後も継続される予定であることから，今後の電子経済の展開によっては，今回は見送られた新しい課税拠点概念の構築も，改めて検討しなければならなくなるかもしれない。

Ⅶ おわりに

　行動1は，間接税に関しては勧告を行う一方で，直接税に関しては勧告を行っていない。これは，直接税については，電子経済やそこでのビジネスモデルに固有のBEPS問題は存在しないという基本的な認識の下で，BEPS最終報告書の他の個別の対応を実施することで，電子経済とそこでのビジネスモデルに伴うBEPSへの対応は十分であり，行動7のPE認定の人為的回避の防止を除いて，国際課税原則の大幅な見直しは現時点では不要と考えられたからである。ただし，他のBEPS最終報告の勧告が電子経済に及ぼす影響を監視しながら課税上の問題に対処する作業を今後も継続し，2020年までに監視の成果報告書が作成されることが予定されている。

　他方，行動1は，付加価値税に関しては，「OECD国境を越えた取引に係る消費税ガイドライン」の原則の適用を勧告している。このガイドラインは，国境を越える取引を，事業者間取引と事業者・個人消費者間取引とに区別し，それぞれの取引における課税地と課税方式を示している。事業者間取引の課税地は，顧客の所在する国であり，課税方式にはリバースチャージ方式が採用されている。一方，事業者・個人消費者間取引の課税地も顧客の居住する国であるが，課税方式には国外事業者が事業者登録を行ったうえで徴収する方式が採用されている。この勧告を受けて，わが国でも，平成27年度税制改正によって，消費税課税における内外判定が変更された。

　ICTのさらなる発展に伴う電子経済の展開は，グローバル・サプライチェーン上の業務過程をさらに細分化し分散化させ，その上での無形資産や顧客・利用者の移動性と決済手段の不透明性を高める。このため，経済活動による価値創造と課税とのネクサスはますますわかりにくくなり，税務当局による取引と所得の捕捉はさらに困難になることが予想される。行動1では見送られた，新しいネクサスあるいは課税拠点の概念の構築が，改めて検討されなければならなくなるかもしれない。

「税源浸食と利益移転（BEPS）」対策税制

第8章　PE 認定の人為的回避の防止

成蹊大学特任教授　**成道　秀雄**

は じ め に

　BEPS 行動計画 7（Action 7）は，多国籍企業による恒久的施設（Perma-nent Establishments：PE．以下 PE とする）認定を人為的に回避することを防止するために，改正 OECD モデル租税条約第 5 条とそのコメンタリーの PE の定義の変更を目的とし，それに準じて OECD モデル租税条約の改正が進められてきた。我が国は OECD 租税委員会の一員であることから，OECD モデル租税条約に従わなければならず，それゆえ，すでに締結されている二国間租税条約においては，順次改正が進められることになる。

　そこで，本章では BEPS 行動計画 7 の最終報告書と BEPS 行動計画 7 の追加討議草案（Public Discussion Draft BEPS Action 7 Additional Guidance on At-tribution of Profits to Permanent Establishments）の公表（2017 年 6 月 22 日）の内容を紹介しつつ，改正 OECD モデル租税条約を受けて，我が国の租税条約での PE 課税の見直しについて，若干の考察をする。

I　BEPS 行動計画 7 によっての
OECD モデル租税条約の改正

1　従属代理人の範囲の拡大

(1)　改正内容

改正 OECD モデル租税条約第 5 条［恒久的施設］

5　第 1 項及び第 2 項の規定にかかわらず，第 6 項の規定に従い，一方の締約国において企業（非居住企業のこと）に代わって行動する者が，常習的に契約を締結し又は当該企業による重要な修正を受けずに日常的に締結される契約の締結に導く主要な役割を常習的に果たし，かつ，これらの契約が，

a) 当該企業の名において，もしくは

b) 当該企業が所有もしくは使用権を有する資産の所有権の移転もしくは使用権の供与のため，又は

c) 当該企業によるサービスの提供のために行われる場合，

当該者の活動が，事業の一定の場所を通じて行われたならば，本項の規定に基づき，この事業の一定の場所を恒久的施設としない第 4 項に規定する活動に限定される場合を除き，当該者が当該国において恒久的施設を有するものとみなされるものとする。

　租税条約のもとで外国法人に代わって行動する一方の締約国の仲介者の活動が，その外国法人の名でもって売買契約を締結するのみでなく，外国法人の資産の所有権の移転もしくは使用権の供与又は役務の提供の契約を常習的に締結し，又は仲介者が外国法人による重要な指示を受けることなく顧客の常習的に締結される契約に係る場合も PE とみなされることとなった。すなわち，従属代理人の範囲が拡大されている。

　ここで仲介者と顧客の常習的に締結される契約に係る場合とは，外国法人に代わっての行動が，単なる契約の促進又は広告宣伝を超えての，外国法人の事業活動に参加し，繰り返して行われることを前提としている。例えば，

外国法人の購入代理人としてのみ行動し，外国法人の名でもって常習的に購入契約を締結し，かつ外国法人から独立していなければ従属代理人PEとして課税されよう。ただし，その活動が後述する準備的または補助的（preparatory or auxiliary）なものであれば，その限りではない（改正OECDモデル租税条約第5条コメ32.2. 以下OE5コメ32.2とする）。

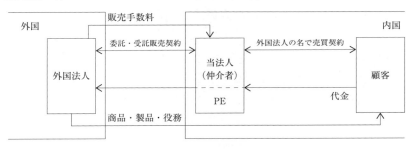

(2) **事例**

以下に事例をあげるが，その多くはBEPS行動計画7の追加討議草案にあげられていたものである。

[事例1]

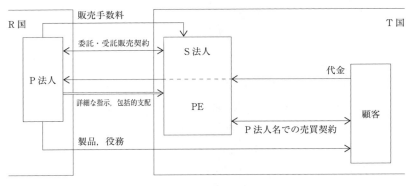

T国のS法人はR国のP法人の関連法人であり，S法人はR国のP法人の製品の販売，役務の提供を行っている。P法人は企業経営のリスクを負うと共に，製品，役務の価格リスクや為替リスクも負っている。P法人はS法人に対して詳細な指示を行い，包括的に支配している。S法人の従業員は顧

客をP法人との契約に導く主要な役割を果たしており，P法人の売上の一部がS法人の従業員の報酬の一部となっている。P法人と顧客で売買契約がなされるときは，S法人の従業員も同行することが多い。P法人が製品を販売したときは，S法人に製品の所有権が移ることはなく，直接的に顧客に移転する。S法人の従業員が契約の内容を自由に変更することはできず，P法人が主導的になっていれば，S法人がPEと認められる可能性が大きいといえよう。

[事例2]

上記従属代理人PE課税を回避するために，コミッショネア契約の形態に変える例がみられる。コミッショネア契約について例をあげて説明をしておく。

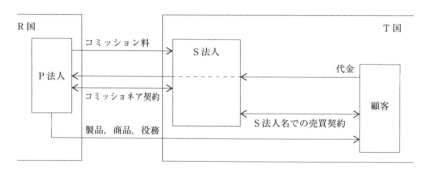

P法人はS法人との契約での製品，商品，役務に限定して顧客に販売，提供することとなっている。S法人は顧客との売買契約で特別にS法人の要望を述べるようなことはなく，その内容はP法人の方針によっている。P法人は企業経営のリスク，製品，商品，役務のリスクの全てを負っている。S法人に製品等の販売時に所有権が移転することはない。S法人は事業運営のための販売事務所や従業員を有しており，独立して顧客の獲得や受発注業務を行っている。

従属代理人PEと認定されている場合と比較して，S法人はP法人から独立し，ほとんどのリスクはP法人に集中されている。そのために従属代理

人 PE であれば，S 法人においては仕入，販売取引によって生じる利益よりもコミッション料収入が減額し，その差額相当分が P 法人に移転されたと同様な状態がもたらされる。

OECD モデル租税条約第 5 条第 5 項 a)では，上記の例で S 法人が T 国内において，「P 法人の名」で契約を締結する権限を有し，その権限を反復して行使する場合は PE を有するものとされているが，実際には「S 法人の名」で契約を締結していることから PE の認定を困難なものとしている。

ただ，従属代理人 PE となると，上記事例でいえば，P 法人と S 法人は関連法人であるのが通常であり，コミッショネア取引形態に変更するとしても，ただ形式を整えただけで，実質が旧態依然であれば，従属代理人 PE 課税から逃れられないということになろう。

2　独立代理人の範囲の縮小

(1)　改正内容

改正 OECD モデル租税条約第 5 条［恒久的施設］

6

a)第 5 項は，一方の締約国において他方の締約国の企業に代わって行動する者が当該一方の締約国において独立代理人として事業を行い，当該事業の通常の過程で当該企業のために行動する場合には適用されないものとする。しかしながら，ある者が専ら又はほとんど専ら密接な関連を有する 1 又は 2 以上の企業に代わって行動する場合，当該者は，このような企業に関する，本項の意味する独立代理人とは考えられないものとする。

b)本条の適用上，すべての関連のある事実及び状況に基づき，一方の者が他方の者の支配を有し又は両方の者が同じ者もしくは企業の支配下にある場合，ある者は当該企業に密接に関連する。すべての場合，一方の者が他方の者の受益に関する持分の 50％ 超（もしくは法人については，当該法人の株式の議決権及び価値の合計もしくは間接に有する場合又は他の者が当該者及び当該企業の受益に関する持分の 50％ 超）を直接もしくは間接に有する場合又は他の者が当該者及び当該企業の受益に関する持分の 50％ 超（もしくは法人については，

> 当該法人の株式の議決権及び価値の合計もしくは当該法人の受益に関する持分の 50% 超）を有する場合，ある者は当該企業に密接に関連すると考えられるものとする。

　独立代理人であれば PE に認定されることはないが，代理人が専ら又はほとんど専ら密接な関連がある 1 法人又は 2 以上の法人のためにのみ活動に専念する場合には，独立代理人に当たらないものとされる。

　ここで密接な関連とは，すべての関連ある事実及び状況に基づき，一方の者が他方の者に支配されまたは両方の者が同じ者もしくは企業の支配下にある場合をいう。すべての場合，一方の者が他方の者の受益に関する持分の 50% 超を直接もしくは間接に有する場合，あるいは反対の関係にある場合，密接な関連があるものとされる（OE 6b）。

　ただ，密接な関連がないからといって自動的に独立代理人とみなされるわけでもない。要するに独立代理人として事業を行い，かつ，その事業の通常の過程で行動していなければならないことを要求される（OE 6 パラ 38.7）。

　代理人が外国法人から独立しているか否かは，外国法人に対する責務の範囲による。外国法人から代理人の事業活動について詳細なる指示又は包括的な支配を受けているとき，又は代理人が外国法人の企業家としてのリスクを負担しているときは，独立代理人とはみなされない（OE 6 パラ 38）。

　独立代理人が外国法人から依頼を受けて仕事を行った場合，その仕事の結果について責任はあるが，仕事の進め方について支配を受けることはない。独立代理人は外国法人から詳細な指示は受けない。外国法人は，通常では独立代理人の特殊な技能と知識に依存しているのである（OE 6 パラ 38.2）。

(2) 事例

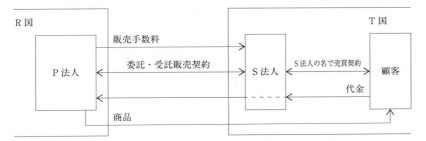

　R国の商事会社P法人は，T国のS法人と商品の委託販売契約を交わしている。その契約内容は法律的に対等である（法律的自立）。また，その委託販売についてP法人からS法人に詳細な指示や包括的な支配も無く，P法人とS法人は経済的に対等な関係にある（経済的自立）。そしてS法人はP法人に対して受託販売の範囲でのリスクを負っている（責任の範囲）。

　S法人にとってP法人の委託販売は特別のものでなく，S法人の通常の販売活動と一緒に行われている。

　これらの状況を総合的に勘案すれば，S法人はP法人にとって独立代理人であって，PE課税されることはない。

　上記1(2)での従属代理人PE課税を逃れるためにコミッショネア取引に変えると同様に，独立代理人に形式を整えたとしても，実質的に従前と変わらなければ，従属代理人PE課税が行われていくであろう。

3　準備的，補足的活動のみに特例を適用することの厳格化
(1) 改正内容

改正OECDモデル租税条約第5条［恒久的施設］
1　この条約の適用上，「恒久的施設」とは，事業を行う一定の場所であって企業がその事業の全部又は一部を行っている場所をいう
2　「恒久的施設」には，特に，次のものを含む。
　a　事業の管理の場所

b　支店

　　c　事務所

　　d　工場

　　e　作業場

　　f　鉱山，石油又は天然ガスの抗井，採石場その他天然資源を採取する場所

3　建築工事現場又は建設若しくは据え付けの工事については，これらの工事現場又は工事が12箇月を超える期間存続する場合には，恒久的施設を構成するものとする。

4　1から3までの規定にかかわらず，次のことを行う場合には，「恒久的施設」に当たらないものとする。

　　a　企業に属する物品又は商品の保管，展示又は引き渡しのためにのみ施設を使用すること

　　b　企業に属する物品又は商品の在庫を保管，展示又は引き渡しのためにのみ施設を使用すること

　　c　企業に属する物品又は商品の在庫を他の企業による加工のためにのみ保有すること

　　d　企業に属する物品又は商品を購入し，又は情報を収集することのみを目的として，事業を行う一定の場所を保有すること

　　e　企業のためにその他の準備的又は補助的な性格の活動を行うことのみを目的として，事業を行う一定の場所を保有すること

　　f　aからeまで掲げる活動を組み合わせた活動を行うことのみを目的として，事業を行う一定の場所を保有すること。ただし，当該一定の場所における，このような組み合わせによる活動の全体が準備的又は補助的な性格のものである場合に限る。

　特定の活動，すなわち物品または商品の保管，展示，引き渡し又は加工を目的とした物品の保管，購入又は情報の収集のためであれば，その一定の場所をPEとしない例外の取り扱いを，その活動が全体の事業においての準備的または補助的なものである場合にのみ適用できるものとする。これらの活動が，電子商取引等の発展と共に事業の中核的活動とみなされるケースが出てきていることを反映して，2010年7月にOECDモデル租税条約が改正さ

れている。

同条約第5条1項から4項は上記のように定められており，今回のBEPS行動計画7でもって特別な見直しは行われていない。

第4項の規定は，外国法人が他国において純粋に準備的又は補助的な活動のみを行う場合，その外国法人が他国でPE課税されることを防止するものである（OE6パラ21）。

有名な事例として，アマゾンの米国販売会社が，我が国に倉庫事業の子会社を設立して，その子会社に物流業務を行わせていたところ，我が国の課税当局はその子会社にPEが置かれているとして認定課税を検討した例がある。結局，顧客とアマゾン米国本社が直接契約しており，決済も同社で行われているということで，PE課税されることはなかった。

(2) **事例**

［事例1］

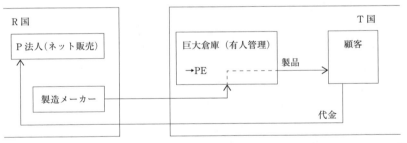

R国のP法人がT国に巨大倉庫を所有し，T国の顧客にオンラインで販売する物品を保管し，引き渡すことを目的として，多数の従業員が常駐している場合，その巨大倉庫はP法人にとって重要な資産であって，その保管及び引き渡しの活動はP法人の販売，配給事業の本質的な部分を構成し，それゆえ準備的又は補助的な性質のものでなければ，PEとみなされる（OE5（コメ22））。

[事例2]

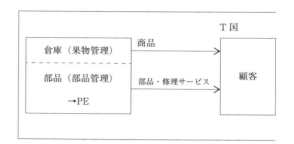

　R国のP法人の事業の一つとして果物をT国に輸出しており、その通関手続中に果物が傷まないように管理された特別なガス施設の保税倉庫をT国に有している。また、他の事業として、P法人がかつて顧客に販売した機械のスペア部品を引き渡すためだけの保管場所もそこにあるとするとPEとはされない。ところが、さらにP法人が機械の維持又は修理のために事業を行う一定の場所を保有する場合、純粋な引き渡しを超え、顧客に対してP法人の本質的かつ重要な活動を行うことになるので、準備的又は補助的とはならず、PEとされよう。

[事例3]

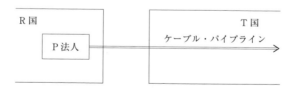

　R国のP法人が、T国を横断するケーブル又はパイプラインを、専ら自社の資産を輸送する目的のみのために自由に使用したとしても、その輸送が単にP法人の事業にとって準備的又は補助的である場合は、PEとはされない。それでは、これらのケーブル又はパイプラインを借りて輸送している他の法人にとってであるが、同様にそれらの施設を自由に使用できた（at the disposal）としても、その法人の事業にとって準備的又は補助的であれば、依然としてPEとはいえない（OE5（コメ22.2））。自社所有かリースかに関

係なく，PEであるか否かが決定されることになる。

［事例4］

　R国のロジスティックP法人がT国で倉庫を運営し，その倉庫にS国のM法人が自社の商品等を保管しているが，特にその場所で自由に事業を行っている訳ではないので，その倉庫はM法人のPEではない。もしM法人が倉庫に無制限にアクセスできて，商品等の検査を行うことができるようであれば，それらの活動が準備的，補助的活動でない限り，PEとなる。
　この事例では，P法人は自社の商品等をT国の倉庫に置かず，専らS国のM法人のために貸し付けているので，その貸し付けは自社の準備的，補助的活動でないことは当然であるので，PEとみなされることになる。

［事例5］

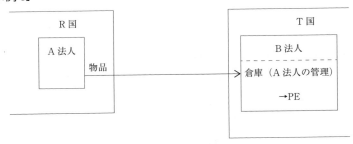

　R国のA法人がT国の委託製造業者であるB法人の倉庫に物品を保管している場合に，A法人が，その保管している物品を自由にできないのであれば，その倉庫をPEとみなすことはできない。もし，その倉庫の物品の管理のために自由にアクセスできるのであれば，そしてその管理が準備的又は補助的活動でなく，重要な事業運営の一環であれば，PEといえる（コメ22.4）。

[事例6]

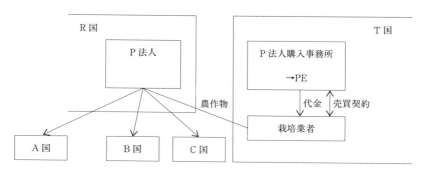

　R国のP法人は農産物の販売業者であり，T国に購入事務所がある。その購入事務所はT国で農産物を購入し，R国のP法人に輸出し，P法人は海外に販売している。T国の購入事務所の従業員は農産物に対しての特別の知識を有する経験豊かなバイヤーであり，P法人のための契約を一手に引き受けている。その従業員の購入活動はP法人の本質的で重要な事業運営であるので，P法人購入事務所はPEといえる。

[事例7]

　R国のP法人は大手のディスカウントストアであるが，2年後にT国への出店を目論んでおり，そのための準備の事務所を開設している。その業務の主な内容は，事務所用の文具等の購入，市場調査及びT国でのディスカウントストアの設立を容認する改正を求めてのロビー活動である。この事務所の活動全体が準備的な活動であることから，PEとはみなされない。

4　細分化防止規定の拡充

改正OECDモデル租税条約第5条
4.1　第4項は，同じ企業又は密接に関連する企業が同じ締約国において同じ場所又は別の場所で事業活動を行い，かつ，
　a) 当該場所もしくは他の場所が本条の規定により当該企業もしくは当該密接に関連する企業の恒久的施設を構成し，又は

b) 同じ場所における2つの企業もしくは2つの場所における同じ企業もしくは密接に関連する企業によって行われる活動の組合わせから生ずる活動全体が，準備的又は補助的な性格のものでない場合には，企業によって使用され又は保有される事業を行う一定の場所には適用されないものとする。

　ただし，2つの企業により同じ場所で，又は，同じ企業もしくは密接に関連する企業により2つの場所で行われる事業活動が，結合的事業運営の部分である補完的機能を構成する場合に限る。

(1) 改正内容

　OECDモデル租税条約第5条に新しい第4.1項が追加され，準備的又は補助的活動の例外の取り扱いを受けるために，ある国における活動をグループ法人の間で「分割（fragmentation）」したとしても，それぞれの場所で行われる活動が一つの結合的事業運営の一部で，相互補完的な機能を構成するのであれば，PEを構成するものとみなされる。要するに，法人又は密接に関連する法人グループが，それぞれが単に準備的又は補助的な活動に従事していると主張するために，結合的な事業運営をいくつかの小さい業務に細分化することでPE認定を回避できないように明確化している。

　それゆえ，第4.1項が適用されてPEとみなされるには，これらの活動が行われる場所の1以上がPEを構成するか，又はそうでないとしても，関連する活動の組み合わせから生じる活動の全体が単に準備的もしくは補助的であることを超えるものでなければならない。

(2) 事例

[事例1]

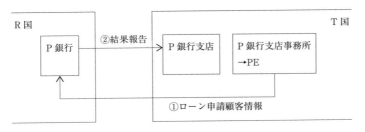

R国のP銀行にはT国に多くのPEの支店があり，その支店はローン申請の顧客審査を行う分離した事務所も有している。その事務所が検証した情報はR国のP銀行に転送され，その分析結果はT国のP銀行支店にフィードバックされる。P銀行にとって，T国の支店と事務所の事業活動は結合的事業運営の部分である補完的機能を有しているので，その事務所も支店と同様にPEを構成するものといえる。

[事例2]

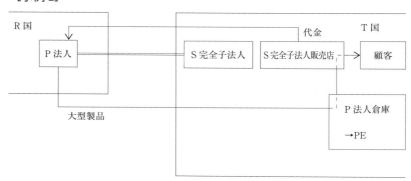

R国のP法人は家電メーカーで，T国にS完全子法人を設け，販売店が隣接している。また，R国のP法人はT国に倉庫があり，そこには大型家電製品を保管している。S完全子法人販売店の従業員は，大型家電を顧客に販売するときは，引き渡しの前にその倉庫に行く。手続的には，一旦はS完全子法人販売店がP法人倉庫の大型家電を取得し（所有権が移転し），それを顧客に販売することになる。P法人がその倉庫で行う事業活動が，結合的事業運営の部分である補完的機能を構成するので（S完全子法人販売店が大型製品を再販するにおいても，その大型製品を置くスペースがS完全子法人販売店にないことから，P法人の販売から生じる義務の一部として，顧客に引き渡すまでのあいだ保管すること），P法人倉庫はPEとみなされる。

(3) 契約期間の分割

> 改正 OECD モデル租税条約第 5 条
> 3 建設工事現場又は建設若しくは据え付けの工事については，これらの工事現場又は工事が 12 箇月を超える期間存続する場合には，恒久的施設を構成するものとする。

　建設工事現場，建設又は据え付けのプロジェクトにおいて PE の構成要件となる契約期間が 12 ヶ月を超えないように，グループ法人間で契約を分割するという問題においては，BEPS 行動 6（不適切な状況での条約特典の授与の防止）によって OECD モデル租税条約第 10 条に追加される第 7 項の「主目的テスト（Principal purposes test）」を適用することで対処していくことになる。「主目的テスト」とは，行われたアレンジメント又は取引の主目的の一つが条約に基づく特典を得ることである場合，租税条約に基づく特典を否認する効果を有するというものである。ただし，反証の余地は残されている（OE 10⑦（コメ 2））。

> 改正 OECD モデル租税条約第 10 条
> 7 条約の他の規定にかかわらず，本条約に基づく特典は，すべての関連事実及び状況を考慮して，当該特典を得ることが直接又は間接に当該特典を生じるアレンジメント又は取引の主目的の一つであると結論することが合理的である場合，所得項目又は資本について授与してはならない。ただし，これらの状況で当該特典を授与することが本条約の関連規定の対象と目的に従うことが立証される場合はこの限りでない。

　なお，このような主目的テストを租税条約に含めない場合には，例えば上記 12 ヶ月基準の 12 ヶ月を超えるか否かを判断することのみの目的として，
　　a)　一方の締約国での建設工事現場，建設又は据え付けのプロジェクトの活動期間が 12 ヶ月を超えて続かない期間に行われ，かつ

b) 関連活動が同じ建設工事現場又は建設若しくは据え付けプロジェクトで各々が30日を超える別々の期間に，その一方の締約国の企業に密接に関連する1又は2以上の企業によって行われる場合

これらの別々の期間は，その一方の締約国の法人がその建設工事現場，建設又は据え付けのプロジェクトの活動期間に追加するという代替的条項が提案されている。

(4) 事例

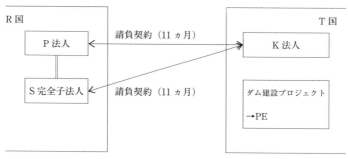

R国のP法人は，独立関係にあるT国のK法人からダム建設請負を受注し，その請負契約期間は22ヶ月である。そこでP法人はその最初の11ヶ月を請負い，後の11ヶ月をS完全子法人に請け負わせた。P法人は，S完全子法人の請負期間においては連帯して契約上の義務の履行に責任を負っている。

この事例で，契約を2分割しなければならない特段の理由がなければ，このような契約をする主目的の一つが，改正OECDモデル租税条約第5条第3項の12ヶ月基準を満たすことによる租税回避と結論付けられることになろう。よって，同条第3項によって，そのような分割は税務上認められず，PE課税がなされる。

II BEPS 行動計画 7 の追加討議草案 〈Public Discussion Draft BEPS Action 7 Additional Guidance on Attribution of Profits to Permanent Establishments〉の公表（2017 年 6 月 22 日）

BEPS 行動計画 7 は，新たに認定される PE の帰属利益の計算方法の追加ガイダンスを 2017 年 6 月 22 日に公表している。

まずは，BEPS 行動計画 7 の公表により改正された帰属利益の計算による基本原則が示された。そして同条約第 7 条（従属代理人 PE の帰属利益の計算）と同条約第 9 条（仲介者（intermediary）の帰属利益の計算）の両規定の関係や，同条約第 9 条を優先適用した場合の従属代理人 PE の帰属利益の考え方を示している。

同条約第 5 条第 5 項のもとで認められる PE に帰属する利益は同条約第 7 条によって決定される。同条約第 7 条は，PE に帰属する利益は，もし，同じ又は類似した条件のもとで同じ又は類似した活動に従事している PE があれば，それから誘導されるものであるとする基本原則によっている。

仲介者の活動によって PE が存在するとみなされる場合，それらの活動は源泉地国の二組の納税者に関係する。すなわち，源泉地国の居住法人である仲介者と，源泉地国の非居住法人 PE である。非居住法人に提供する役務に対する仲介者への独立企業原則による報酬は，同条約第 7 条によって非居住法人 PE に帰属する利益を計算するのに必要な要素の一つである。

ところで，改正モデル租税条約とそのコメンタリーは同条約第 9 条による利益の修正が同条約第 7 条の利益の修正に優先するのかは十分に言及していない。しかし多くの管轄国（jurisdictions）は，まずは非居住法人と居住法人たる仲介者との実際の取引を正確にあらわし，次に同条約第 7 条によって源泉地国の非居住法人 PE の独立企業利益を計算すると共に，同条約第 9 条によって非居住法人と居住法人たる仲介者の利益を調整する必要がある。何れ

にしても，同条約第7条及び第9条が，源泉地国が課税権を有している仲介者の利益の額に影響を与えることはない。管轄国によって採用されるアプローチは継続して適用されるべきであり，そして納税者のための透明性（transparency），予測可能性（certainty）のために公表されるべきであるとしている。そして同条約第5条第5項によって源泉地国にPEがあるとしても，源泉地国においてPEと仲介者としての二重課税は排除すべきとしている。それゆえ，管轄国は二重課税を排除するために国内法や行政システムによって必要な規定等を整備することが期待されるとしている。

また，同条約第7条では，リスクを源泉地国の仲介者とPEに同時に配分すべきでなく，非居住法人と源泉地国の仲介者との取引でリスクが仲介者にあるのであれば，そのリスクはさらにPEに引き受けられるものではないこととしている。なお，源泉地国の仲介者とPEで個別に税額が計算されるとしても，源泉地国で便宜的に合算して徴収されることも許されようとしている。

1 細分化防止ルール（Anti-fragmentation rule）

BEPS行動計画7で勧告されている細分化防止ルールは，同条約第5条（4.1）に含まれている。外見上準備的又は補助的活動とみられるが，実質的には，もし結合すれば補足的な機能といえる源泉国での法人の重要な事業活動を構成しているゆえにPEとみなして課税するというものである。

同条約第5条（4.1）では二つの事例（後述する事例3と事例4）を示している。まず最初の事例は，非居住法人又はその関連法人が源泉地国に既にPEを有し，その活動が結合的事業運営の一部で，相互補完的な機能を構成しているものに適用される。その場合，同条約第5条（4.1）のもとで，源泉地国での法人の活動が一つ又はそれ以上のPEを構成しているかを決定する必要がある。これらのPEの帰属利益は独立企業原則によって計算される。

次の事例として，非居住法人又はその関連法人が源泉地国にPEを有していないが，その源泉地国での活動の全体を考えると準備的又は補助的なもの

ではない結合的な事業運営とみなされる場合である。この場合も，独立企業原則でもってPEと認定して帰属利益を計算することになる。

2 事　例

当追加ガイダンスには四つの事例があげられており，PEの帰属利益の計算の考え方が示されている。順次紹介しておく。

［事例1］

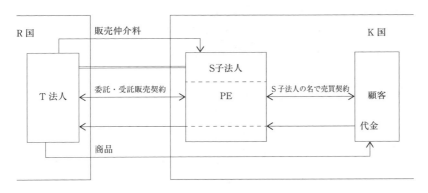

R国のT法人は小型機械を購入し，販売している。K国のS子法人はT法人の代理人（commissionnaire）としてマーケティングと販売活動を行っている。すなわちS子法人はT法人と代理人契約を結んでおり，自社の名前でK国の顧客に小型機械を販売している。なお，S子法人は常に小型機械を所有しておらず，かつ小型機械の価格の取り決めにも関わっていない。T法人が小型機械の価格を決定している。この事例では，S子法人は，T法人が受け取った売上代金の何パーセントかをコミッションとして受け取っている。S子法人はT法人のためにのみ事業を行っている。T法人はS国において事業活動を行っていない。

［分析・検討］

改正OECDモデル租税条約第5条第5項によると，T法人はK国に従属代理人PEを有していることになる。なぜならばS子法人はT法人のため

にのみ小型機械を常習的に販売する契約を結んでいるからである。しかもS子法人は独立代理人ではない。BEPS 行動計画7のもとでは，従属代理人 PE に帰属する利益は，従属代理人 PE があたかも独立した法人のように，独立企業原則でもって算定される収益の額から，T法人が従属代理人 PE のために発生した諸費用，S子法人への独立企業原則による販売仲介料（arm's length remuneration）をそれぞれ控除する。

これらの収益，費用の額の算定には，改正 OECD モデル租税条約第9条及び移転価格ガイドライン（Transfer Pricing Guidelines）が適用できる。

なお，仲介者と従属代理人 PE とで税額が別々に計算されるとしても，税務執行上は仲介者からのみ徴収するような便宜的な方法も検討すべきとしている。

[事例2]

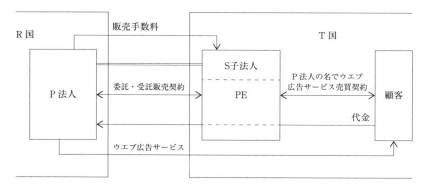

R国のP法人はウエブ広告スペースを販売している。S子法人はT国に所在し，P法人のためにマーケティング活動を行っている。S子法人はP法人とウエブ広告サービスの委託・受託販売契約を結んでおり，S子法人に支払われる仲介販売料は，T国の顧客への広告スペースの販売によってP法人が受け取る販売収益の1％となっている。S子法人は，P法人とT国の顧客とのウエブ広告サービスの契約において常習的で重要な役割を果たしている。S子法人はP法人のためにのみマーケティング活動の業務を遂行し，P

法人はT国では何の販売業務も行っていない。

　［分析・検討］

　改正OECDモデル条約第5条第5項（174頁参照）によると，P法人はT国にPEを有している。なぜならS子法人は，P法人が顧客とのウェブサービス契約で期間や条件に重要な変更がある場合を別として，P法人による日常の販売のために重要な役割を果たしているからである。PEの帰属利益の算定は，上記事例と同様に計算される。

　［事例3］

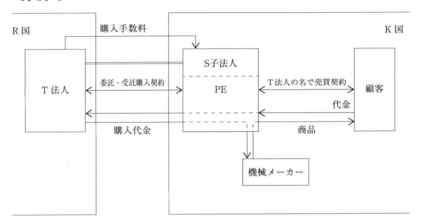

　R国のT法人は小型機械の購入・販売を事業としている。K国のS子法人はT法人の代理人としてK国の小型機械メーカーから購入している。S子法人は自ら小型機械を購入することはなく，価格交渉にも関わっていない。T法人は，購入した小型機械の価格の1％を購入手数料としてS子法人に支払うことにしている。S子法人の事業はP法人のための小型機械の購入のみである。T法人はK国で購入活動はしていない。

　［分析・検討］

　改正OECDモデル租税条約第5条第5項では，T法人はK国に従属代理人PEを有している。なぜならばS子法人は常習的にT法人のために売買契約の締結を代行している。それゆえS子法人は独立代理人ではない。そ

して，再販売のための購入は，T法人の事業に関連しての準備的または補助的な性格の事業でもない。同条約第7条によって，PEに帰属する利益は，独立企業原則によってPEが得られるであろう収益から，(1)K国の非関連調達先たる機械メーカー（unrelated suppliers）への支払額，(2)K国のPEのためのS子法人への支払額，(3)PEへの購入手数料を控除する。

(2)，(3)の算定には，改正OECDモデル租税条約第9条及び移転価格ガイドライン（Transfer Pricing Guidelines）が適用できる。

[事例4]

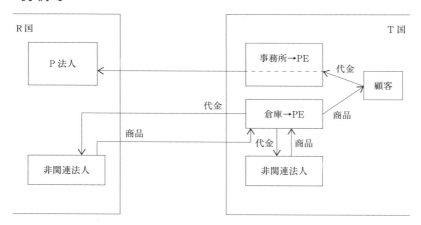

R国のP法人は，T国の顧客に，オンラインプラットホームから，様々な商品を販売している。それらの商品は非関連法人から購入している。P法人はT国にP法人の従業員25人が従事する倉庫を設けており，その倉庫はリースによっている。その従業員は，商品を調達し，保管し，顧客への引き渡しを，P法人の指揮の下に，行っている。P法人はまた，倉庫と違う場所に事務所を設けている。事務所には従業員15人が従事しており，P法人の商品の販売促進とT国の顧客からの情報の収集を行っている。

R国とT国では租税条約が締結されており，T国ではR国の居住法人に課税することはできないが，T国にPEを設けていれば，そのPEに対しては課税が認められている。PEの帰属利益は，独立企業原則によるが，PE

のためにP法人が引き受けている機能，使用している資産，負っているリスクも考慮して計算することになる。

［分析・検討］

T国の倉庫及び事務所で行われているP法人のための事業活動が結合的な事業運営の一部として相互補完的な機能を構成していれば，改正OECDモデル租税条約第5条第1項により，その倉庫と事務所はT国での二つのPEを構成する。それぞれのPEでは，P法人ための事業が行われており，T国での結合した事業運営は準備的又は補助的性格のものではない。後の改正点4で示したようにそれを一つのPEとして帰属利益を計算することもあろう。

同条約第7条により，倉庫PE，事務所PEに帰属する利益は，それぞれ別々に，(1)独立企業原則に基づくPEの収益の額から，(2)T国の従業員に支払う給与，(3)商品の配送業者に支払う手数料，(4)倉庫のリース料，維持修繕費，(5)P法人が各PEのための活動に係る費用，が控除されて計算される。

細分化防止ルールによって，その倉庫と事務所のそれぞれの活動が一つの結合的事業運営の一部であって，相互補完的な機能を構成していれば，同条約第5条第1項でもってPEとみなされる。

III　改正点においての若干の考察

1　改正点1－従属代理人の範囲の拡大

行動7の最初の「概要」では，コミッショネア・アレンジメントを，ある者が所与の国において製品を自己の名において，当該製品の所有者である外国法人に代わって販売するアレンジメントと緩く定義している。外国法人は，課税されるPEを有しない国で製品を販売することができ，一方の販売を決定する者は販売する製品を所有していないことから，所有していたら課税されるであろう所得には課税されずに，外国法人から受け取るコミッションのみに課税されるとしている。

コミッショネア・アレンジメントから生じるBEPS問題では，次のようなアレンジメントの事例を示している。

① Buy-Sell 形態で Xco（医薬品販売会社）から Yco へ医薬品が販売され，Yco はその医薬品を顧客に再販していた。Xco と Yco は親子関係にある。

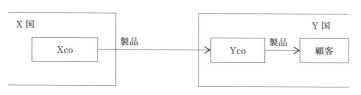

② コミッショネア・アレンジメントに変更し，Yco は，その有している固定資産，株式，顧客情報を Xco に移転し，Y 国において Xco の製品を自己の名において，Xco のリスクで販売することに合意した。

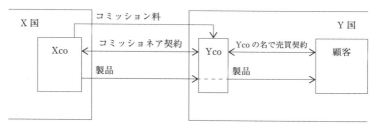

③ 結果として，Y 国における Yco の課税所得は，大きく減少する。

そして，「多くの場合，コミッショネア・アレンジメント及び類似の手法が，主として，販売が行われる国の課税ベースを浸食するために行われたことは明らかである」としている。ただ，子会社が極めて厳しい業況のなかにあって，このままでは倒産の危機に瀕していることから外国親会社が子会社との取引形態を見直したような場合に，はたして全てのケースにおいて租税回避の意図があるものとして課税することが妥当であるかが問題である。

2　改正点2－独立代理人の範囲の縮小

改正 OECD モデル租税条約第5条第6項 a の後段で，「……ある者が専ら

又はほとんど専ら密接な関連を有する1又は2以上の企業に代わって行動する場合，当該者は，このような企業に関する，本項（同条約第5条第5項）の意味する独立代理人とは考えられないものとする。」としている。この部分は改正によって加えられたところであり，独立代理人の範囲が縮小してきている。しかし，同条約第5条第6項のコメンタリー38.5では次のように述べている。

「38.5　独立のステータスを判断するとき考慮されるべき別の要素は，代理人が代表する法人の数である。コメンタリー38.7において示すように，独立のステータスは，代理人の活動が，事業の存続期間又は長期間にわたり全部又はほとんど全部，唯一の法人に代わって行われる場合にはありそうにない。しかしながら，この事実は，それだけでは決定的でない。代理人の企業家としての技能及び知識を有し，リスクを負担し自主的な事業によって報酬を受けとり，かつ通常の事業過程で多数の法人のために行動し，これらの法人のうちどの法人もその代理人の事業の主要な対象となっていない場合，法人が集まって代理人の事業を協力して支配する場合には独立性が存在することがある。」

すなわち，全ての事情を考慮して，独立代理人であるかを判定すべきといえよう。

3　改正点3－準備的，補足的活動のみに特例を適用することの厳格化

先にアマゾン事件をあげたが，アマゾンのように倉庫が事業運営において重要な部分を担っている場合には，外国に倉庫のみを有していてもPE課税がなされることもあろう。ただ，事例にもあげたが，製造委託会社に隣接している倉庫を借りて，部品をその製造委託会社に供給している場合で，それが製造委託会社の要請によるものであれば，租税回避の意図がないのにPE課税することになるので，問題があろう。

それと，このようなアマゾンに象徴するオンライン販売での巨大倉庫の出

現に対応しての PE 課税の是非について，旧態の事業形態で倉庫を所有し使用しているような場合には，要するに利益を分割して配分するに足る事業の場所に値しないようなものまでも PE 課税の対象としていくことは行き過ぎであるので，その棲み分けについては慎重に対処すべきであろう。

4　改正点 4 ー細分化防止規定の拡充

　BEPS 行動計画 7 の追加討議草案の［事例 4］では事務所と倉庫をそれぞれ別の PE を構成しているものとして認定課税を行うか，あるいは一緒にして一つの PE を構成するものとして認定課税を行うかについて，明確な提示がなされていない。それぞれの事業活動を結合的事業運営の部分である補完的機能を有しているものとみれば，統合して PE とみなすべきではないか。帰属的利益の算定では便宜的に一緒に算定すべきとの記述もみられる。

Ⅳ　我が国の法人税法における PE 課税に係る規定

1　国内法と租税条約との関係

　国内法と租税条約の内容が異なる場合には，憲法第 98 条を根拠規定として租税条約が優先される。ただし，国内法において国内法が優先とされている規定については国内法が優先される。また，租税条約に規定がなくて国内法にある場合には国内法に従うことになる。さらに国内法と租税条約の内容が同じであるが，国内法での解釈が明瞭でない場合には，OECD モデル租税条約のコメンタリーが解釈指針となる。

　そこで，我が国の非居住者及び外国法人（以下「非居住者等」とする。）の事業所得に対して，国内法と租税条約の PE の定義が異ならないのであれば，それぞれの事実認定にコメンタリーを当てはめて PE 課税を行うことになる。

2　我が国における PE 課税に係る規定

　我が国における PE 課税に係る規定は概ね次のように規定されている。

第8章　PE認定の人為的回避の防止　199

【外国法人に係る各事業年度の所得に対する法人税の課税標準】

○法人税法第141条

① 国内に支店，工場その他事業を行う一定の場所で政令で定めるもの

② 国内において建設，据付け，組立その他の作業又はその作業の指揮監督の役務の提供を1年を超えて行う者

③ 国内に自己のために契約を締結する権限のある者その他これに準ずる者（代理人等という。）で政令で定めるもの

【外国法人の有する支店その他事業を行う一定の場所】

○法人税法施行令第185条

法人税法第141条第1号に規定する政令で定める場所は，次に掲げる場所とする

① 支店，出張所その他の事業所若しくは事務所，工場又は倉庫（倉庫業者がその事業の用に供するものに限る。）

② 鉱山，採石場その他の天然資源を採取する場所

③ その他事業を行う一定の場所で前二号に掲げる場所に準ずるもの

2 次に掲げる場所は，前項の場所に含まれないものとする。

① 外国法人がその資産を購入する業務のためにのみ使用する一定の場所

② 外国法人がその資産を保管するためにのみ使用する一定の場所

③ 外国法人が広告，宣伝，情報の提供，市場調査，基礎的研究その他その事業の遂行にとって補助的な機能を有する事業上の活動を行うためにのみ使用する一定の場所

【外国法人の置く代理人等】

○法人税法施行令第186条

法第141条第3号（外国法人に係る法人税の課税標準）に規定する政令で定める者は，次の各号に掲げる者（その者が，事業に係る業務を，当該各号に規定する外国法人に対し独立して行い，かつ，通常の方法により行う場合における当該者を除く。）とする。

① 外国法人のために，その事業に関し契約（その外国人が資産を購入する

ための契約を除く。以下同じ。）を締結する権限を有し，かつ，これを常習
的に行使する者（その外国法人の事業と同一又は類似の事業を営み，かつ，そ
の事業の性質上欠くことができない必要に基づきその外国法人のために当該契約
の締結に係る業務を行う者を除く。）

② 外国法人のために，顧客の通常の要求に応ずる程度の数量の資産を保
管し，かつ，当該資産を顧客の要求に応じて引き渡す者

③ 専ら又は主として一の外国法人（その外国法人の主要な株主等その他その
外国法人と特殊の関係のある者を含む。）のために，常習的に，その事業に
関し契約を締結するための注文の取得，協議その他の行為のうちの重要
な部分をする者

3 平成30年度の税制改正大綱における PE 課税関係

平成30年度税制改正大綱によると，PE の範囲について次のような改正
が進められることになる。すなわち，BEPS 行動計画7と改正 OECD 租税
条約に合わせるための所要の措置が講じられることになる。

(1) 改正 OECD 租税条約第5条第5項に合わせて，代理人 PE について，
その範囲に，一方の締約国の非居住者と外国法人（以下「非居住者等」と
する。）が所有し，もしくは使用権を有する資産の所有権の移転もしく
は使用権の授与する業務を行う者が追加される。要するに認定代理人
PE の範囲が拡大し，コミッショネア契約による PE の認定回避を防止
するための措置である。また，同条約第5条第6項 a に合わせて，専ら
又は主として一又は二以上の自己と密接に関連する者に代わって行動す
る者は独立代理人とはならないとしている。密接に関連する独立代理人
は，非居住者等に対して独立して業務を行っているとはいえないためで
ある。独立代理人の範囲が狭められたことになる。ここでいう「密接に
関連する者」とは，その個人又は法人との間に直接，間接の持分割合
50％超の関係その他の支配・被支配の関係にある者をいうとしている。

(2) 同条約第5条第4項に合わせて，保管，展示，引渡しその他の特定の

活動を行うことのみを目的として使用する事業を行う一定の場所等は
PE に含まれないものとし，ただし，その活動が非居住者等の事業の遂
行にとって準備的又は補助的な機能を有するものである場合に限るとし
た。それゆえ非居住者等と密接に関連する者がその一定の場所等におい
て一体的な業務の一部として準備的，補助的機能を果たし，その密接に
関連する者にとっての PE に該当するのであれば，非居住者等の PE と
みなされる。

⑶　同条約第 5 条第 3 項に合わせて，いわゆる建設 PE の期間要件につい
て，契約を分割して建設工事等の期間を 1 年以下とすることにより建設
PE を構成しないことが，その契約の分割の主たる目的の一つであった
場合には，分割された期間を合計して判定を行うこととしている。

　　法人税法第 141 条第 1 項の支店等 PE と同条第 3 項の代理人 PE につ
いては法人税法施行令第 185 条，186 条でもって具体的にその内容を示
しているが，第 2 項の建設 PE については特に期間との問題であって，
その活動内容を詳述する必要がないことから施行令において規定されて
こなかったが，昨今において国際的にこの規定が拡大解釈される傾向が
あることからこの度の税制改正では施行令において明確化されよう。

⑷　同条約第 5 条第 3 項に合わせて，我が国の法人税法施行令第 186 条第
2 項の在庫保管代理人と第 3 項の注文取得代理人の規定を削除すること
になる。

⑸　租税条約の PE の定義と国内法上の PE の定義が異なる場合には，租
税法上の適用を受ける非居住者等においては，その租税条約上の PE を
国内法上の PE とするとしている。我が国においては国内法よりも租税
条約が優先適用されることは憲法第 98 条からも保障されており，その
具体的な現れとしては法人税法第 139 条では租税条約と異なる定めがあ
る場合の国内源泉所得について，租税条約による定めの優先適用を規定
している。

お わ り に

BEPS 行動計画 7 の追加討議草案では帰属利益の算定方法の記述はみられるが，数額を用いての事例でないことから，必ずしも納税者にとって有益とはいえない。我が国は 2017 年 6 月に「税源浸食及び利益移転を防止するための租税条約関連措置を実施するための多国間条約」に署名しており，そのなかに改正 OECD モデル租税条約第 5 条第 4 項，5 項も含まれているので，我が国の 2 国間租税条約では，順次見直しがなされていくことになるのであるが，相手国とで帰属利益の算定方法が異なれば，二重課税の恐れもあり，早急に帰属利益の算定方法の具体的事例を示して，統一化を進めるべきである。

平成 30 年度の税制改正により，PE 課税のところでは改正 OECD モデル租税条約に合わせて見直しが進められて行くことになる。しかし，個々の事実認定からの PE 課税においては改正 OECD モデル租税条約のコメンタリーに負うところが多いであろうから，行動計画 7 追加討議草案に載せられているような事例が充実していくことが望まれる。それでも追加討議草案には数額が示されておらず，具体的な適用が可能かというと疑問といえよう。

ただ，PE 課税による租税回避の防止といっても，非居住地国と我が国の税率を比較して，我が国の税率が高ければ我が国に PE を組成しようという誘因は低いであろうから，そのような場合にまで規定を拡大解釈して PE 課税をするという姿勢は慎むべきといえよう。

【参考文献】

本庄資訳「恒久的施設認定の人為的回避の防止行動 7 - 2015 年最終報告書」『租税研究』360〜395 頁　2017 年 2 月号

OECD "Preventing the Artificial Avoidance of Permanent Establishments Status, Action 7-2015 Final Report"　15 May 2015

OECD "BEPS Action 7 Additional Guidance on Attribution of Profits to Permanent Establishments" 22 June-15 September 2017

山本武「恒久的施設に係る課税問題について－実務面を中心に－」『租税研究』289～312頁 2013年3月号

田中琢二・青山慶二「BEPS行動計画について」『租税研究』5～28頁 2016年2月号

日本経済団体連合会「OECD租税委員会御中 BEPS行動7 (PE認定の人為的回避の防止) に係わる公開討議草案に対する意見」2015年1月6日

PWC「OECD・BEPS行動7 PE帰属所得に関する討議草案を公表」28 July 2017 (www.pwc.com/jp/tax)

「税源浸食と利益移転（BEPS）」対策税制

第9章 「行動計画4」（利子控除・その他の金融支払いに係る税源浸食の制限）

法政大学教授 菊谷 正人

I は じ め に

　利子控除およびその他の金融支払いに係る税源浸食の制限（Limiting Base Erosion Involving Interest Deductions and Other Financial Payments）を目論む「行動計画4」は，各国間の税制の隙間を利用した租税回避に対抗するために各国租税制度の「国際的一貫性」を確立するための行動計画であり，過大支払利子の控除制限に関する税務処理を策定している。過大支払利子の控除制限に係る「行動計画4」に関しては，わが国では，「過少資本対策税制」を補完し，過大支払利子による租税回避を防止する目的で「関連者等に係る支払利子等の損金不算入制度」（以下，「過大支払利子対策税制」ともいう）が平成24年度（2012年度）税制改正により導入されている。ただし，「行動計画4」とは異なる規定も存在するので，今後，法改正を含めた検討が予定されている。

　本章では，OECDの「行動計画4」の具体的内容を概観した上で，わが国でも平成24年度の税制改正により新たに導入された「過大支払利子対策税

制」との類似点・相違点を比較・分析することにする。

Ⅱ 「行動計画4」の目的

　支払利子を利用した租税回避行為を防止する措置として，(a)過大な利率を制限する「移転価格税制」，(b)自己資本に対して過大な負債の利子を損金不算入とする「過少資本対策税制」，(c)所得金額に比して過大な支払利子を損金不算入とする「過大支払利子制限税制」が考案・適用されている。

　移転価格（transfer price）は企業集団内部間の人為的な価格であるので，関連会社間の取引における移転価格は，国際税務戦略上，できる限り低率課税国に所得がシフトするように設定される。つまり，企業集団内部間における取引価格を操作することによって，不当に所得を圧縮し，恣意的に法人税を過小申告することができる。たとえば，タックス・ヘイブンに金融子会社を設置し，高い利子率で親会社に貸し付ければ，親会社が支払った支払利子は損金算入でき，タックス・ヘイブンの子会社が受け取った受取利子は非課税または低率課税のままに止まり，合法的に国際的租税回避を達成することができる。「移転価格税制」は，主観的な移転価格を利用した租税回避の対抗措置として，独立当事者間取引において決定される独立企業間価格（arm's length price）と移転価格との差額を損金の額に算入しない税制である[1]。わが国においても，租税特別措置法第66条の4第3項により，昭和61年（1986年）4月1日に開始する事業年度から国外関連者との国外関連取引に独立企業間価格を採用し，国外関連取引の対価（移転価格）が独立企業間価格と異なる場合，独立企業間価格で国外関連取引が行われたものとみなされ，当該差額は損金不算入項目として所得の額に加算されることになった。企業集団内部間で利子率を操作することによって，過大な支払利子を損金算入することができるが，「移転価格税制」により適正な利子率に制限すれば，租

---

(1)　菊谷正人『多国籍企業会計論』創成社，1997年，306～307頁。

第9章 「行動計画4」（利子控除・その他の金融支払いに係る税源浸食の制限）　207

税回避は遮断できる。

　子会社への貸付金が出資金に比べて不合理に過大となっている場合，過少資本（thin capital）における貸付金を資本とみなし，過剰な支払利子の損金算入性（deductibility of excess interest）を制限する「過少資本対策税制」が米国で1989年に導入され，二国間にまたがる企業内金融（inter‐firm finance）による国際租税回避を防ぐために，負債金額が自己資本金額の3倍を超える場合には，過少資本として当該超過額に対応する支払利子の損金算入が否認された。わが国では，過少資本による国際租税回避を防止する「過少資本対策税制」は平成4年（1992年）に租税特別措置法第66条の5において創設されている[2]。外資系内国法人等が国外支配株主等に負債の利子を支払う場合，国外支配株主等に対する負債に係る平均負債残高が国外支配株主等の保有する自己資本持分の3倍を超過するならば，国外支配株主等に支払う利子の額のうち，当該超過額に対応する支払利子は損金不算入となる。ただし，負債総額の平均残高が自己資本の額の3倍以下となる場合には，損金算入が認められる（措法66の5①）。

　このように，従前には，多国籍企業の過少資本による支払利子の損金算入を利用した租税回避行為に対しては，「過少資本対策税制」により対処されてきたが，国外関連者に所得の大半を利子の形態で支払うことによる過大支払利子を利用した国際的租税回避行為が横行してきていた。わが国では，平成24年度（2012年度）の税制改正において，他国（特に主要先進国）の事例等を参照しながら，所得の50％を超過する関連者への利子支払いについては損金不算入とする「過大支払利子対策税制」が導入されている。過大支払利子制限税制では，資金需要がないのに過度に資金調達を行い，支払利子を損金算入することによって意図的に所得を縮減する税務処理を防止する目的で導入されているので，所得金額が判断基準となっている。「行動計画4」は，上記(c)に関するOECD/G20の最終的見解である。

---

(2)　前掲注（1），315〜317頁。

「行動計画 4」においては，借入金の支払利子には人為的操作が可能かつ容易であり，借入金を多くすれば多額の支払利子を損金経理でき，所得を圧縮することができるため，利子控除制限に関する議論が行われた。つまり，支払利子の過大な損金算入は広く実務化されている税務処理であるので，借入金を過大にして支払利子を増加させることにより損金を増やし所得を減らす租税回避スキームに対して，「行動計画 4」は利子控除制限ルールを提案している。このような対応は，利子控除を利用した租税回避に関する欧米諸国の強い問題意識の表れであったが，その前提として，欧米諸国ではクロスボーダーの利払いが居住地国で非課税であり，利子控除を利用した租税回避が生じ易い環境にあることも一因であると推測される[3]。

前述のように，支払利子には人為的操作が最も行い易いとみなされ，BEPS に関する主要課題の一つとして「行動計画 4」において利子控除制限に関して議論された。ただし，各国の立場の相違により，このような議論が BEPS を防止するためか，BEPS を超えた何らかの政策的意図を持ったものであるかは異なる。各国には，そもそも利子控除に対して懐疑的な見方を示す国，利子控除制限を行うことによって税収を増加させようと考える国等もあり，低い固定比率でのみ控除を認めるという議論の流れとなった。最終的には，日本の意見を踏まえて，10% から 30% の一定幅を持たせた「基準固定比率」を超過する部分については，損金算入を制限するという合意が得られた[4]。

「行動計画 4」（para.1）は，利子費用（interest expense）を利用した BEPS，たとえば，過大利子控除（excessive interest deduction）を達成するために，または免除所得・繰延所得（exempt or deferred income）を得る資金調達を行うために，関連者・第三者負債（related-party and third-party debt）および経

---

(3) 財務省主税局参事官室「BEPS プロジェクトの概要」『国際税務』第 36 巻第 2 号，2016 年，113 頁。
(4) 田中琢二「BEPS 報告書とその背景・概要・展望」『国際税務』第 36 巻第 2 号，2016 年，29 頁。

第 9 章 「行動計画 4」（利子控除・その他の金融支払いに係る税源浸食の制限）　209

済的に利子支払いに相当する他の金融支払いを利用した BEPS を防止するためのルールを勧告している。

　その際，多国籍企業グループ（multinational groups）の BEPS 行動としては，企業集団全体における負債金額の調整，企業集団の集団内金融（intragroup financing）を通じた利子控除制限の回避等が考えられる。つまり，多国籍企業集団による BEPS リスクは基本的に次のケースから生じるので，それに見合った対抗措置が必要である（「行動計画 4」p. 11）。

　(1)　高税率国の第三者負債の水準を高くする。
　(2)　企業集団の現実の第三者利子費用を超過する利子控除を生じさせるために企業集団内ローンを利用する。
　(3)　免税所得を生じるための借入金として第三者金融または企業集団内金融を利用する。

「行動計画 4」では，過大支払利子から生じる税源浸食を防止するために，利子費用の利用を通じた BEPS リスクに対応できるベスト・プラクティスのルールが設計・勧告された。勧告されたアプローチによれば，事業体の利子および経済的に利子に相当する金融支払いに係る控除額は，当期所得に支払利子・減価償却費等を加算した「利払前・税引前・減価償却前利益」（earnings before interest, taxes, depreciation and amortisation：以下，EBITDA と略す）に一定比率を乗じた金額に制限された。つまり，固定比率ルール（fixed ratio rule）に基づく「利子控除制限ルール」が採択され，10％ から 30％ の一定幅を持たせた「基準固定比率」を超過する部分については，損金算入が否認されている（「行動計画 4」p. 11）。

Ⅲ　「行動計画 4」の概要

1　適用対象者の範囲

　BEPS リスクは，グループ内，グループ外関連者[5]および第三者との人為的操作による借入金の支払利子に起因する。「利子控除制限ルール」が適用

される適用対象者は，次のような三種類の事業体（entities）に分類される（「行動計画4」para. 43）。

① 多国籍グループの一部である事業体

② 国内グループ（domestic group）の一部である事業体

③ グループの一部でない独立営業の事業体（standalone entities）

上記①の事業体では，BEPS リスクはインバウンド投資・アウトバウンド投資の双方で生じるので，「固定比率ルール」は多国籍企業の一部であるすべての事業体に適用されるべきである。グループが特定の国に複数の事業体を有する場合には，各事業体の状態ごとに，または同一国内のすべてのグループ事業体（国内グループ）全体の状態ごとに「固定比率ルール」と「グループ比率ルール」（group ratio rule）を適用することができる（「行動計画4」paras. 44 and 47）。

すべての営業を単一国内で行う「②国内グループの事業体」に対しても，国内グループと多国籍グループとの間の競争問題の回避，資金調達方法として持分（自己資本）より負債を有利に扱う一般的な租税バイアスの減少，納税者の平等な取扱いに関する憲法上の義務の遵守等を適えるために，「固定比率ルール」を適用することは適切である。国内グループの一部である事業体に「固定比率ルール」と「グループ比率ルール」を適用する場合，個々の事業体ごとまたは国内グループ全体のいずれかに適用することができる（「行動計画4」paras. 49〜50）。

最後の「③独立営業の事業体」は，グループの一部でない事業体であり，

---

(5) 「行動計画4」（para. 176）でいう関連者（related parties）とは，グループの一部ではないが，重要な関係の存する個人または事業体に関連し，次の条件のいずれかに該当する個人または事業体である。

　(イ) 第一の者が当該者に第二の者の実効支配（effective control）を与える投資を有するか，または第三者に両者に対する実効支配を与える投資を保有する第三者が存在する。

　(ロ) 第一の者が第二の者に 25% 以上の投資を保有しているか，または両者に 25% 以上の投資を保有する第三者が存在する。

　(ハ) 関連企業（associated enterprises）とみなされる。

第 9 章　「行動計画 4」（利子控除・その他の金融支払いに係る税源浸食の制限）　211

共通の支配下に他の事業体がない場合，個人によって所有される小事業体であるため，事業体の小規模と関連者の不在により利子による BEPS リスクはかなり低いが，同一の投資家の支配下に多数の事業体がある場合，信託またはパートナーシップに係る複雑な持株構造により保有される大きい事業体である場合には，BEPS リスクの水準はグループの BEPS リスクの水準と類似する。独立営業の事業体に「固定比率ルール」を適用する場合には，グループの事業体と独立営業の事業体のリスクの差異を認識し，独立営業の事業体のリスクには異なるルールを用いることができる（「行動計画 4」paras. 49〜50）。

　「行動計画 4」は，利子控除制限ルールの適用対象者の範囲を限定し，それぞれに「固定比率ルール」と「グループ比率ルール」の選定を指定している。

2　利子費用の範囲

　利子費用を利用する税源浸食に対処するためには，利子費用の範囲を限定する必要があるが，(1)すべての形態の負債に係る利子，(2)経済的に利子に相当する支払いおよび(3)資金調達に関する費用に適用され，次のような項目が例示列挙されている（「行動計画 4」para. 36）。

　(a)　利益参加ローンによる支払い

　(b)　転換社債・ゼロクーポン債等の証券に係る帰属利子（imputed interest）

　(c)　代替的資金調達アレンジメント（たとえばイスラム金融）に基づく金額

　(d)　ファイナンス・リース支払いの金融コスト

　(e)　関連資産に資産化された利子（capitalised interest）または資産化利子の償却

　(f)　移転価格税制に基づく資金のリターンを参照して算定される金額

　(g)　派生金融商品（derivative instruments）または事業体の借入に関連す

るヘッジング・アレンジメントに基づく想定利子（notional interest）

（h）　資金調達アレンジメントに基づく保証料

（i）　資金借入に係るアレンジメント・フィーおよび類似コスト

ただし，次のような項目は利子ではなく，経済的に利子に相当せず，または資金調達に関連して生じたものではないので，その支払いには適用されない（「行動計画4」para. 39）。

（j）　資金調達と関連のない通貨に係る外国為替損益

（k）　借入に関連しないデリバティブ証券またはヘッジング・アレンジメント（たとえばコモディティ・デリバティブ）に基づく金額

（l）　借入に関連しない引当金に係る割引

（m）　オペレーティング・リースの支払い

（n）　使用料

（o）　確定給付年金に係る経過利子

なお，一般的利子控除制限ルール（general interest limitation rules）においては，事業体の借入に生じる利子について，事業体が受け取る利子所得（interest income）と相殺した純利子費用（net interest expense）を適用するのか，利子所得と相殺しない総利子費用（gross interest expense）を適用するのかという問題に遭遇する。

総利子費用の適用は簡単であるが，事業体がその利子所得全部に課税され，その総利子費用の一部が否認される場合には，二重課税（double taxation）が生じることになる。純利子費用を適用すれば，利子控除制限が適用される前に事業体の利子所得は利子費用と相殺されるので，二重課税リスクは減るであろう。また，事業体が第三者負債を負った場合，当該事業体がその総利子費用の一部の否認を受けずにグループ内で借入金を転貸することができる。したがって，勧告される一般的利子控除制限ルールは，利子所得を相殺した後，第三者・関連者・グループ内に支払われた純利子費用に適用される（「行動計画4」paras. 60〜62）。

第9章 「行動計画4」（利子控除・その他の金融支払いに係る税源浸食の制限） 213

3 固定比率ルール

　利子控除額の算定のために使用される利益（所得）については，「利払前・税引前・減価償却前利益」（EBITDA）と「利払前・税引前利益」（earnings before interest and taxes:以下，EBIT）の双方がオプションとなり得る。ただし，EBITDA が利益ベース・テスト（earnings-based tests）を有する国により用いられる利益（所得）の最も共通の尺度（the most common measure）である。二つの主な現金以外のコスト（有形固定資産の減価償却および無形固定資産の償却）を除外することによって，EBITDA は，事業体がその利子支払義務を履行できる能力の指針であり，また，事業体が合理的にどのくらいの利子費用を負担する余裕があるかを判断するときに用いる利益の尺度でもある。（「行動計画4」para.78）。

　したがって，「固定比率ルール」に EBITDA を用いて測定することが勧告されているが，国によってはベスト・プラクティスとして EBIT を用いて利益を測定する「固定比率ルール」を適用することができる（「行動計画4」para.82）。

　第三者，関連者およびグループ事業体に支払われる利子は，EBITDA の一定比率まで控除され，この固定比率を超える利子は否認される（「行動計画4」para.85）。この固定比率ルールでは，異なるセクターで営業するグループには異なるレバレッジ金額が必要であり，セクター内でさえグループが税以外の理由で異なる資金調達を採用するであろうという事実を考慮していないが，固定比率ルールの重要な長所としては，法人による適用と税務当局による執行が比較的簡単であるということである（「行動計画4」para.86）。固定比率ルールに基づく利子費用否認の金額は，次のような手続きに従って計算される（「行動計画4」paras.88〜92）。

　(1) EBITDA の適切な計算

　(2) 控除可能な利子費用限度額（maximum deductible interest expense）を算定するための EBITDA に対する法定ベンチマーク固定比率の適用

　(3) 租税目的上容認される控除可能な利子費用限度額と事業体の現実の純

利子費用（actual net interest expense）との比較

ベンチマーク固定比率を設定するに際しては，ポジティブ（黒字の）EBITDA を有する上場多国籍グループの純第三者利子費用に相当する金額を控除することができる比率が参考にされている。OECD は，下記のように 2009 年から 2010 年までの期間にわたる平均数値に基づく比率を算出した（「行動計画 4」para. 96）。

(イ)　10% のベンチマーク固定比率では，これらのグループの 62% は原則として純第三者利子費用の全部を控除することができる。

(ロ)　20% のベンチマーク固定比率では，これらのグループの 78% は原則として純第三者利子費用の全部を控除することができる。

(ハ)　30% のベンチマーク固定比率では，これらのグループの 87% は原則として純第三者利子費用の全部を控除することができる。

(ニ)　40% のベンチマーク固定比率では，これらのグループの 91% は原則として純第三者利子費用の全部を控除することができる。

(ホ)　50% のベンチマーク固定比率では，これらのグループの 93% は原則として純第三者利子費用の全部を控除することができる。

ベンチマーク固定比率が 30% を超えるや否やその純利子の全部を控除することができる比率がゆっくり増加する。ただし，このレベルで，純第三者利子費用を超えて純利子費用控除を請求するためにグループ内負債の水準を増加するインセンティブを持つかもしれない。ポジティブ EBITDA を有する多国籍グループの約半分の純第三者利子/EBITDA 比率は 5% 以下である。したがって，30% のベンチマーク固定比率でグループ内負債の利用に障害がないと仮定した場合，このグループが現実の純第三者利子費用の 6 倍まで控除することができるリスクがある。このリスクは，ベンチマーク固定比率がこの水準を超えて設定される場合に増加する。このような分析に基づいて，大部分のグループが純第三者利子費用を控除し，グループがこの金額を超えて控除することを制限するという目標の均衡をとるためには，「純第三者利子/EBITDA 比率」に基づく固定比率ルールを適用する場合，そのベンチマ

第 9 章　「行動計画 4」（利子控除・その他の金融支払いに係る税源浸食の制限）　215

ーク固定比率を 10% から 30% の範囲内で設定することが勧告された（「行
動計画 4」para. 97）。

　現実の純利子費用が EBITDA にベンチマーク固定比率（10% から 30% の
範囲内）で乗じた控除可能な利子費用の限度額を超える場合，その超える利
子費用の控除は否認される。たとえば，固定比率ルールに基づく「純第三者
利子/EBITDA 比率」を 15% と設定した場合の利子費用否認の金額の計算
例として，表 1 が示されている（「行動計画 4」para. 242）。

表 1　固定比率ルール（純第三者利子/EBITDA 比率：15%）

（単位：百万米ドル）

諸　　項　　目	単　体　課　税		グループ課税	
	A₁ 社	A₂ 社	合計	A₁ 社＋A₂ 社
固定比率ルール適用前課税所得	70	10	80	80
＋純利子費用	＋10	＋50	＋60	＋60
＋減価償却・償却	＋20	＋40	＋60	＋60
＝租税上の EBITDA	＝100	＝100	＝200	＝200
×ベンチマーク固定比率	×15%	×15%	—	×15%
＝控除限度額	＝15	＝15	—	＝30
否認される利子費用	0	35	35	30

　出典：OECD〔2015〕para. 242 一部加筆修正

　国によっては法的措置や経済状況が異なるので，ベンチマーク固定比率を
設定する際には，次のような事情が考慮されるべきである（「行動計画 4」
para. 99）。

(1)　グループ比率ルールとの組合せで運用するのではなく，単独で固定比
　　率ルールを運用する場合には，高い方のベンチマーク固定比率を適用す
　　ることができる。

(2)　未使用利子の繰越しまたは否認された利子費用の繰戻しが容認されて

いない場合には，高い方のベンチマーク固定比率を適用することができる。

(3) BEPS リスクに個別に対処する他の目標ルールを採択する場合には，高い方のベンチマーク固定比率を適用することができる。

(4) 当該利率が他国の利率より高い場合には，高い方のベンチマーク固定比率を適用することができる。

(5) これらの事業体のリスク水準が相違していても，憲法上または他の法律上の理由（たとえば EU 法要件）を採択する場合には，高い方のベンチマーク固定比率を適用することができる。

(6) 事業体のグループの規模に従って異なる固定比率を適用することができる。

「行動計画 4」は，利子控除額を算定するためのベンチマーク比率を勧告する一方で，各国の法的・経済的事情を配慮した比率の採用も容認している。

4　グループ比率ルール

グループが租税以外の理由のために第三者負債（third party debt）で高度のレバレッジを行うので，「行動計画 4」では，「固定比率ルール」を補完するオプションとして「グループ比率ルール」が提案され，事業体の純利子費用が一国の固定比率を超える場合，当該事業体がその世界的規模グループの純利子/EBITDA 比率の水準まで利子の控除が容認されている（「行動計画 4」p.11）。

「グループ比率ルール」に基づいて控除することができる純利子費用の金額は，次のような二段階で算定される（「行動計画 4」para. 129）。

(1) グループの純第三者利子/EBITDA 比率の算定

　　　　グループ純第三者利子費用/グループ EBITDA ＝ グループ比率

(2) グループ比率の事業体の EBITDA への適用

　　　　グループ比率×事業体 EBITDA ＝ 純利子控除の限度額

「グループ比率ルール」をオプションとして適用する場合における第一段

第 9 章　「行動計画 4」（利子控除・その他の金融支払いに係る税源浸食の制限）　217

階は，グループの連結財務諸表（consolidated financial statements）から得られる情報に基づいて世界的規模グループの純第三者利子/EBITDA 比率を計算することである。その際，グループの連結財務諸表の数字に基づくべきであるが，グループの連結財務諸表の数字を調整せずに使用するのではなく，事業体は特定の支払いを算入または除外する調整を行う必要がある。たとえば，事業体が純第三者利子費用の算定に当たり要求される調整には，経済的に利子に相当しない支払いの除去（たとえば，配当所得，金融商品の処分に係る損益，金融商品の公正価値評価による損益，現実の利子の支払いを含まない想定利子の金額），借入費用の資産化利子の追加，異なる所得または費用として認識される利子所得または費用の追加（たとえば，グロス収入に含まれる利子所得または売上原価等）が含まれる（「行動計画 4」paras. 130 and 134）。

　グループの純第三者利子費用と EBITDA が確定すると，第二段階では，グループの純第三者利子/EBITDA 比率を計算する。この比率は，「グループ比率ルール」の下で請求される純利子控除に係る限度額を算定するために，グループ内の個別の事業体の EBITDA に適用される（「行動計画 4」para. 143）。すなわち，グループ全体の支払利子に係る「グループ比率ルール」は，「単体企業の EBITDA ×グループ比率（＝グループ全体の純支払利子／グループ全体の EBITDA）」で計算される。

　グループ全体の EBITDA 比率が個別の事業体の基準固定比率と比較して高い場合には，当該事業体の利子の損金算入については当該企業全体の比率に至るまでは損金算入を認める。つまり，「グループ比率ルール」では，企業グループ全体の純支払利子/グループ EBITDA 比率に達するまでは，利子の損金算入を容認する。

　図 1 では，原則として採用される「固定比率ルール」およびオプションとして適用できる「グループ比率ルール」による利子控除制限が示されている。

　BEPS リスクに対応する目的を遂行するためには，グループ全体から所得移転の可能性のない第三者に支払われた利子費用に着目するべきであり，その点において「グループ比率ルール」は理論的に正しい。ただし，「グルー

図1　固定比率ルールとグループ比率ルールによる利子控除制限

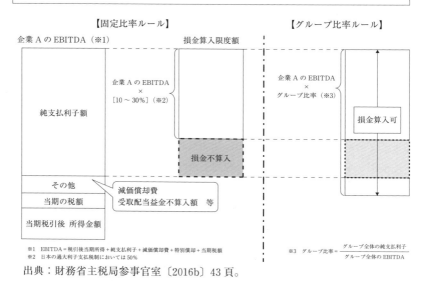

出典：財務省主税局参事官室〔2016b〕43頁。

プ比率ルール」を適用するためにはグループ全体の第三者に対する支払利子の額を正確に算出する必要があり，執行上の困難性が伴う。

　また，現実に「グループ比率ルール」を採択している国が存在しない上，「固定比率ルール」における基準固定比率をより低く設定しない限り，「グループ比率ルール」を導入する理由が薄弱であることから，「グループ比率ルール」は「固定比率ルール」を補完するオプションとして位置付けられている[6]。

5 繰越し・繰戻しルール

利子費用の永久的否認（permanent disallowance）は，グループにとって長期プラニングを困難にする一定水準の不確実性（uncertainty）をもたらし，これに対応する利子所得に貸主が課税されるならば，二重課税を生じさせる。したがって，事業体が否認された利子費用または未使用利子キャパシティ（unused interest capacity）の繰越しまたは繰戻し（carry forward or carry back）が容認されるべきであろう。国としては，次のような税務処理の規定が選択されるかもしれない（「行動計画4」paras.159〜161）。

① 否認された利子費用のみの繰越し

② 否認された利子費用と未使用利子キャパシティの繰越し

③ 否認された利子費用の繰越しと繰戻し

これらの規定に基づいて繰越しまたは繰戻しを行った事業体の否認された利子費用は，一般に，固定比率ルールおよびグループ比率に基づき認められる金額を超える控除可能な純利子費用である。事業体が未使用利子キャパシティを繰り越す場合，事業体の純利子費用が固定比率利用のみに基づいて認められる金額を下回る金額に限定される。ただし，未使用利子キャパシティをグループ比率ルールに基づいて認められる水準に繰り越すことが容認されている（「行動計画4」paras. 162〜163）。

繰越しまたは繰戻しが認められる場合には，期間または価値について制限を設けることができる。繰越しおよび繰戻しに係る制限には，国は次のように定めるべきである（「行動計画4」para. 165）。

(a) 否認された利子費用または未使用利子キャパシティが繰り越され，あるいは否認された利子費用が繰り戻される年数を制限する。

(b) 繰越しの価値を期間の経過で（たとえば，毎年度10%）減らす。

(c) 繰越しまたは繰戻しの価値に一定金額の限度を設ける。

(d) 単年度に用いる繰越しまたは繰戻しの金額を制限する。

---

(6) 財務省主税局参事官室「BEPSプロジェクトの各行動計画の概要①」『国際税務』第36巻第3号，2016年，42〜43頁。

(e)　損失の繰越しと同様に，一定の状況で繰越しをゼロにリセットする。

「行動計画4」は，利子控除額に制限を加える一方で，その利子控除額の繰越し・繰戻しの設定も提案している。

Ⅳ　わが国における過大支払利子対策税制の概要

1　過大支払利子の損金不算入額の計算

　前述したように，わが国においても，支払利子の控除制限税制に係る「行動計画4」に関しては，ある程度の歯止めを過大支払利子にかけてきた。過大支払利子制限税制は，「過少資本対策税制」を補完し，過大支払利子による租税回避を防止する目的で平成24年度税制改正により導入されている。

　租税特別措置法第66条の5の2第1項において，平成25年（2013年）4月1日以後に開始する各事業年度に関連者支払利子等の額がある場合，「関連者純支払利子等の額」が「調整所得金額」の50％相当額を超えるときは，その超える部分の金額は「損金の額」に算入しないことになっている。

　ここに「関連者純支払利子等の額」とは，当該事業年度における関連者への支払利子等の額からこれに対応する当該事業年度の受取利子等の額（控除対象受取利子等合計額）を控除した残額をいう（措令39の13の2②）。

　　　　　関連者純支払利子等の額＝関連者支払利子等の額−控除対象受取利子
　　　　　　　　　　　　　　　　　　　　　　　　　　　　　　　　等の額

「調整所得金額」とは，当期所得に減価償却費・受取配当益金不算入額・関連者への純支払利子等の額を加算した所得金額であり（措令39の13の2①），「行動計画4」でいうEBITDAに相当する。

　　　　　調整所得金額＝当期の所得金額＋減価償却費等＋関連者純支払利子等
　　　　　　　　　　　　　　　　　　　　　　　　　　　　　　　　の額

　法人の各事業年度の「関連者への純支払利子等の額」が「調整所得金額」の50％を超える場合，その超える部分の金額は，当該事業年度の所得の金

第9章 「行動計画4」(利子控除・その他の金融支払いに係る税源浸食の制限)　221

額の計算上，損金の額に算入されない。したがって，損金不算入となる「過大支払利子」の金額は，下記の算式により算定される。

　　　　過大支払利子＝関連者純支払利子等の額－調整所得金額×50％

図2では，損金不算入となる過大支払利子の算定プロセスが図示され，その後に，その具体的数値例が示されている。

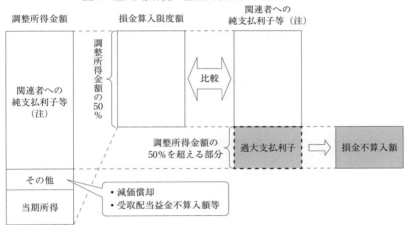

出典：財務省「過大支払利子税制の仕組み」
　　　http://www.mof.go.jp/tax_policy/summary/international/336.htm

ケース1：所得金額3,000，減価償却費等500，関連者純支払利子等2,000
　　費用否認額＝2,000－(3,000＋500＋2,000)×50％＝△750　∴否認額なし

ケース2：所得金額1,000，減価償却費等500，関連者純支払利子等2,000
　　費用否認額＝2,000－(1,000＋500＋2,000)×50％＝250　∴250否認

ケース3：所得金額△1,000，減価償却費等500，関連者純支払利子等2,000
　　費用否認額＝2,000－(△1,000＋500＋2,000)×50％＝1,250　∴1,250否認

なお，関連者への純支払利子額が 1,000 万円以下である場合，関連者への支払利子等の額の合計額が総支払利子等の額（関連者に対する支払利子等で，その支払いを受ける関連者においてわが国の法人税の課税所得に算入されるもの等は除く）の 50% 以下である場合においては，適用除外の特例が認められている。この適用除外の特例を受ける場合には，確定申告書にその旨を記載した書面および計算書類を添付し，かつ，その計算書類を保存しておく必要がある（措法 66 の 5 の 2⑥）。

2　関連者等および関連者支払利子等の範囲

過大支払利子制限税制度は，関連者間の支払利子を利用した租税回避スキームの防止を目的としているので，移転価格税制・過少資本税制と同様に，一定の関連者等に対する支払利子のみが制度の対象となる。ここでいう関連者とは，直接・間接の持分割合 50% 以上または実質支配・被支配関係にある者およびこれらの者による債務保証・資金供与等を受けた第三者等をいい，法人のほか個人も含まれる。つまり，過大支払利子制限税制度における関連者等は，次のような者に限定される（措法 66 条の 5 の 2②）。

(1)　直接・間接の持分割合が 50% 以上の親法人・子法人（個人についても，以下と同様の関係にある個人が関連者となる）

　　(a)　二の法人のいずれか一方の法人が他の法人の発行済株式などの総数または総額の 50% 以上の数または金額の株式等を直接または間接に保有する関係を有する法人

　　(b)　二の法人が同一の者によってそれぞれの発行済株式等の総数または総額の 50% 以上の数または金額の株式等を直接または間接に保有される場合における当該二の法人の関係を有する法人

(2)　役員等の兼務，取引関係，資金調達等を通じた実質支配・被支配の関係にある法人

(3)　一定の第三者

　　(a)　法人に係る関連者が第三者を通じてその法人に対して資金を供与

第9章　「行動計画4」（利子控除・その他の金融支払いに係る税源浸食の制限）　223

したと認められる場合におけるその第三者

(b)　法人に係る関連者が第三者に対してその法人の債務の保証をすることにより，その第三者がその法人に対して資金を供与したと認められる場合におけるその第三者

(c)　法人に係る関連者からその法人に貸し付けられた債券が，他の第三者に担保として提供され，債券現先取引で譲渡され，または現金担保付債券貸借取引で貸し付けられることにより，当該他の第三者がその法人に対して資金を供与したと認められる場合におけるその第三者および他の第三者

さらに，「関連者支払利子等の額」とは，関連者等に対する支払利子等であり，そのうち関連者等の課税対象所得に含まれないものをいう（措法66の5の2②）。その支払利子等の額は，下記の負債の利子・費用等を含み，除外対象特定債券現先取引等に係る利子を除いた金額をいう。

（イ）　負債の利子およびこれに準ずるもの

①　負債の利子

②　手形の割引料

③　売買として扱われるリース取引の対価の額（1,000万円未満のものを除く）に含まれる利息相当額

④　アンダーパー発行による社債の償還差損等

⑤　短期の前払利息，原価算入支払利子，預り金利子，金融機関の預金利息，給付補填備金繰入額

⑥　上記のほか，経済的な性質が支払う利子に準ずるもの

（ロ）　その他の費用または損失

①　法人が関連者に支払う債務の保証料（関連者が第三者に対して法人の債務の保証をすることにより，その第三者が法人に対して資金を供与したと認められる場合）

②　法人が関連者に支払う債券の使用料，債務の保証料，または第三者に支払う債券の使用料（関連者から法人に貸し付けられた債券（関連者が

法人の債務の保証をすることにより，第三者から法人に貸し付けられた債券を含みます。）が，他の第三者に，担保として提供され，債券現先取引で譲渡され，または現金担保付債券貸借取引で貸し付けられることにより，他の第三者が法人に対して資金を供与したと認められる場合）

③ 償還有価証券に係る調整差損

3 翌事業年度以後における超過利子額の損金算入

さらに，租税特別措置法第66条の5の3第1項の規定により，各事業年度開始の日前7年以内に開始した事業年度において，「関連者等に係る支払利子等の損金不算入制度」（措法66の5の2）により損金の額に算入されなかった金額（超過利子額という）がある場合には，その超過利子額（本制度に係る超過利子額と外国子会社合算税制による損金算入額を除く）に相当する金額は，調整所得金額の50％相当額から「関連者純支払利子等の額」を控除した残額相当額を限度として超過利子額（損金不算入額の繰越額）の損金算入が認められている。

図3では，過年度から繰り越された損金不算入額（超過利子額）の損金算入化における計算構造が示されている。

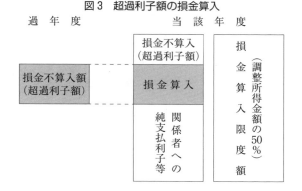

図3 超過利子額の損金算入

第 9 章 「行動計画 4」（利子控除・その他の金融支払いに係る税源浸食の制限）　225

　わが国における「過大支払利子対策税制」では，法人の各事業年度の関連者純支払利子等の額が調整所得金額（EBITDA）の 50％ を超える場合には，その超える部分の過大支払利子金額は，当該事業年度の所得の金額の計算上，損金不算入として処理され，翌事業年度以後 7 年間にわたり繰り越して一定の限度額まで超過利子額の損金算入が容認されている。

Ⅴ　わが国税制の対応－むすびに代えて－

　「行動計画 4」に係る支払利子の控除制限に関しては，わが国でも，ある程度の制限を講じてきた。「関連者等に係る支払利子等の損金不算入制度」が，「過少資本対策税制」を補完し，過大支払利子による租税回避を防止する目的で平成 24 年度税制改正により「過大支払利子対策税制」として創設されている。

　ただし，「過大支払利子対策税制」により算定された損金不算入額が「過少資本対策税制」により算定される損金不算入額以下となる場合には，「過大支払利子対策税制」の規定は適用されない（措法 66 の 5 の 2⑦，措令 39 の 13⑰）。反対に，「過少資本対策税制」により計算された金額が「過大支払利子対策税制」により計算される金額を下回る場合には，「過少資本対策税制」は適用されない（措法 66 の 5④・⑩，措令 39 の 13⑪・㉛）。過大支払利子対策税制は過少資本対策税制を補完するために設けられたので，両方の制度から算出される損金不算入額の二重控除を避け，いずれか多い金額を損金不算入額としている。

　ドイツでは，2008 年に支払利子の損金算入制限制度として「利子控除制限枠」（Zinsschranke）が導入されたが，その際に過少資本対策税制は廃止されている[7]。負債と自己資本を計算要素とする「過少資本対策税制」よりも，直接的に損金（支払利子）と（調整）所得金額を対象とする「関連者等に係る

――――――――――――
(7)　居波邦秦『国際的な課税権の確保と税源浸食への対応－国際的二重非課税に係る国際課税原則の再考－』中央経済社，2014 年，330 頁。

支払利子等の損金不算入制度」(「過大支払利子対策税制」) の方が目的適合的・合理的な制度であると言えるかもしれない。

「過少資本対策税制」を適用した場合，利子費用の控除制限額は永久的否認額となるが，「過大支払利子対策税制」を適用すれば，その損金不算入額の全額について7年間の繰越しが容認されている。同じ利子控除制限制度でありながら，「過少資本対策税制」には損金不算入額の繰越しが認められず，「過大支払利子対策税制」では適用されており，異なる税務措置が講じられている。現行規定からは，「過大支払利子対策税制」の方が課税上有利に働く。成道も指摘しているように，「過大支払利子対策税制」においては必ずしも租税回避が意図されなくても適用されることもあり得ることに配慮したことによるからであろう[8]。

「行動計画4」では，所得金額に比べて通常必要な資金調達コストを超える超過分の利子を損金不算入とする結論に至り，損金算入の基本ルールとして「固定比率ルール」が推奨され，単体企業の支払利子損金算入については「10%～30%」に制限されることになった。ただし，わが国の現行制度では，単体企業の閾値は50%であるので，今後，見直されていく可能性がある[9]。また，利子費用の範囲が「関連者への純支払利子」(関連者間の取引) に限定されている点で異なり，調整の余地があるかもしれない。

なお，わが国でも，「グループ比率ルール」は導入されていないが，グループ全体におけるBEPSリスクに対応するためには，第三者への支払利子費用にグループ全体から考慮すべきであり，「グループ比率ルール」の採択も必要であるかもしれない。

---

(8) 成道秀雄『税務会計－法人税の理論と応用－』第一法規，2015年，903頁。
(9) 池田義典「国際課税の最近の動向」『TKC会報2016年9月特別号』第52号，2016年，39頁。

「税源浸食と利益移転（BEPS）」対策税制

第 10 章　「行動計画 12」（義務的開示制度）

―タックス・プラニングの義務的開示―

法政大学教授　菊谷　正人

I　はじめに

　戦後における国際課税問題は，一貫して「国際的二重課税」(international double taxation) の排除のために論議・展開されてきたが，2000 年代後半以降，居住地国でも源泉地国でも課税されない「国際的二重非課税」(international double non-taxation) の問題に潮流が変わり始めている。とりわけ，欧米の多国籍企業 (multinational enterprises) が国際的な税制の隙間・抜け穴を巧みに利用したタックス・プラニング (tax planning) を実行することにより，その活動実態に比べて極めて低い法人税しか納税していない「国際的二重非課税」あるいは「国際的租税回避行為」(international tax avoidance) の問題が広く知れ渡ることとなり，世界的に大きな社会・政治問題となった[1]。

　たとえば，米国のグーグル社 (Google Inc.) は，アイルランドに 2 つの子会社を配置し，かつ，アイルランドと租税条約 (tax treaty) を締結しているオランダの子会社を「導管」(a conduit) として介在させることによって，過度に法人税の逃避を図る「ダブルアイリッシュ・ウィズ・ダッチサンドウィ

---

(1)　浅川雅嗣「BEPS プロジェクトの軌跡と展望」『国際税務』第 36 巻第 1 号，2016 年，26〜27 頁。

ッチ」(Double Irish with a Dutch Sandwich) と呼ばれる逃税スキームを活用していた。米国親会社はアイルランド子会社 A (Google Ireland Holdings) を統括会社として設立し，ライセンス契約を締結するが，アイルランド子会社 A を英領バミューダ諸島の管理会社に支配させているため，アイルランドでは非居住法人となり，別の事業会社であるアイルランド子会社 B (Google Ireland Ltd) がバミューダの管理会社にライセンス使用料を間接的に支払うこと等により利益を減少させるとともに，アイルランド子会社 B の支払使用料に対するアイルランド源泉徴収税を回避するために，オランダの子会社 (Google Netherland Holdings BV) を経由して支払われた。オランダの子会社は，アイルランド子会社 B から無税で受け取る 5.4 億ドル（約 590 億円）の使用料の 99.8% をバミューダの管理会社に支払うことによって，グーグル社全体で課税逃れを図っている。つまり，2007 年〜2009 年の間に米国外事業収益のほとんどを 2 つのアイルランド子会社（1 社をタックス・ヘイブンの管理会社に支配させる）にオランダの子会社をサンドウィッチすることによって，最終的にタックス・ヘイブンの管理会社に利益を移転・集中させる逃税が行われていたのである[2]。

このように巧妙に仕組まれた国際的租税回避行為は合法的な国際的二重非課税スキームであるが，この課税逃れを利用できない一般国内企業にとって

---

(2)　本庄資「オフショア事業・投資拠点とオフショア・タックス・ヘイブンとの間に介在する『導管国 (a conduit country)』をめぐる国際課税──実効税率引下げ競争に利用されるサンドイッチ・スキーム──」『税大ジャーナル』第 17 号，2011 年，38 頁。
　　居波邦秦『国際的な課税権の確保と税源浸食への対応──国際的二重非課税に係る国際課税原則の再考──』中央経済社，2014 年，273〜275 頁。
　　菊谷正人「『パナマ文書』と国外財産調書制度の強化」『税経通信』第 71 巻第 11 号，2016 年，156〜157 頁。
　　米国議会上院の報告書によれば，「ダブルアイリッシュ・ウィズ・ダッチサンドウィッチ」を考案・開発したアップル社は 2009 年〜2012 年に 740 億ドル（おおよそ 7 兆 6,000 億円）の海外利益を低税率国のアイルランドに利益移転し，恣意的に法人税の課税逃れを行ったと報道されている（日本経済新聞，2013 年 6 月 3 日）。

は経済活動の公正な競争条件が損なわれ，多国籍企業により租税回避された税収分には他の納税者がより多くの租税負担を強いられることになる。このような租税負担の不公平感は，世界的規模で税制への信頼性低下を招き，多国籍企業の国際的租税回避行為に対して，国際課税ルールを抜本的に見直し，適正かつ公平な課税を実現する租税制度の構築が全世界的に要請された。

　「行動計画12」義務的開示制度（Mandatory Disclosure Rules）は，各国間の税制の隙間を利用した国際的租税回避行為に対抗するために，多国籍企業の納税実態の「透明性」を把握するための行動計画であり，過度または濫用的なタックス・プランニング（aggressive or abusive tax planning）を未然に防止するための開示制度を提案している[3]。「行動計画12」では，既に「義務的開示制度」を導入している米国・英国・カナダ・アイルランド・イスラエル・韓国・ポルトガル・南アフリカの制度を踏まえて検討が行われた。本章では，OECD の BEPS プロジェクトにおける「行動計画12」の具体的内容を概観した上で，わが国では未だ導入されていない「義務的開示制度」に対する対応策を提言することとする。

Ⅱ　タックス・プランニングと「BEPS 行動計画12」

　「タックス・プランニング」とは，税引後利益の極大化を実現し，納税額の最小化を達成することによって利用可能な流動性資金を確保する税務戦略である。たとえば，多国籍企業の「国際税務計画」（international tax planning）あるいは「国際税務管理」（international fiscal management）とは，諸外国の租税制度を熟知したうえで諸外国の課税体系における税務上の代替案（tax alternatives）の中から最も有利な方法（たとえば，多様な損金算入項目・益金不

---

(3)　aggressive tax planning は，一般的に「行き過ぎたタックス・プランニング」と訳され，ATP と略称されているが，本稿では「過度なタックス・プランニング」と訳した。なお，ATP は合法的であるのに対し，法の濫用（abuse of law）による「濫用的なタックス・プランニング」（abusive tax planning）は違法的な租税回避スキームと判定されている。

算入項目の利用，課税繰延措置・非課税措置・軽減税率の適用等）を選択し，自国の国際課税に対する取扱い（国際二重課税排除措置，国際租税回避対抗策等）も斟酌しながら，世界的規模で租税削減行動を合法的に駆使し，国際的税引後利益の極大化・納税額の国際的圧縮化によって利用可能な国際的流動性資金を確保するための税務的意思決定（tax decision making）である[4]。

　たとえば，移転価格（transfer price）は企業集団内部間の人為的な価格であるので，関連会社間の取引における移転価格は，国際税務戦略上，できる限り低率課税国に所得がシフトするように設定される。つまり，企業集団内部間の内部取引における取引価格の操作によって所得を圧縮し，恣意的に法人税を過小計上することができる。タックス・ヘイブンに金融子会社を設置し，高い利子率で親会社に貸し付ければ，親会社が支払った支払利子は損金算入でき，タックス・ヘイブンの子会社が受け取った受取利子は非課税または低率課税のままに止まり，合法的に国際的租税回避を達成することができる[5]。多国籍企業グループ（multinational groups）のBEPS行動としては，企業集団全体における負債金額の調整，企業集団の集団内金融（intra-group financing）等の負債バイアス（debt bias）を通じた利子控除が考案・実践されている。

　あるいはまた，低率課税国の子会社に親会社所有の知的財産（intellectual property：以下，IPと略す）を移し，親会社にIP使用料（たとえば特許権使用料）を支払わせれば，親会社が支払ったIP使用料は損金算入でき，低率課税国の子会社が受け取った受取使用料は低率課税のままに止まり，合法的に租税削減を実現することができる。たとえば，米国のアマゾン社（Amazon.

---

(4)　菊谷正人『多国籍企業会計論』創成社，1997年，238〜241頁。

(5)　「移転価格税制」は，主観的な移転価格を利用した租税回避の対抗措置として，独立当事者間取引において決定される独立企業間価格（arm's length price）と移転価格との差額を損金の額に算入しない税制である。なお，支払利子を利用した租税回避行為を防止する措置として，過大な利率を制限する「移転価格税制」のほかに，自己資本に対して過大な負債の利子を損金不算入とする「過少資本対策税制」，所得金額に比して過大な支払利子を損金不算入とする「過大支払利子制限税制」が導入されている。

com. Inc.）は，IP をルクセンブルクの子会社 C（Amazon Europe Holding Technologies S. C. S.（Lux））に移転したが，実際の事業（電子商取引・サービス提供）を別のルクセンブルクの子会社 D（Amazon Media EU Sarl（Lux））等に委託したため，EU での事業の利益のほとんどが子会社であるルクセンブルク法人に帰属した。ただし，業務委託された子会社 D の欧州売上高は 2011 年に 91 億ユーロであり，820 万ユーロの税金が支払われたが，IP 移転先である子会社 C の利益は 3 億 180 万ユーロであり，税金は支払われていない[6]。

　本庄の見解によれば，タックス・プラニングは必ずしも租税回避と同義語ではないが，タックス・プラニングでは，節税取引（税法の規定または租税条約の規定に従って租税の減免を享受する取引）はもとより，否認されない租税回避も利用されている。ただし，否認される取引や脱税取引（税法の規定に違反する取引）を利用することは禁じられるが，問題は，税法に明確な規定がなく，判例もなく，行政レベルで解釈・取扱いが定まっていない「法の抜け穴」（loop hole）を利用した租税回避である[7]。

　法の抜け穴，法の不完全性・不備等を悪用・濫用した意図的な課税逃れ・租税減免が横行すれば，国家歳入は悪化し，当該租税回避行為を行うことができない国内企業との競争条件の不平等が生じる。税務当局が国際的租税回避スキームに係る一定の情報を入手し，租税回避行為をできる限り早期に発見し，その対応措置を講じるために導入された制度が「タックス・プラニングの義務的開示制度」である。

　すなわち，過度または濫用的なタックス・プラニングに対応する義務的開示制度とは，税務当局が租税回避スキームを迅速に把握できるように，当該タックス・プラニングの立案・設計者または利用者が当該租税回避スキームに関する一定の情報を税務当局に報告することを義務付ける制度である。

---

(6)　本庄資「国際的二重非課税の防止の必要性」本庄資・田井良夫・関口博久共著『国際租税法——概論——〔第 2 版〕』大蔵財務協会，平成 28 年，288～289 頁。

(7)　本庄資『国際的租税回避——基礎研究——』税務経理協会，2002 年，7 頁。

「行動計画 12」では，タックス・プランニングに関する①報告義務者，②報告対象取引，③報告時期，④報告内容，⑤罰則規定等が検討されている。ただし，タックス・プランニングの義務的開示に特定の制度の採用を義務付けず，報告義務者・開示内容等の構成要素について複数の選択肢が提示され，「義務的開示制度」の導入を希望する国の自国における最適制度設計を認めるというベスト・プラクティス方式が採択される。その場合，各国が自国独自の必要性・リスクに合った制度を採用する「モジュラー方式」（modular approach）が勧告されている（「行動計画 12」paras. 4 and 6〜7）。

Ⅲ 「BEPS 行動計画 12」の目的

「行動計画 12」（para. 12）は，タックス・プランニングの義務的開示を税務当局の対応に貢献できる情報手段として位置付け，義務的開示制度の主要な目的を次のように述べている。

　「義務的開示制度の主要な目的は，過度または濫用に当たる可能性のある税務計画案（potentially aggressive or abusive tax planning schemes）に関する情報を早期に提供し，当該計画案のプロモーターと利用者（promoters and users）を確認することである。迅速かつ適正な情報収集による早期探知によって，税務当局は法令遵守行為の施行を強化できる。──（中略）──さらに，早期情報によって税務当局は納税者の営業方針，法律または規定の変更を通じた納税者行動の変化に迅速に対応することができる。」

義務的開示制度の目的は，(a)過度または濫用的な租税回避スキームに関する情報の早期提供，(b)当該租税回避スキームのプロモーターの適時的特定を可能とすることにある。その結果，タックス・プランニングの義務的開示は(c)租税回避スキームの増進・利用を縮減する抑止力（a deterrent, to reduce the promotion and use of avoidance schemes）として作用することができる（「行動計画 12」paras. 13 and 15）。

第 10 章 「行動計画 12」（義務的開示制度）　233

　さらに，政府は，過度または濫用に当たる可能性のある税務計画戦略 (potentially aggressive or abusive tax planning strategies) に関する情報を活用することによって，租税政策および歳入リスク (tax policy and revenue risk) を即座に確認するのに役立つ（「行動計画 12」para. 5）。

　ここにプロモーターとは，税務計画案（租税回避スキーム）を立案・販売・編成・管理し，アドバイスする者であり，その利用者とは納税者である（「行動計画 12」paras. 17 and 71）。プロモーターとしては，税務に詳しい専門職として専門家特権を有する税理士・公認会計士・弁護士等が考えられる。

　このような義務的開示制度を各国にスムーズに導入するためには，下記の原則に基づいて設定される必要がある（「行動計画 12」paras. 19〜23）。

(1)　義務的開示制度は，明確であり，かつ，容易に理解できるものであること

　　義務的開示制度は，要求されることについて確実性 (certainty) をもって納税者ができる限り明確に作成できるように草案されるべきである。明確性 (clarity) と確実性の欠如は納税者による抵抗感を増大させ，さらに，明確性の欠如によって，税務当局は低質または不適切な情報 (poor quality or irrelevant information) を受け取ることになる。

(2)　義務的開示制度は，税務当局が入手できる利益と納税者に生じる追加的法令遵守コスト (additional compliance costs) との間にバランスを取ること

　　不必要または追加的な要求は，納税者のコストを増し，提供資料を有効的に利用する税務当局の能力を害している。

(3)　義務的開示制度は，意図した政策目的を達成し，正確に当該租税回避スキームを把握するに際して効率的であること

　　義務的開示制度は，租税回避スキームおよびその利用者とプロモーターを早期に識別するためには，利用者・プロモーターが税務当局の関心のあるスキーム・アレンジメント等に関する十分な情報を確保できるように草案されるべきである。ただし，租税回避スキームとして特定され

た「指定事項」（hallmarks）の識別には，特定国のニーズまたはリスクを反映するようにその範囲を設定しなければならない。

(4)　義務的開示制度の下で集められる情報は，効率的に利用されること

　　税務当局は，納税者により開示された情報を最も良く活用するための効率的な手続きを行使する必要がある。このことは，開示事項を再検討し，将来の租税政策と歳入の関連を確認するプロセスの設定を意味する。

　タックス・プラニングの義務的開示に対する税務行政には，義務的開示制度の明確性・理解可能性の原則，徴税便宜性の原則のほかに，租税回避スキーム把握・情報活用の効率性の原則も要求されている。

Ⅳ　「BEPS行動計画12」における義務的開示の具体的内容

1　報告義務者

　タックス・プラニングの義務的開示制度では，まず，報告義務を負う者を明らかにしなければならない。義務的開示のためには，①タックス・プラニングの計画者（プロモーターまたはアドバイザー）に主たる報告義務（reporting obligation）を負わせるアプローチ，②タックス・プラニングの計画者と納税者の双方に報告義務を負わせるアプローチが存在する。「行動計画12」（paras. 61〜62）では，(A)プロモーターと納税者（利用者）の双方に報告義務を個別に課すオプションまたは(B)プロモーターと納税者のどちらかに報告義務を課すオプションが提案されている。

　オプション(A)は米国とカナダで，オプション(B)は英国，南アフリカ等で採用されている。オプション(B)の場合には，原則として，タックス・プラニングを立案・設計するプロモーターが報告義務を負うことになるが，(ⅰ)プロモーターが海外居住（offshore）である場合，(ⅱ)プロモーターがいない場合，(ⅲ)プロモーターが守秘義務等の合法的専門家特権（legal professional privilege）を主張する場合には，主たる報告義務を納税者に転嫁することが勧告されて

いる（「行動計画12」paras. 63, 66〜67 and 76）。

　このように，報告義務対象者は租税回避スキームの立案・設計・販売・管理等を行うプロモーター，当該租税回避スキームを利用する納税者であり，納税者には法人と個人が含まれる。

　なお，タックス・プラニングの義務的開示の目的は，租税回避スキームの利用者に関する情報を収集することであるので，租税回避スキーム利用者の識別は重要である。現行制度では，次のような二つの方法で利用者（納税者）を識別している（「行動計画12」para. 158）。

(1)　納税者のために付されたスキーム照合番号（scheme reference numbers）を通じて識別する方法

(2)　スキーム照合番号（識別番号）の利用に代えて（またはそれに加えて），租税回避スキームのプロモーターに対して顧客リスト（list of clients）の提出義務を課す方法

「行動計画12」の勧告に従えば，租税回避スキームのプロモーターが主な報告義務を負う場合には，スキーム照合番号の導入と顧客リストの作成が必要であり，国内法が許すならば，顧客リストは税務当局に提供すべきである。プロモーターと納税者の双方がスキーム照合番号を報告する場合には，顧客リストの提出は必要ないかもしれない（「行動計画12」paras. 172〜173）。つまり，租税回避スキームを利用する納税者の識別には，納税者の照合番号とプロモーターの顧客リストのどちらかの提供が要請されることになる。

2　報告対象取引と報告内容

　義務的開示の主要な目的は過度または濫用的な租税回避行為を抑制することであるので，租税回避スキームとして特定された「指定事項」（hallmarks）に該当する場合に，当該事項の報告義務が課される。基本的には，濫用的な租税取引（abusive tax transactions），重大なリスクを引き起こすと思われる租税回避行為や過度なタックス・プラニングと結びつく「指定事項」が，タックス・プラニングの義務的開示制度下における「報告可能対象」（reportable scheme) となる（「行動計画 12」para. 17）。

「指定事項」に限定して報告対象を絞る方法は，税務当局にとっても報告義務者にとっても分かり易く，税務当局にとっては執行し易い。「指定事項」は，税務当局が関心を寄せている租税取引・事項の特徴を識別するために，「一般的な指定事項」（generic hallmarks）と「特定の指定事項」（specific hallmarks）に大別される（「行動計画 12」para. 91）。

「一般的な指定事項」は，守秘義務（requirement for confidentiality），プレミアムフィーの支払い（payment of a premium fee），契約保護条項（contractual protection clause），標準化された租税商品（standardised tax products）等のように，租税回避スキームに共通する特徴を有する取引・事項である（「行動計画 12」paras. 94〜105）。これは，新規かつ革新的タックス・プランニングを得るために利用されるため，多様な納税者に簡単に真似され，販売されることができる。したがって，税務当局は当該新規スキームを迅速に探知・対応できる（「行動計画 12」paras. 91 and 132）。

たとえば，報告内容の具体例として，プレミアムフィー（成功報酬）の支払いを挙げてみよう。成功報酬とは，ある取引で納税者からプロモーターに支払う報酬が納税者の租税回避額と連動する報酬である。プロモーターが新規かつ革新的な租税回避スキームを立案・設計し，納税者にアドバイスをすることによって 10 億円の租税回避を実現した場合，当該スキームが成功すれば 3 億円，成功しなくても 1 億円の報酬を受け取る条件・条項を契約内容とすることが想定される。この事例であれば，当該スキームの報告内容は報告対象となるであろう。有能なプロモーターからアドバイスを受ける際には報酬は一般的に高くなるが，この理由だけでは成功報酬とはみなされないので，納税者から受け取るプロモーターの報酬が納税者の租税回避額と連動しているか否かが重要である。

他方，「特定の指定事項」（specific hallmarks）は，税務当局にとって特別な関心または最新の関心（particular or current concerns）の高い取引・事項に限定される。したがって，多額の損失計上取引・リース取引，従業員信託，所

得種類の変換取引等のように，ハイリスクを伴う取引・事項に報告対象が絞られている（「行動計画 12」paras. 118 and 120〜125）。「特定の指定事項」は，当該国の特殊事情によって選定されることになるが，基本的にはハイリスク取引・事項に限定されることになるであろう。

　「行動計画 12」では，タックス・プラニングの義務的開示制度には「一般的な指定事項」と「特定の指定事項」の混在（a mixture of generic and specific hallmarks）が勧告されている。その際，国によっては「一般的な指定事項」が追加され，特別なリスクや各国の個別課題を反映する「特定の指定事項」の設定・選択には各国自身の租税政策と執行上の優先度（tax policy and enforcement priorities）が考慮されなければならない（「行動計画 12」para. 135）。この場合にも，自国の実情に合った報告対象・内容を設定する「モジュラー方式」が提案され，各国の裁量の余地（flexibility）が認められている。

3　報告時期

　租税回避スキームの開示をいつ要求するのかは，国によって差異がある。報告時期は，規制をいつ始めるか，報告期間をどのくらいに限定するかによって異なる。この報告時期としては，数日以内，数か月以内またはそれより長く定めることができる。たとえば，英国・アイルランドでは，プロモーターは，当該スキームが納税者に利用可能となった日から 5 営業日（five working days）以内に開示しなければならない。ポルトガルでは，英国等よりも少し長く，プロモーターは，当該スキームが利用可能となった月の月末から 20 日以内に開示する必要がある（「行動計画 12」paras. 138 and 142〜143）。

　義務的開示制度の目的が租税回避スキームとその利用者に関する情報を早期に収集し，当該租税回避スキームの利用を抑止することであるので，報告が早ければ早いほど，税務当局は迅速に対応できる。したがって，租税上の利益（租税回避）の利用可能時間（time available）を縮減することによって，抑止効果（deterrent effects）は高まる（「行動計画 12」para. 139）。

　「行動計画 12」（paras. 156〜157）の勧告によれば，租税回避スキームの立

案・設計者であるプロモーターには報告義務が負わされるが，その報告時期は納税者の行動により利用可能となった時期（availability）とリンクさせることによって，税務当局が当該租税回避スキームに即座に反応できる。他方，納税者による報告時期は利用可能になった時期ではなく，実行時点（implementation）に始められる。

4　罰則規定

　タックス・プラニングの義務的開示を遵守しなかった場合には，一般的には金銭的ペナルティ（monetary penalty）が科される。国によっては，義務的開示制度を施行し，当該制度の不遵守（non-compliance）を防ぐために，その他の処分（other sanctions）も採用されている（「行動計画12」para. 17）。

　「金銭的ペナルティ」としては，具体的には下記のようなペナルティ形態が考えられる（「行動計画12」para. 182）。

(a)　プロモーターまたは納税者が開示義務を怠った場合あるいは完全な情報を報告しなかった場合，非開示に対する金銭的ペナルティ（monetary penalty for non-disclosure）

(b)　プロモーターが顧客リストの作成・保管義務を怠った場合および当該義務を遵守しなかった場合，顧客リスト作成・保管義務違反に対する金銭的ペナルティ（monetary penalty for failure to provide or maintain client lists）

(c)　プロモーターがすべて該当する顧客のスキーム照合番号の作成を怠った場合または指定期間内に作成できなかった場合，スキーム照合番号作成義務違反に対する金銭的ペナルティ（monetary penalty for failure to provide a scheme reference number）

(d)　納税者が確定申告書にスキーム照合番号を記載しなかった場合，スキーム照合番号記載義務違反に対する金銭的ペナルティ（monetary penalty for failure to report a scheme reference number）

　たとえば，英国では，利用者（納税者）が租税回避スキーム利用の報告義

務を怠った場合，初回には 100 ポンド（約 15,000 円），2 回には 500 ポンド（約 75,000 円），それ以後には 1,000 ポンド（約 15 万円）の金銭的ペナルティが科され，プロモーターが顧客リストの提出義務を怠った場合には，省いた顧客リストごとに 5,000 ポンド（約 75 万円）の金銭的ペナルティが科される。ただし，開示義務不履行には 100 万ポンド（約 1 億 5,000 万円）を限度としている（「行動計画 12」para. 96）。

　カナダでは，開示義務を怠った場合には，当該スキームの有効性（efficacy of the scheme）が停止され，納税者には当該スキームから生じるいかなる租税特典（any tax benefit）も否認される（「行動計画 12」para. 195）。つまり，非金銭的ペナルティ（non-monetary penalty）として，支払報酬の損金算入や減税額に相当する経費控除が認められていない(8)。

　「行動計画 12」（para. 200）でも，導入された開示義務を遵守しなかった場合には，タックス・プランニングの義務的開示制度の執行を保証するとともに，当該制度の不遵守を抑止するために，「金銭的ペナルティ」または「その他の処分」を科すことが勧告されている。ただし，国内法の一般規定との関係上，金銭的ペナルティ（非金銭的ペナルティを含む）に関する規定の導入を強要するものではない。

V　わが国税制の対応——むすびに代えて——

　国際的租税回避行為による国家財政の悪化，企業間における競争上の不平等といった弊害を回避するために，税務当局としては国際的租税回避行為に係るタックス・プランニングをできる限り早期に把握し，適切な対応を取れるように対抗措置を講じる必要がある。タックス・プランニングのプロモーターおよび利用者（納税者）が税務当局にタックス・プランニングを報告する制度として，米国・英国・カナダ等では義務的開示制度が既に導入されている。

---

(8)　たとえば，非金銭的ペナルティとしては，標準化された租税商品の販売禁止措置等が考えられる。

わが国では，義務的開示制度は法制化されていないので，このような諸外国の先行制度を参照して勧告された「行動計画 12」に基づいて検討されることになるであろう。

　義務的開示制度の主要な目的は，過度または濫用的なタックス・プランニングの可能性のある取引・事項およびその立案者・利用者に対して税務当局が迅速に対応するために，当該タックス・プランニングに関する情報を早期に収集できるようにすることである。その結果として，タックス・プランニングの早期報告は租税回避スキームの抑制効果をもたらすことができる。つまり，税務当局が対応措置（立法措置，執行上の措置）として講じると想定されるタックス・プランニングは，納税者には課税リスク，プロモーターにとっては当該スキームが短命化するリスクとなる[9]。

　このように，義務的開示制度には，国際的租税回避行為の抑止力としての効果も期待できるが，報告内容として企業秘密等が含まれるため，開示情報の機密性の保証と納税者の信頼の確保が制度運用において一番の課題となる[10]。

　したがって，プロモーター・納税者による義務的開示制度の理解・協力が円滑かつ効率的な制度運用にとって必要不可欠となるが，そのためには過度または濫用的なタックス・プランニング概念の明確化，報告対象取引・報告内容・報告時期等についてプロモーター・納税者の意見を尊重した上で，法令化されるべきであろう。プロモーター・納税者を特定し，調査対象を絞ることにより，法令遵守している納税者に法的安定性と予測可能性を確保できると考えられる[11]。

---

(9)　緒方健太郎「BEPS プロジェクト等における租税回避否認をめぐる議論」『フィナンシャル・レビュー』第 126 号，2016 年，216 頁。

(10)　荒井優美子「租税回避対応としての開示義務——義務的開示から一般開示へ——」『企業会計』第 68 巻第 9 号，2016 年，63 頁。

(11)　大城隼人「BEPS 行動計画 12（納税者に対する ATP アレンジメントの開示の要求）に関する日本への影響と課題」『税務会計研究』第 27 号，2016 年，197 頁。

とりわけ，経済的実質優先主義（substance over form），事業目的（business purpose）等を標榜する「事業目的タックス・プランニング」と「過度なタックス・プランニング」（以下，ATP という）の定義を明確に法令化し，税務当局と納税者・プロモーター間における解釈の相違を防止する必要がある。

　一般に言えば，ATP とは，税負担を減少させるために，税制の専門用語や複数税制の差異を利用し，二重控除（同一の損失を源泉地国と居住地国の両方で控除すること）あるいは二重非課税（源泉地国で課税されない所得が居住地国で免除されること）を導き出すタックス・プランニングである[12]。ATP は，「法の文言」（letter of law）に適合するようにアレンジされた合法的な（legal）租税回避スキームであるが，「法の趣旨・目的」（intent and purpose of law）に反する行為であり，妥当でない（illegitimate）タックス・プランニングであると言える[13]。したがって，ATP と健全な事業目的タックス・プランニングを識別するためには，多様な ATP に関する事例集・ガイドラインの作成・公表が必要であろう。

　さらに，プロモーターおよび利用者が税務当局にタックス・プランニングを報告する義務的開示制度の導入に際しては，とりわけプロモーターの「専門家責任」が最重要事項の一つである。最近，税務専門家・法律事務所が多国籍企業や個人富裕層の課税逃れに積極的に関与することが世界的に社会問題化している[14]。タックス・プランニングの義務的開示に適正な実行可能性を担保するためには，タックス・プランニングの立案・設計者であるプロモーターに対して相当の罰則規定がない限り，義務的開示の適正化・有効化に障害が伴うと言わざるを得ない。金銭的ペナルティを科すことは勿論であるが，複数回にわたる違反行為・制度不遵守に対しては再発防止のために当該タッ

---

(12)　本庄資『国際課税における重要な課税原則の再検討 上巻』日本租税研究協会，平成 26 年，255 頁。

(13)　本庄資『国際課税における重要な課税原則の再検討 下巻』日本租税研究協会，平成 29 年，237～238 頁。

(14)　川田剛「BEPS 行動計画 12 の考え方——行き過ぎたタックス・シェルターの義務的開示——」『税経通信』第 71 巻第 3 号，2016 年，9 頁。

クス・プラニングの概要・プロモーターを一般公開すべきである。

「税源浸食と利益移転（BEPS）」対策税制

第 11 章　近時の重要な税務裁判例と　　国際的潮流（BEPS プロジェクト）

弁護士・公認会計士　**北村　導人**[1]

I　はじめに

　経済協力開発機構（以下「OECD」という）が推進している BEPS（Base Erosion Profit Shifting：税源浸食と利益移転）に対する対応策（以下「BEPS プロジェクト」という）の検討過程において，国際税務上の様々な重要な論点が議論されているところであるが，我が国における近時の裁判例等においても，（現行の法令及び租税条約を前提とするものであるが，）同様の論点が主たる争点として争われ，それに対して裁判所又は国税不服審判所の判断が示されたものが存する。今後の国際的潮流として，OECD が 2015 年 10 月に公表した BEPS プロジェクトに関する最終報告書（以下「BEPS 最終報告書」という）に従い，各国において近々に BEPS 対策として様々な立法等による手当てがなされる予定ではあるが，その改正内容の検討及び立法手続には時間を要するものもある。それ故，これらの立法等による手当てが行われるまでは，現行の法令及び租税条約に基づき課税関係が判断されることとなるが，裁判所又は国税不服審判所が上記論点についていかなる判断を下しているかを知る

---

(1)　なお，本稿における意見を含む内容は全て個人的見解であり，筆者が属する組織又はグループの見解ではない。

ことは今後の立法等の必要性や納税者の実務上の取扱いを検討する上でも参考になる。かかる視点から以下の裁判例・裁決例を検討する。

- 日愛租税条約事件－租税条約の濫用－BEPS Action 6 関連
  - 〜 東京高判平成 26・10・29 税資 264 号順号 12555〔最決平成 28・6・10 判例集未登載により確定〕
- 倉庫 PE 事件－恒久的施設（PE）課税－BEPS Action 7 関連
  - 〜 東京高判平成 28・1・28 裁判所ウェブサイト〔上告審係属中〕
- IBM 事件－法人税法 132 条 1 項適用の可否－BEPS Action 2 関連
  - 〜 東京高判平成 27・3・25 判時 2267 号 24 頁〔最決平成 28・2・18 判例集未登載により確定〕
- ユニバーサルミュージック事件－法人税法 132 条 1 項適用の可否－BEPS Action 4 関連
  - 〜 国税不服審判所裁決平成 27・2・2〔東京地裁に係属中〕

II　日愛租税条約事件と租税条約の濫用への対応

　日愛租税条約事件は，租税条約の濫用等を理由として租税条約の適用を否定することの可否が争点とされた事案であり，東京高判平成 26・10・29 税資 264 号順号 12555（日愛租税条約事件東京高裁判決。以下，本節において，「本件高裁判決」という）〔上告不受理決定（最決平成 28・6・10 判例集未登載）により確定〕において，当該争点につき，結論として，租税条約の適用を否定することはできない（租税条約を適用し，その特典を受けることができる）旨の判示がなされたものである。以下検討する。

1　事案の概要

　本件は，X1 及び X2（いずれも日本支店を有するケイマン法人。以下，併せて「X」という）を営業者とし，A（アイルランド法人）を匿名組合員とする匿名組合契約（以下「本件匿名組合契約」という）に基づき，X が，A に対して利

第 11 章　近時の重要な税務裁判例と国際的潮流（BEPS プロジェクト）

益の分配として支払（以下「本件支払」という）をした際に，源泉地国課税を制限する日愛租税条約(2)23 条（その他所得条項）の適用があるとして，所得税法（以下「所法」という）212 条に基づく源泉所得税の徴収及び国への納付をしなかったところ，課税当局が，本件支払に係る金額の 99％ 相当分（以下「本件分配金」という）について日愛租税条約 23 条の適用がないことを前提とする処分（以下「本件課税処分」という）をしたため，X が，その取消し等を求めて争った事案である。

A は，本件匿名組合契約上の地位を他社から譲り受けていたが，そのための資金の 99％ を，同一のファンドグループに属するエンティティである B（バミューダ LPS）から，同グループに属する他のエンティティを経由して，借り受けており（以下「本件借入」という），また，B との間のトータル・リ

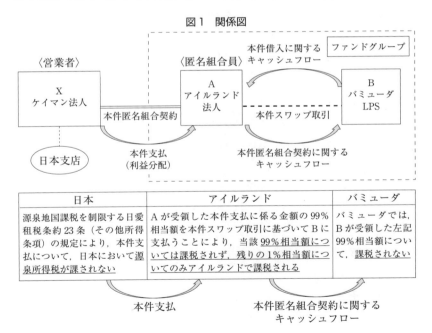

図 1　関係図

---

(2) 所得に対する租税に関する二重課税の回避及び脱税の防止のための日本国とアイルランドとの間の条約。

ターン・スワップ契約（以下「本件スワップ契約」という）に基づくスワップ取引（以下「本件スワップ取引」という）により，本件匿名組合契約に関するキャッシュフロー（本件匿名組合契約の出資持分から生じた利益総額の99%から事業費を差し引いた金額）と本件借入に関するキャッシュフロー（本件借入の利息及び費用相当額）を交換していた。その結果，Xの主張を前提とすると，税務上，図1のとおり，アイルランドにおける本件支払に係る金額の1%相当額に対する課税を除き，いずれの国においても課税されないものとなっていた。

2　争点及び判旨

　本件において，国（課税当局）は，本件スワップ取引により本件匿名組合契約に係るリスク及びリターンがAからBに移転しているとし，さらに，本件匿名組合契約に基づく利益の大半がいずれの国においても課税されない状況となっている点に着目し，主に以下の2点から本件課税処分の適法性を主張した。

〔国（課税当局）の主張〕

① 　事実認定の問題：本件で行われた取引は租税回避を図るために実行されたものであり，当事者の真の目的は本件分配金をBに帰属させることにあるから，AからBに対して本件匿名組合契約上の地位又は債権の一部（本件分配金の請求権）の譲渡がなされたものである。その結果，本件分配金は，XからバミューダLPSであるBに対して支払われたものと考えるべきところ，日本とバミューダとの間に（二重課税回避等のための）「租税条約」が締結されていないことから，国内法の原則どおり日本の源泉所得税の課税が認められる。

② 　法令解釈の問題：OECDモデル租税条約のコメンタリー（以下，「OECDコメンタリー」という）の内容からすると，形式的には租税条約が適用され得る取引であっても，租税条約の特典を利用した租税回避をその目的とするようなものについては，租税条約の趣旨・目的に反する

第 11 章　近時の重要な税務裁判例と国際的潮流（BEPS プロジェクト）　247

態様で条約を濫用して税負担を不当に免れるものとして，租税条約の適用が否定されるべきである。その結果，日本の源泉地国課税の制限を定める日愛租税条約 23 条の適用が否定され，国内法の原則どおり日本の源泉所得税の課税が認められる。

このような国の主張に対応して，本件高裁判決は，以下の点を主たる争点として，それぞれの判断を示している。

①　A から B に対する本件匿名組合契約上の地位又は債権の一部の譲渡があった否か（争点①）

②　租税条約の濫用を理由に租税条約の適用を否定することができるか否か（争点②）

(1)　**争点①に対する判示**

本件高裁判決（第一審判決[3]の判示を引用）は，争点①について，所法 161 条 1 項 16 号（当時は，12 号）に定める「匿名組合契約…に基づいて受ける利益の分配」〔下線は筆者ら。以下同じ〕について，「その文理に照らし，…同号の匿名組合契約に定められた債務の履行として支払がされるものをいうものと解するのが相当である」とした上で，主に以下の点を指摘して，A から B に対する本件匿名組合契約上の地位又は債権の一部の譲渡があったとは認められない旨判示し，国の主張を排斥した。

(a)　本件スワップ取引の内容を定める確認書（以下「本件取引確認書」という）において，A が B に対して本件匿名組合契約における匿名組合員としての地位又はそれを根拠として生ずる債権の全部又は一部を譲渡するものとする定めが見当たらないこと。

(b)　（仮に本件匿名組合契約上の地位又は債権の一部の譲渡があったとすれば，本件匿名組合契約の規定に基づき採られるべき，）営業者である X による確認書（Acknowledgment）の交付等の手続（以下「本件手続」という）が，実際には行われておらず，また X に対する通知その他の準備等

---

(3)　東京地判平成 25・11・1 税資 263 号順号 12327。

がされたという事実は全くうかがわれないこと。なお，かかる手続は，
「匿名組合契約の準拠するものと定められている我が国の民法の規定
の下における契約上の地位の譲渡の有効要件又は債権の譲渡の対抗要
件に関する一般的な理解を踏まえるものと解され，かつ，営業者であ
る原告らにおいては，本件…匿名組合契約に基づく利益の分配に係る
債務の不履行やそれの支払に係る源泉所得税の徴収の義務の懈怠等に
伴う不利益を回避することに強い関心を当然に有していたであろうと
推認されることに照らすと」，本件手続を経る義務が免除されたとは
通常は考え難い。

(2) 争点②に対する判示

　本件高裁判決は，争点②について，憲法84条が租税法律主義を定めてい
ることから「条約により課税が行われる場合にも，条約又はその委任に基づ
いて，納税義務が成立するための要件等が定められていなければならないも
のと解される」とした上で，以下のとおり判示し，日愛租税条約の適用を認
め，国の主張を排斥した。

　(a) 「モデル租税条約2010年版…によれば，法的に拘束力を有するのは，
　　　OECD加盟国が締結した租税条約であり，モデル条約はそれ自体に
　　　法的な拘束力はなく，コメンタリー〔OECDコメンタリー〕は，法的に
　　　拘束力を有する租税条約の具体的な条文の解釈に当たって参照する余
　　　地があるとしても，租税条約の具体的な条文を離れて，それのみで，
　　　条約と同等の効力を有する独立の法源となると解することはできない。
　　　そのため，『租税回避を目的とするような取引については，源泉課税
　　　を制限する租税条約の適用を否定する』旨定めた租税条約の規定がな
　　　いにもかかわらず，コメンタリーのパラグラフの記載がそのような一
　　　般的法理を定めているとの主張を前提として，コメンタリーのみに基
　　　づいて源泉課税を制限する租税条約の適用を否定し，課税することは
　　　できないというべきである。」

第 11 章　近時の重要な税務裁判例と国際的潮流（BEPS プロジェクト）　249

(b)　「モデル租税条約の第 1 条（人的範囲）に関するコメンタリーの内容
を参照しても，租税条約に租税回避行為であることを理由に同条約の
適用を否定する旨の具体的規定がないにもかかわらずコメンタリーの
記載を根拠として租税条約の適用を否定できるとは認められない。」

(c)　「日愛租税条約には，…源泉課税を制限する日愛租税条約 23 条の適
用を否定する具体的な条項は定められていないから，同条の適用を否
定することはできない。」

(d)　A が本件「匿名組合契約に基づいて支払を受けた利益分配金の 99%
に課税されないとの結果が生じており，それが，税負担の公正性等の
観点から問題視される余地があるとしても，そのことは，明文の条約
等の規定なく，現に有効な条約である日愛租税条約 23 条の適用を排
除する根拠となり得るものとはいえず，その他，同条の適用を排除す
る根拠があるとは認められない。」

3　検　　　討

本件高裁判決は，A において本件「匿名組合契約に基づいて支払を受け
た利益分配金の 99% に課税されないとの結果が生じており，かかる課税上
の帰結が税負担の公正性等の観点から問題視される余地がある」としつつも，
争点①については，A から B に対する本件匿名組合契約上の地位又は債権
の一部の譲渡（以下「本件地位等譲渡」という）があった旨の国の主張を排斥
し，また，争点②については，OECD コメンタリーの法的位置付けに触れ
ながら，本件において租税条約の濫用を理由として日愛租税条約の適用を否
定することはできないとして，同様に国の主張を排斥した。

⑴　本件高裁判決における事実認定の検討

まず，課税の対象は私法によって規律される経済活動であるから，租税法
律主義の目的である法的安定性を確保するため，課税は，原則として私法上
の法律関係に即して行われる必要がある[4]。本件では，かかる私法上の法律
関係を確定するための事実認定の問題として，国の主張（本件スワップ契約は，

スワップ契約という形式は有するが，当事者の真の合意内容は，AからBに対して本件匿名組合契約に基づく本件分配金の請求権を譲渡し，それと引換えに，Aが負っていた本件借入に係る利息及び費用の支払義務をBに負担させることを内容とするものである旨の主張）に対応して，AからBに対して本件地位等譲渡が行われたか否かが主要な争点とされた。

　この点について，本件高裁判決は，主に(a)AとBとの間で作成された合意書面である本件取引確認書の内容及び(b)必要な手続の履践の有無に着目し，(a)本件地位等譲渡を行うことは本件取引確認書における合意内容には含まれていないこと，及び(b)本件地位等譲渡を法的に実行するために必要とされている手続（Xによる確認書の交付等の手続）が履践されていないことを根拠に，AからBに対する本件地位等譲渡が行われたとする国の主張を排斥した。なお，本件高裁判決（第一審判決の判示を引用）は，(b)の点に関連して，Xにおいて本件分配金がBに帰属するとの「事実の存在を少なくとも認識していたと認められる場合には，別異に解する余地がないわけではない」として，本件匿名組合契約における営業者及び本件分配金の支払者であるXの認識の有無についても検討し，そのような認識は認められないとしている。

　また，本件高裁判決は，控訴審において，国が，本件スワップ取引により本件匿名組合契約に係るリスク及びリターンがAからBに移転していること等を理由に，本件で行われた一連の取引は不自然かつ不合理な取引である等と主張したことに対応して，本件スワップ取引においては，匿名組合損失が出た場合においても本件匿名組合契約に関するキャッシュフローはゼロとされることから，Aが匿名組合損失に関するリスクを負担しているとして，その主張を排斥しており，リスク及びリターンの帰属又は移転の状況も，結果的に，本件高裁判決が事実認定に係る結論を維持するための一要素とされたものと理解することができる。

　このように，本件高裁判決が事実認定に係る判断過程において示すとおり，

---

(4)　金子宏『租税法〔第22版〕』（弘文堂，2017年）122頁，東京高判平成22・5・27判時2115号35頁〔確定〕参照。

課税関係の基礎となる私法上の法律関係の前提として行われる事実認定は，契約書等の書面における合意内容や必要な法的手続の履践の有無，さらには，当事者の認識やリスク・リターンの帰属又は移転の状況等に基づき検討されることになる。翻って，一般論として，様々な取引やストラクチャー等を検討する際には，これらの点に留意しながら，契約書をはじめとする関係書類（当事者の認識を示す書面等）の作成や法的手続の履践等を進めることが肝要である。

(2) 租税条約の濫用に対する対応

① 租税条約の濫用と裁判例

本件では，租税条約の濫用を理由に租税条約の適用を否定することができるか否かが争点の一つとされた。租税条約の濫用はこれまで納税者と課税当局との間で議論になることがあったが，いかなる法的根拠で租税条約の適用を否定し得るのかという点について理論的に十分な整理がなされていないまま議論が進められていたように思われる。特に課税当局は，租税条約の趣旨・目的や OECD コメンタリーの記載に依拠して，租税条約の適用を否定することを試みてきたが，ガイダント事件高裁判決（東京高判平成 19・6・28 判タ 1275 号 127 頁〔上告不受理決定（最決平成 20・6・5 税資 258 号順号 10965）により確定〕）及び本件高裁判決において，いずれもその試みは失敗に終わったということができる。

まず，ガイダント事件高裁判決では，国は，租税条約の目的には租税回避の防止が含まれており，このような<u>租税条約の趣旨</u>に反する場合，租税条約の適用が否定される旨の主張をしたが，「二重非課税の排除という目的は，匿名組合利益について源泉地国が課税ができることを租税条約の明文において明らかにするなどの措置により解決することが可能であり，それが相当な事柄である」として，租税条約上，明文の規定がない限り，租税条約の濫用を理由に租税条約の適用を否定できないと判示した。

そして，本件高裁判決においても，国は，<u>OECD コメンタリーの記載</u>を根拠に，租税条約の濫用である場合には租税条約の適用は否定される旨の主

張をしたが，（OECDコメンタリーは，「解釈の補足的な手段」[5]となり得るとしても，）「租税条約の具体的な条文を離れて，それのみで，条約と同等の効力を有する独立の法源となる」ものではないとの法的位置付けを明確にした上，OECDコメンタリーの記載自体は租税条約の適用を否定する根拠とはならず，租税条約の濫用を理由にその適用を否定する旨の具体的な定めが租税条約に存在しない場合には当該租税条約の適用は否定されない旨を判示した。

　両判決が示すとおり，租税条約の濫用として租税条約の適用を否定するためには，裁判所は租税条約上の明文の規定による解決を求めているものと考えられる[6]。即ち，租税条約の趣旨・目的や（租税条約の規定に係る解釈の補足的な手段である）OECDコメンタリーのみでは，租税条約の濫用を理由として租税条約の適用を否定することの法的根拠とはなり得ず，租税条約の濫用に対応するためには，租税条約にその対応のための具体的な規定が必要であるということを，両判決を通じて，裁判所が明らかにしたものと考えられる。

　このような裁判所の立場は，後記②記載のBEPSプロジェクトの流れを受け，既存の租税条約の改正や新たに締結される租税条約において具体的な租税条約の濫用防止規定（主要目的テストや特典制限条項等の規定）を定める動きに拍車をかけるものと考えられる。

　②　租税条約の濫用とBEPSプロジェクト

　現在，日本が締結している租税条約には，本件でその適用が問題とされた日愛租税条約と同様に，主要目的テストや特典制限条項は定められていないものが多く存している[7]。このような租税条約濫用防止に関する明文の規定がない租税条約の適用においては，本件と同様の問題が生じ得ると考えられ，その際には本件高裁判決における裁判所の判断を無視し得ないであろう。

---

(5)　グラクソ事件最高裁判決（最判平成21・10・29民集63巻8号1881頁），条約法に関するウィーン条約32条参照。

(6)　なお，租税条約上，受益者（beneficiary ownership）概念で対処できる場合には，受益者には該当しないとして，租税条約の適用を否定することが考えられる。

第 11 章　近時の重要な税務裁判例と国際的潮流（BEPS プロジェクト）　253

　他方，我が国を含む国際的潮流として，OECD が公表した BEPS 最終報
告書の Action 6（租税条約の濫用防止）」（以下「BEPS Action 6」という）におい
ては，租税条約に，条約漁りに対する最低限の対抗措置（いわゆるミニマムス
タンダード）として，以下の 3 つの対応策のうちいずれかを導入することが
勧告されている[8]。

　(a)　主要目的テスト

　(b)　主要目的テスト及び簡易的特典制限条項

　(c)　特典制限条項及び導管取引防止規定

　ここで，主要目的テスト（PPT：Principal Purpose Test）とは，租税条約の
濫用を主たる目的の一つとする取引から生ずる所得に関して，租税条約の特
典を否認する規定であり，特典制限条項（LOB：Limitation on Benefit）とは，
租税条約による特典を享受することができる居住者を「適格者」に制限する
ための規定である。

　然るところ，近時，BEPS 最終報告書の Action 15（多数国間条約の策定）
に基づき，我が国を含む，世界各国・地域（67 か国）により，2017 年 6 月 7
日付で，「税源浸食及び利益移転を防止するための租税条約関連措置を実施
するための多数国間条約」（以下「BEPS 防止措置実施条約」という）が署名さ
れた。我が国は，(i)BEPS 防止措置実施条約 6 条で，「当事国間の経済関係
の一層の発展を図ること及び租税に関する当事国間の協力を強化することを
希望し，」とする文言（当該文言は，脱税又は租税回避を通じた非課税又は租税の
軽減の機会を生じさせることなく，二重課税を除去することを含むものとされてい
る）を加えることを選択し，租税条約の目的を明文で明らかにするとともに，

───────────────
(7)　もっとも，近時改正された租税条約や新たに締結された租税条約においては，
　　具体的な租税条約濫用防止規定が定められる傾向にある。例えば，日米，日仏，
　　日豪，日蘭，日英の各租税条約等には，特典制限条項が規定されており，主要
　　目的テストについても，日英，日本・香港，日本・ニュージーランドの各租税
　　条約等や近年署名された新日独租税条約において規定されている。なお，新日
　　独租税条約は，平成 29 年 1 月 1 日以後に開始する課税年度から適用されるも
　　のとされている。
(8)　BEPS Action 6 の X 条注釈案パラ 1 乃至 3 参照。

(ii)同 7 条において，租税条約の濫用防止措置として，以下の規定（上記（a）の主要目的テスト）を適用することを選択している（同条約 7 条 1 項，2 項）。

「対象租税協定のいかなる規定にもかかわらず，全ての関連する事実及び状況を考慮して，当該対象租税協定に基づく特典を受けることが当該特典を直接又は間接に得ることとなる仕組み又は取引の主たる目的の一つであったと判断することが妥当である場合には，そのような場合においても当該特典を与えることが当該対象租税協定の関連する規定の目的に適合することが立証されるときを除くほか，その所得又は財産については，当該特典は，与えられない。」

BEPS 防止措置実施条約の発効にはまだ時間を要するものの，今後は，議論の中心は，これらの具体的な租税条約の濫用防止規定の解釈及び適用関係に移っていくものと思われる。

例えば，主要目的テストは，(i)主要目的の一つ[9]が租税条約上の特典を得ることであること，(ii)特典を与えることが租税条約の趣旨目的に沿わないことの 2 つの要件を満たす場合に租税条約上の特典の付与を否定するものであるところ，主要目的の認定における「主要」の意義や租税条約の趣旨目的に係る解釈が問題となり得る。これらの解釈に当たっては，BEPS Action 6 において，新しい OECD コメンタリー案の一部として記載されている，主要目的テストの適用の有無を示した具体的事例[10]をも参照しながら検討するとともに，新たな租税条約の趣旨目的を踏まえた個別規定の趣旨目的の検討

---

(9)　BEPS Action 6 では，租税条約上の特典を得ることが，ある仕組み又は取引の唯一又は支配的な目的（the solo or dominant purpose）である必要はなく，主要目的の少なくとも一つが特典を得ることであれば足りるとされている（BEPS Action 6 の X 条 7 項注釈案パラ 12 参照）。

(10)　例えば，BEPS Action 6 の 59 頁に記載されている Example A において，子会社の所在する国との間で租税条約を締結していない国に所在する親会社が，子会社の所在する国との間で配当に対する源泉地国課税を制限する租税条約を締結している国に所在する第三者に対して，子会社から配当を受領する権利を譲渡したという事例について，①反対の事実や状況がない場合，主要目的は特典を得ることであるとするのが合理的であり，②この事例に特典を与えることは租税条約の趣旨目的に反するとされている。

第 11 章　近時の重要な税務裁判例と国際的潮流（BEPS プロジェクト）　255

を要するものと考えられ，これまで以上に租税条約の適用の可否に関する慎重な検討及び判断が必要になろう。

4　本件高裁判決の意義

　本件高裁判決は，事実認定の在り方の一例を示すものとして意義を有するとともに，租税条約の濫用に対する対応に関して，OECD コメンタリーの法的位置付けを明示した上で，結論として，租税条約の濫用を理由にその適用を否定する旨の具体的な定めが租税条約に存在しない場合には，当該租税条約の適用は否定されないことを明らかにした点に意義がある。本件高裁判決は，今後，例えば，BEPS 防止措置実施条約発効前における同様の租税条約や，発効後においても相手国の対応によって同条約 7 条 1 項が適用されず，依然として租税条約濫用防止措置に関する規定が明定されない租税条約について，それらの適用関係を検討するに際しては，参考になると考えられる。

Ⅲ　倉庫 PE 事件と PE 課税に係る動向

　倉庫 PE 事件は，非居住者たる個人事業者（以下「Y」という）が我が国において日米租税条約 5 条所定の恒久的施設（Permanent Establishment，以下「PE」という）を有するか否か等を争点とする事案であり，東京高判平成 28・1・28 裁判所ウェブサイト（以下本節において「本件高裁判決」という）〔上告審係属中〕において，結論として，Y は我が国における PE を有する旨の判断がなされたものである。

1　事案の概要

　非居住者である Y（平成 16 年に米国に移住）は，個人事業者として，平成 14 年以降，米国で仕入れた自動車用品（以下「本件商品」という）を，日本に輸入した上で，Y が日本で賃借したアパート及び倉庫（以下「本件アパート等」という）に保管しておき，ウェブサイト等を通じて日本国内の顧客から

注文を受けた場合に，（Yは，受注システムにて，本件アパート等に在庫があることを確認の上，顧客に確認メールを送信するとともに，本件アパート等にあるパソコンに発送指示を行い，本件アパート等で業務に従事する従業員（以下「本件従業員」という）は，当該指示に基づき，本件商品を取り出し，日本語取扱書のあるものについてはそれを同梱の上，宅配便業者に引き渡すという流れで，）本件商品を顧客に販売する事業（以下「本件販売事業」という）を営んでいた。

本事案は，かかる事実関係の下，Yが，日本にPEはないものとして，平成17年以後の所得税の確定申告を行わなかったところ，課税当局が，本件アパート等が日米租税条約5条のPEに該当するとして，更正処分等を行ったため，Yがそれらの処分取消しを求めたものである。

2　争点及び判旨

本事案における主な争点はいくつか存するが，本稿では，本件アパート等がPEに該当するか否か，より具体的には，(イ)日米租税条約5条4項(a)号（在庫の保管又は引渡しのみの目的で使用する場所）に該当するためには，その場所で行う活動が準備的又は補助的な性格の活動であることを要するか，(ロ)仮に必要である場合は，本件アパート等で行われる活動が準備的又は補助的な性格の活動であるか，という争点に関する判示の検討を行う。

当該争点に関して裁判所は，以下のとおり，結論的には，日米租税条約5条4項(a)号に該当するためには，その場所で行う活動が準備的又は補助的な性格であることを要するとし，かかる前提の下，本件アパート等は，そこで行う活動が準備的又は補助的な性格ではないため，YのPEに該当すると判断した。

(a)　「日米租税条約5条4項各号の文言についてみるに，同項(e)号は，『企業のためにその他の準備的又は補助的な性格の活動を行うことのみを目的として，事業を行う一定の場所を保有すること』と規定しており，上記『その他の』準備的又は補助的な性格の活動という規定振りに鑑みれば，同号に先立つ同項(a)号ないし(d)号は，文理上，『準備

第 11 章　近時の重要な税務裁判例と国際的潮流（BEPS プロジェクト）　257

的又は補助的な性格の活動』の例示であると解することができる。ま
た，同項(f)号…が同項(a)ないし(e)号所掲の活動を組み合わせた活動に
ついて，あえて「準備的又は補助的な性格」であるとの限定を付して
いるのは，同項(a)号ないし(e)号所掲の活動が「準備的又は補助的な性
格」の活動であることを前提とした上で，各号を組み合わせることに
よって，その活動の全体が「準備的又は補助的な性格」を超える場合
には，恒久的施設の対象から除外しない旨を規定したものと解するの
が合理的である。以上によれば，日米租税条約 5 条 4 項(a)号ないし(d)
号は，『準備的又は補助的な性格の活動』の例示であり，ある場所が
同項各号に該当するとして恒久的施設から除外されるためには，当該
場所での活動が準備的又は補助的な性格であることを要するものと解
すべきである。」（原審を引用）

(b)　OECD コメンタリーの「記述に鑑みれば，OECD コメンタリーは，
OECD モデル租税条約 5 条 4 項各号の活動の共通の特徴が準備的又
は補助的な性格であって，同項全体が準備的又は補助的な性格の活動
を恒久的施設から除外するための規定であるとの解釈を示しており，
日米租税条約 5 条 4 項(a)号ないし(d)号に係る当裁判所の解釈…に符合
したものであるということができる。」（原審を引用）

(c)　「したがって，本件アパート等が恒久的施設に該当するためには，同
条 1 項の規定する『恒久的施設』に当たり，かつ，同条 4 項各号の規
定する『準備的又は補助的な性格の活動』を行う施設には当たらない
ことを要するというべきである」（原審を引用）

(d)　「OECD コメンタリー（2003 年）は，パラグラフ 24 において，準備
的又は補助的な性格を有する活動とそうでない活動とを区別する決定
的基準は，事業を行う一定の場所での活動が，本来，企業の全体とし
ての活動の本質的かつ重要な部分を形成するか否かであるとして…い
ることが認められるから，日米租税条約 5 条 4 項各号を適用するに当
たり，ある場所における活動が『準備的又は補助的な性格を有する活

動』かどうかを判断するに際しても，当該活動が企業の全体としての活動の本質的かつ重要な部分を形成しているかどうかという観点から検討するのが相当である。」（本件高裁判決による追加判示部分）

(e)　本件アパート等は，①顧客にとって本事業の事業主体の所在地として認識できる唯一の場所であったこと，②その所在地を日本国内とすることは，インターネット市場を利用した集客を行う上で不可欠の条件であったこと，③本事業に不可欠な商品の受取り，保管，梱包，発送，返品された商品の受取り，代替品の発送といった業務を行い，併せて商品写真の撮影を行う場所であったことから，「本件アパート等で行われる活動が本事業全体において果たす役割，機能は，本質的で重要なものであると評価することができる。したがって，本件アパート等で行われる活動は『準備的又は補助的な性格』のものにとどまら」ず，「本件アパート等は日米租税条約5条4項各号に該当しない」（本件高裁判決による追加判示部分）

3　検　　討

　我が国の国内法上及び租税条約上，準備的・補助的な性格を有する活動を含む一定の活動等を行うに過ぎない事業所等はPEから除外されている（法税令4条の4第2項等，OECDモデル租税条約（以下，「OECDモデル条約」という）5条4項参照）。その趣旨は，我が国の国内法では，補助的な事業活動からは日本国内源泉の事業所得は生じないことが一つの理由とされており[11]，租税条約上は，除外される準備的・補助的な性格を有する活動等は，源泉地国に課税権を付与することが合理的であると考えられる程の事業活動に至っておらず，仮にその活動から源泉地国において所得が生じたとしても，その額を決定し又は捕捉することが困難である等の執行上の負担等を考慮して，一定の活動を除外したものと考えられる[12]。

---

(11)　福山博隆「外国法人及び非居住者の課税その他国際的な側面に関する税制の改正」税経通信17巻6号（1962年）114頁。

第 11 章　近時の重要な税務裁判例と国際的潮流（BEPS プロジェクト）　259

　しかしながら，近時の電子商取引等の新たな事業形態においては，従来準備的・補助的な性格を有するに過ぎないと考えられていた活動が，その事業のコアとなる活動を構成することがある。例えば，電子商取引を行う業者は，源泉地各国に販売拠点を設置することは要しないが，電子商取引によって現物の商品を売買する場合には，各国にその在庫を保管し，顧客に引渡しをする倉庫を設け，その保管場所での在庫管理及び顧客管理等がその業者の事業にとって重要な部分を形成する場合がある。それ故，このような活動を行う場所（在庫の保管及び引渡しを目的とする倉庫等）が PE から除外されるか否かが問題となり得る。特に，OECD モデル条約 5 条 4 項(a)乃至(d)の解釈として，(i)文理上(a)乃至(d)に記載された活動に該当すれば（その活動が準備的・補助的な性格を有するものであるか否かに拘らず，）直ちに PE に該当しないと解すべきか（以下，かかる解釈を「準備的・補助的性格不要説」という），それとも，(ii)当該活動に該当するだけでは足りず，同項(e)と同様に準備的・補助的な性格をも有することが必要であると解すべきか（以下，かかる解釈を「準備的・補助的性格必要説」という），という点が問題となる。以下では本件高裁判決について検討する。

(1)　5 条 4 項(a)乃至(d)における準備的又は補助的な性格の要否

　本件高裁判決は，日米租税条約 5 条 4 項(a)乃至(d)所定の活動について，同項(e)の「その他の」という文理及び(f)の規定内容から，準備的・補助的性格必要説を採るが，その判断内容には以下の点で疑義が存する。

　まず，条約の解釈指針を定めるウィーン条約法条約 31 条 1 項は「条約は，文脈によりかつその趣旨及び目的に照らして与えられる用語の通常の意味に従い，誠実に解釈するものとする。」と定めており，「用語の通常の意味」に従った解釈が求められる[13]。然るところ，日米租税条約 5 条 4 項(a)乃至(d)の規定には，文言上，同項(e)及び(f)とは異なり，所定の活動が「準備的又は

---

(12)　OECD コメンタリーの 5 条パラ 23 参照。Ekkehart Reimer and Alexander Rust "Klaus Vogel on Double Taxation Conventions 4th revised edition" (Kluwer Law International, 2015)。

補助的な性格」でなければならないとする付加的な要件は記載されておらず，その文理からは，同項(a)乃至(d)の規定の「用語の通常の意味」として，かかる性格を有するものに限られると読み込むことは困難である(14)。なお，本件高裁判決は，同項(e)の「その他の」という文言から，同項(a)乃至(d)は例示に過ぎないとの解釈を示すが，我が国の法令用語に用いられる「その他」と「その他の」との区別を租税条約上の和文の文言の解釈にそのまま当てはめられるかは疑問がある上に，仮に例示的なものであるとすれば，同項(a)乃至(d)に関しても，準備的又は補助的な性格の活動であるか否かという実質的な判断が常に求められることとなり，法的安定性を欠くこととなる。むしろ，PE の閾値としての機能に鑑みれば，同項(a)乃至(d)の規定は，法的安定性を確保するため，一般にかかる性格を有する活動を類型化して，個別の活動実態に拘らず，須く準備的又は補助的な性格を有するものとみなすという趣旨で設けられたと考えることは十分に合理的である。

　また，本件高裁判決が指摘する，現行の OECD コメンタリーにおける記載は，同条約5条4項所定の活動が，「一般に，準備的又は補助的な」性格を有するという記載に過ぎず，準備的又は補助的な性格の活動に限り除外することを明記したものではない上に，OECD が2012年に公表した5条コメンタリー改訂提案は，「事業を行う一定の場所において営まれる活動が，OECD モデル条約5条4項(a)〜(d)に該当する活動のいずれかのみである場合には，当該場所は恒久的施設に該当しないものとみなされる」と追記することにより，（従来の解釈を「変更することを提案するもの」ではなく，）同項(a)乃至(d)の位置付けの明確化（clarify）を図ることが検討されたものであり，前

---

(13)　小寺彰「租税条約の解釈における OECD コンメンタールの意義－条約解釈上の位置－」『国際商取引に伴う法的諸問題（15）』（トラスト60，2008年）57頁は，ウィーン条約法条約31条1項の趣旨について，「第一には，条約解釈を条約文（text）に即して行うべきことを命じている点である（条約の客観的解釈）」と述べている。

(14)　なお，2012年の5条コメンタリー改訂提案では，Working Party は，5条4項(a)乃至(d)の "wording" は，これらの条項に定める活動が準備的又は補助的な性格を有するという見解を support しない旨明言している。

記解釈は当該改訂案の見解とも合致する（なお，準備的・補助的性格必要説に基づく修正案は alternative option（代替的な案）として挙げられているが，かかる変更（change）は，法的安定性を欠くことになり，納税者と課税当局との間の潜在的紛争を増加させるという懸念が示されている）。更には，2015 年 10 月に OECD から公表された BEPS Project の Action 7（恒久的施設認定の人為的回避の防止）に関する最終報告書（以下「Action 7 報告書」という）においても，（BEPS を防止するために，）5 条 4 項(a)乃至(d)についても準備的又は補助的な性格であることを要する旨の修正をすることを提案する一方で，納税者及び課税当局における法的安定性を考慮して，同項(a)乃至(d)に準備的又は補助的な性格を要するという要件を付加することを望まない国は，（他の租税回避防止規定を入れることを条件に）現行の 5 条 4 項を維持することを認めており（BEPS 防止措置実施条約 13 条 1 項参照），準備的・補助的性格不要説を採用する前記解釈と同様の見解に立つと考えられる。

以上の点において，本件高裁判決が準備的・補助的性格必要説を採用した点にはなお疑義が存するところである[15]。

(2) 準備的・補助的な性格を有するか否かの判断基準

本件高裁判決は，ある業務が準備的又は補助的な性格の活動であるか否かは，「事業全体における役割・機能」に鑑み，「事業を行う一定の場所での活動が本来，企業の全体としての活動の本質的かつ重要な部分を形成するか否か」で判断すべきものであるとしている（5 条コメンタリー（パラ 24））。

もっとも，本件高裁判決が示すように，「事業全体における役割・機能」を検討するとしても，一般論として，「企業の全体としての活動の本質的かつ重要な部分を形成するか否か」をいかなる視点で判断すべきかという点が問題となる。すなわち，その重要性等について，例えば，(i)その活動がどれだけ企業の利得獲得に貢献する活動であるかという視点で判断すべきか，(ii)その場所での活動が企業の一般的な目的と同一であるかという視点で判断す

---

(15) なお，商品の「保管のためにのみ」又は「引渡しのためにのみ」本件アパート等を使用していたか否かという点は，別途問題となり得る。

べきか，(iii)事業の性質上，その活動なしには成り立たないか否かという視点で判断すべきか，(iv)事業において行う活動に要する期間や経営資源の投入状況等を勘案して判断すべきか等，が問題となり得る。

　この点，仮に(i)であるとすると，準備的・補助的活動に該当するか否かを判断するために，都度，その活動から生ずる所得を算出せざるを得ない状況となり，かかる活動を PE から除外した趣旨に悖ることとなる（パラ1参照）。また，(ii)では，管理活動等が準備的・補助的な活動から外れることに関する説明が困難となる（パラ24参照）。(iii)については，例えば，製造・卸売業であっても，保管業務や引渡業務なくしては事業として成り立たないのであるから，5条4項(a)に該当する場合が極めて限定的となり，同項を設けた意味が失われることとなる。(iv)は一つの視点であろうが，事業形態により期間，経営資源の投入がその事業において有する意味は必ずしも同一ではないため，この視点のみで判断することも妥当ではないように思われる。

　実務的には，上記の各要素を総合考慮して判断することになるのであろうが，今後，OECD コメンタリー等で事例により（例えば業種ごとに）判断の具体的視点が示されない(16)限り，本件高裁判決のように現行の租税条約所定の5条4項に関して準備的・補助的活動必要説に基づく解釈が採用され，更には，（そのような解釈が採用されないとしても，）Action 7 報告書に基づき，租税条約が改定された場合は，「準備的又は補助的な性格の活動」に該当するか否かの判断に関して，各国間，また各国国内における納税者と課税当局間において，解釈の離齬が生じ，紛争に至る例が増加することが懸念される。

(3)　PE 課税と BEPS Action 7 における対応

　電子商取引が普及した現代においては，OECD モデル条約5条4項(a)乃

---

(16)　Action 7 報告書では，法的安定性や予測可能性を確保するために，「準備的又は補助的な性格の活動」に関する事例を追加することが提案されているが，現行の改訂案では，多数の従業員を要する大きな倉庫において行う保管・引渡し業務は準備的又は補助的な性格の活動に該当しないという例等が示されているものの，かかる例のみでは必ずしも「企業の全体としての活動の本質的かつ重要な部分」に係る判断の具体的な視点は示されていない。

第 11 章　近時の重要な税務裁判例と国際的潮流（BEPS プロジェクト）　263

至(d)に列挙されている活動が行われている場所であっても，機能的に分析すると，相当程度の利益を帰属させるべきと認定できる場合があり得るため，当該活動を一律に PE の範囲から除外するのは，PE に該当しないこととなる例外を広く認め過ぎることになるという問題意識が呈されることが多い(17)。

　それ故，OECD では，Action 7 報告書で，同条約 5 条 4 項全体に準備的・補助的性格を有することを条件とすること等の立法的手当てを行う提案がなされている。かかる Action 7 報告書の内容を踏まえ，BEPS 防止措置実施条約 13 条では，2 つの選択肢が示されているところであるが，我が国は，同条約 5 条 4 項全体について，「その活動…が，準備的又は補助的な性格のものである場合に限る」との条件が付されるという選択肢 A を採用している。従って，今後かかる条約改定がなされた場合は，前記のとおり，準備的・補助的な性格の活動であるか否かの判断基準に係る解釈及び適用が課題となり得よう。なお，相手国の対応により選択肢 A が採用されない場合は，なお 5 条 4 項(a)乃至(d)に関する準備的・補助的活動の要否に関する論点は残されている。その際には，本件高裁判決は一つの参考となろう(18)。

　なお，本件高裁判決の事案とは離れるが，上記の他，（コミッショネア・アレンジメント等による PE 認定の人為的回避を防止するため）OECD モデル条約 5

────────────

(17)　本件高裁判決の他に，倉庫に係る PE 認定の是非が問題となった事例として，2007 年に我が国の課税当局が米国のアマゾン・ドット・コム・インターナショナル・セールス（以下「アマゾン社」という）に対して行った追徴税額約 140 億円の更正処分に係る事例が存在する。同事件では，アマゾン社は日本法人である物流会社に物流業務を委託していたが，課税当局は，同社の倉庫センター内に，アマゾン社の PE があると認定したようであるが，最終的には，同事件は，2010 年に日米課税当局間の相互協議により解決したようである。

(18)　なお，我が国の国内法との関係では，平成 30 年度税制改正大綱（平成 29 年 12 月 22 日閣議決定）において，「保管，展示，引渡しその他の特定の活動を行うことのみを目的として使用する事業を行う一定の場所等は，PE に含まれないものとする。ただし，その活動が非居住者等の事業の遂行にとって準備的又は補助的な機能を有するものである場合に限る」（平成 31 年分以後の所得税及び平成 31 年 1 月 1 日以後に開始する事業年度分の法人税について適用する）として，PE の範囲の見直しが検討されている。

条 5 項所定の「従属代理人」の定義の拡大の手当てが，BEPS 防止措置実施条約 12 条によりなされている。具体的には，企業に代わって行動する者が，そのように行動するに当たって，反復して契約を締結する場合のみならず，当該企業によって重要な修正が行われることなく日常的に締結される契約の締結のために反復して主要な役割を果たす場合も含むものとされ，更には，誰が「拘束」されるかという問題に対応するため，契約の「対象」(所有権の移転，使用権の許諾，役務提供) に着目するアプローチを採用し，(ⅰ)(本人) 企業の名において締結される契約である場合のみならず，(経済的にのみ拘束される場合を想定して，)(ⅱ)本人企業が所有権を有する資産を譲渡し，若しくは使用権を付与するための契約，又は(ⅲ)本人企業による役務提供のための契約のいずれかである場合も代理人 PE の対象とすることとしている。すなわち，コミッショネアのように，本人企業の名で契約を締結しない場合においても，コミッショネアの受託者が，本人企業が所有権等を有する財産の譲渡等をするための契約を締結していれば，(他の要件を充足する限り) 代理人 PE の要件を充足し得るものとされている。かかる条約改定に関しては，(本人企業の)「ための」(又は「関する」) の範囲や「主要な役割」に該当するか否かの判断等に関して，その基準や外延が不明確であるため，納税者の予測可能性や課税当局の執行の困難性という問題が生じる他，各国での解釈に齟齬が生じ，PE の閾値としての機能を十分に果たせなくなる可能性が存する。それ故，今後，これらの基準や外延を明確にすべく，更なる慎重な議論が必要であろう。

Ⅳ　IBM 事件に係る判決の検討

　近時，我が国の行為計算否認規定である法人税法 (以下本節及び次節において単に「法」という) 132 条〔同族会社の行為計算否認規定〕及び法 132 条の 2〔組織再編成の行為計算否認規定〕の適用の可否に係る裁判例 (IBM 事件に係る東京高裁判決〔平成 28 年 2 月 18 日に最高裁で上告不受理決定〕(19) (以下本節において，それぞれ「本件高裁判決」，「本件最高裁決定」という) 及びヤフー・IDCF 事件に係

第 11 章　近時の重要な税務裁判例と国際的潮流（BEPS プロジェクト）　265

る最高裁判決〔平成 28 年 2 月 29 日〕[20]）が注目を浴びている。これらの判決は，近接した時期に最高裁判所が法 132 条と法 132 条の 2 の適用の可否に関して判断を行い，結論的には納税者の勝敗が分かれたという点で，法解釈の点でも，これらの裁判例に対する関心は高い。ここでは，これらの裁判例のうちIBM 事件に係る判決が示した法人税法 132 条の解釈の検討に加えて，BEPS対応との関係等について論じる。

1　事案の概要[21]

(1)　本件では以下の行為が行われた（以下，(a)乃至(d)の行為を併せて「本件中間持株会社化」といい，(a)乃至(e)の行為を併せて「本件一連の行為」という）。

(a)　平成 14 年 2 月，日本 IBM の発行済株式の全部を保有する米国WT 社（米国 IBM の 100% 子会社であり外国法人。以下「W 社」という）が，休眠会社であった AP（有限会社。以下「A 社」という）の全持分を第三者から取得した。

(b)　同年 4 月 3 日開催の A 社の社員総会に基づき，W 社を引受人とし，払込金額を計 1,332 億円とする A 社に対する増資が行われた（以下「本件増資」という）。

(c)　同月，A 社が W 社から日本 IBM の発行済株式の全部を代金 1 兆9,500 億円で購入した（以下「本件株式購入」という）。

(d)　本件株式購入の代金のうち約 1,318 億円は本件増資に係る W 社からの出資金により支払われ，残額約 1 兆 8,182 億円については，W 社と A 社との間で準消費貸借契約が締結された。

---

(19)　東京高判平成 27・3・25 判時 2267 号 24 頁。なお，最一小決平成 28・2・18 判例集未登載により上告不受理決定。

(20)　最一小判平成 28・2・29 民集 70 巻 2 号 242 頁（以下「Y 事件最高裁判決」という）及び最二小判平成 28・2・29 民集 70 巻 2 号 470 頁（以下，両判例を併せて「Y 事件等最高裁判決」という）。

(21)　本件高裁判決（東京地判平成 26・5・9 判タ 1415 号 186 頁を引用した部分を含む）が認定した事実に基づいている。

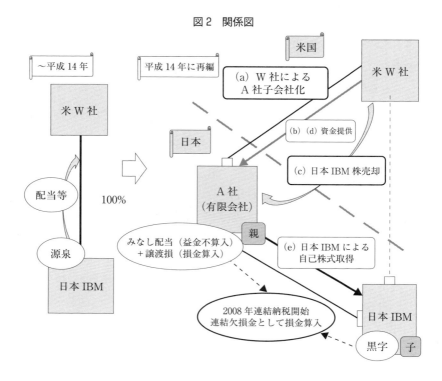

図2　関係図

(e) 同年12月，平成15年12月及び平成17年12月の3回にわたり，A社がその保有する日本IBMの株式の一部を日本IBMに対して代金総額約4,298億円で譲渡した（以下「本件各譲渡」という）。なお，本件各譲渡における1株当たりの譲渡価額は本件株式購入における1株当たりの取得価額とほぼ同じである。

(2) A社は，本件各譲渡により生じたみなし配当を益金不算入とした上で，譲渡対価の額（本件各譲渡に係る譲渡代金から当該みなし配当の額を控除した額）と譲渡原価の額との差額である譲渡損失額（総額約3,995億円）（以下「本件譲渡損失額」という）を，本件各譲渡が行われた各事業年度（以下「本件各譲渡事業年度」という）の法人税に係る所得の金額の計算上損金の額に算入し，欠損金額による確定申告を行った。

第11章　近時の重要な税務裁判例と国際的潮流（BEPS プロジェクト）　267

⑶　その後，A 社は，平成 20 年 1 月 1 日に連結納税の承認を受け，同年
　12 月期の連結事業年度において，本件各譲渡事業年度の欠損金額を含
　む欠損金額を連結欠損金額として確定申告をしたところ，課税当局が，
　法 132 条 1 項を適用して，本件各譲渡事業年度の法人税に係る所得の金
　額の計算上，本件譲渡損失額を損金の額に算入することを否認する旨の
　更正処分（以下「本件各譲渡事業年度更正処分」という）をし，それらの後
　続事業年度に係る更正処分等（以下，本件各譲渡事業年度更正処分と併せて
　「本件各更正処分等」という）を行った。

⑷　A 社は，本件各譲渡事業年度更正処分は違法なものであり，ひいて
　は本件各更正処分等が違法であるとして，それらの取消しを求めたとこ
　ろ，第一審において納税者勝訴の判決が下され（東京地判平成 26・5・9
　判タ 1415 号 186 頁），本件高裁判決も国の控訴を棄却した（本件最高裁決
　定により確定）。

2　本件高裁判決の判旨

⒜　まず，本件高裁判決は，法 132 条 1 項の「不当に」の解釈に関して，
　同「項の趣旨に照らせば，同族会社の行為又は計算…を『容認した場
　合には法人税の負担を不当に減少させる結果となると認められるも
　の』か否かは，専ら経済的，実質的見地において当該行為又は計算が
　純粋経済人として不合理，不自然なものと認められるか否かという客
　観的，合理的基準に従って判断すべきものと解される…。そして，同
　項が同族会社と非同族会社の間の税負担の公平を維持する趣旨である
　ことに鑑みれば，当該行為又は計算が，純粋経済人として不合理，不
　自然なもの，すなわち，経済的合理性を欠く場合には，独立かつ対等
　で相互に特殊関係のない当事者間で通常行われる取引（独立当事者間
　の通常の取引）と異なっている場合を含むものと解するのが相当であ
　り，このような取引に当たるかどうかについては，個別具体的な事案
　に即した検討を要する」とした。

268

(b) なお,「同族会社の行為又は計算が経済的合理性を欠く場合とは,
当該行為又は計算が,異常ないし変則的であり,かつ,租税回避以外
に正当な理由ないし事業目的が存在しないと認められる場合であるこ
とを要する」旨の被控訴人〔納税者〕の主張については,法 132 条 1
項の文理及び改正経緯にも触れた上で,同「項の『不当』か否かを判
断する上で,同族会社の行為又は計算の目的ないし意図も考慮される
場合があることを否定する理由はないものの,他方で,……当該行為
又は計算が経済的合理性を欠くというためには,租税回避以外に正当
な理由ないし事業目的が存在しないと認められること,すなわち,専
ら租税回避目的と認められることを常に要求し,当該目的がなければ
同項の適用対象とならないと解することは,同項の文理だけでなく上
記の改正の経緯にも合致」せず,また,当該「要件の存否の判断は,
極めて複雑で決め手に乏しいものとなり,被控訴人主張のような解釈
を採用すれば,税務署長が法人税法 132 条 1 項所定の権限を行使する
ことは事実上困難」となり,同項の趣旨を損なうとして排斥した。

(c) その上で,本件では,「被控訴人〔A 社。以下同じ〕を中間持株会社
とすること,すなわち,本件各譲渡以外の本件一連の行為…は,…控
訴人が主張する本件税額圧縮〔日本国内において負担する源泉所得税額を
圧縮すること〕の実現も重要な目的として,…実施されたものである」
が,「本件各譲渡が,本件税額圧縮の実現のため,被控訴人の中間持
株会社化…と一体的に行われたことを認めるに足りる証拠はない」た
め,「本件一連の行為を構成する本件各譲渡を容認した場合には,被
控訴人の法人税の負担を『不当に』減少させる結果となるとする控訴
人〔国。以下同じ〕の主張は,その前提を欠くもので失当であ」ると
して,その主張を排斥した。

(d) さらに,A 社がした本件各譲渡が,それ自体で独立当事者間の通常
の取引と異なるものであり経済的合理性を欠く旨の控訴人の主張につ
いても,譲渡価額の算定過程及び算定結果が不合理であると認めるに

第11章　近時の重要な税務裁判例と国際的潮流（BEPSプロジェクト）　269

足りる証拠はなく，また，税効果等も考慮の上，日本IBMと「親子会社関係にない独立当事者の内国法人であれば，取得価額と同じ譲渡価額で日本IBMによる自己株式の取得に応じるという取引があり得なかったと認めることもできない」として，排斥した。

(e)　以上から，本件各譲渡事業年度更正処分はその余の点を判断するまでもなく違法であり，当該否認を前提とする本件各更正処分等はいずれも違法であって取消しを免れないとして，国の控訴を棄却した。

3　検　　討

(1)　法132条1項の「不当に」の解釈の判断枠組み（通説的見解を踏まえて）

本件高裁判決は，まず，法132条1項所定の「法人税の負担を不当に減少させる結果となると認められる」か否か（以下「不当性要件」という）は，「専ら経済的，実質的見地において当該行為又は計算が純粋経済人として不合理，不自然なものと認められるか否かという客観的，合理的基準に従って判断すべき」としており，過去の同項に係る判例（最二小判昭和53・4・21訟月24巻8号1694頁，最一小判昭和59・10・25集民143号75頁等）及び通説[22]と同様に，いわゆる経済合理性基準を採用することを明らかにしている。

本件高裁判決の判示内容との関係で特に検討を要すべき点は，経済合理性基準の具体的な内容である。とりわけ，前記2の判示内容から，(a)経済合理性基準における独立当事者間基準の位置づけ及び(b)経済合理性基準における正当な事業目的等の要否が問題となり得る。

この点，学説では，経済合理性基準の具体的な内容として，行為又は計算が経済的合理性を欠く場合とは，「〔行為又は計算が〕異常ないし変則的で租税回避以外に正当な理由ないし事業目的が存在しないと認められる場合」であるとするのが通説的見解[23]とされており，①行為又は計算の不自然性の

---

(22)　金子・前掲注（4）498頁。
(23)　金子・前掲注（4）498頁。

有無及び②正当な事業目的等の有無により経済合理性基準を充足するか否かの判断がなされるべきとされている。

　また，法132条1項所定の不当性要件に係る裁判例ではないが，法132条の2の「不当に」に係る解釈を示したY事件等最高裁判決は，その判断の全体的な枠組みとして，組織再編税制に係る各規定の「濫用」の有無で判断すべきものとしながらも，「濫用」の有無の要素として，(i)行為又は計算の不自然性の有無及び(ii)合理的な事業目的等の有無を挙げており，それは，「実質において，経済合理性基準に係る…通説的見解〔筆者注：前記通説的見解の①及び②の判断要素〕の考え方を取り込んだものと評価」されている[24]。前記のとおり，本件高裁判決の上告審決定である本件最高裁決定とY事件最高裁判決は，その判断がなされた時期が極めて近接しており，かつ同一の小法廷に属する同一の裁判官により判断されたものであるところ，Y事件最高裁判決が，法132条の2の「不当に」に係る解釈に関する判断の一部ではあるものの，その過程で，(法132条1項の)経済合理性基準の前記通説的見解の考え方(前記①及び②の判断要素)を取り込んでいることからすれば，最高裁も経済合理性基準の具体的内容につき前記通説的見解と同様の理解に基づき本件最高裁決定の判断を下した，又は少なくとも当該理解と全く異なる見解を有してはいないと理解することは十分に合理的であろう。

　さらには，Y事件最高裁調査官解説において，前記(i)及び(ii)の事情は「必ず考慮すべきであるという趣旨が含意されている」，「不当性要件該当性を肯定するために必要な要素である」と評されているとおり，法132条1項の不当性要件に係る経済合理性基準の判断においても，同様に，前記①及び②の要素は必要な要素と解することが合理的である。蓋し，行為又は計算の不自然性が認められない場合(①行為又は計算の不自然性を欠く場合)や，当該行為又は計算を行う正当な事業目的等が存在すると認められるような場合(②正当な事業目的等の不存在を欠く場合)にまで不当性要件を充足するとして，

─────────

(24)　Y事件最高裁判決の最高裁調査官解説(徳地淳＝林史高「判解」ジュリスト　1497号(2016年)80頁。以下「Y事件最高裁調査官解説」という)85-86頁。

第 11 章　近時の重要な税務裁判例と国際的潮流（BEPS プロジェクト）　271

納税者の行為又は計算が否認されるとすれば，納税者の予測可能性や法的安定性は失われ，ひいては課税当局の恣意に基づく否認を許すこととなるからである。

　筆者は，以上から，法 132 条 1 項の不当性要件における経済合理性基準は前記通説的見解と同様に 2 つの要素（①行為又は計算の不自然性の有無及び②正当な事業目的等の有無）により判断されるべきと考えるが，本件高裁判決の判示内容は，かかる解釈と齟齬を生ぜしめるものであろうか，以下検討する。

⑵　経済合理性基準における正当な事業目的等の要否

　本件高裁判決は，前記通説的見解と同様の表現を用いた経済合理性基準の具体的内容に係る被控訴人〔納税者〕の主張のうち「租税回避以外に正当な理由ないし事業目的が存在しないと認められる」という点について，法 132 条 1 項の文理及び改正経緯に反すること，並びに執行の困難性による同項の死文化を理由として，かかる解釈を採り得ないとして，排斥している。

　本件高裁判決のかかる判示部分は，一見すると，経済合理性基準の判断において前記通説的見解の②の要素（正当な事業目的等がないこと）を要することを否定したようにも読めるが，そのような読み方は必ずしも裁判所が意図するものではないように思われる。即ち，本件高裁判決は，納税者が主張する，「租税回避以外に正当な理由ないし事業目的が存在しないと認められること」を「専ら租税回避目的と認められることを常に要求し」と言い換えた上で，このような解釈は採り得ないと判示しているのであり，その意味するところは，被控訴人〔納税者〕の主張を，租税回避以外の事業目的等の有無で経済合理性基準の判断をすべき（即ち，当該事業目的等の正当性の程度は考慮せず，専ら租税回避目的のみで行為又は計算が行われた場合のみ不当性要件を充足する）とする主張と捉えた上で，かかる考え方では，ごく僅かでも租税回避以外の事業目的（とってつけたような事業目的）がありさえすれば不当性要件を充足しないという極論が可能となり，法 132 条 1 項を死文化させてしまうという理由で，その主張を排斥したものであり，いわば当然の判断をしたに過ぎないと考えられる。

この点に関して，Ｙ事件最高裁調査官解説は，経済合理性に係る前記通説的見解の②の要素について，(A)行為・計算の異常性の程度等とは切り離して考え，租税回避以外の事業目的等が「存在するか否か」のみを基準とする見解（この見解の場合，ごく僅かでも何らかの事業目的等が存在すれば，行為計算否認規定は適用されない）と，(B)行為・計算の異常性の程度との関係や税負担の減少目的との主従関係等を考慮して，租税回避以外の事業目的等が「正当なものといえるか」という点を踏まえて判断すべきであるとする見解があるが，(A)については行為計算否認規定の死文化という理由で採り得ないとした上で，Ｙ事件最高裁判決は(B)の考え方を採用したものであると評している[25]。本件高裁判決は，同解説と同様に，(A)の見解は採り得ないことを明らかにしたに過ぎない。本件高裁判決は，不当性要件を判断する上で「同族会社の行為又は計算の目的ないし意図も考慮される場合があることを否定する理由はない」旨述べていることからすれば，その判示内容は，(B)の見解を採用することとは何らの乖離や矛盾を生ぜしめないということができよう。

　以上より，本件高裁判決は，前記通説的見解が不当性要件を充足するためには正当な事業目的等がないことを要すること（前記②の要素）について，否定的な判断をしているものではなく，（本件高裁判決では明示的には触れられていないものの，）前記(1)で述べたとおり，納税者の予測可能性や法的安定性の観点からすれば，前記②の要素は不当性要件（経済合理性基準）の判断において必須であると考えるのが合理的である。

　なお，かかる解釈（とりわけ事業目的等の「正当」性や「合理」性の有無に係る解釈）に基づく実務上の留意点（一つの指標）としては，租税負担減少目的を除いても当該行為又は計算を行うか否かという点を取引検討段階で予め慎重に検討しておくことが肝要であろう。

(3)　経済合理性基準における独立当事者間基準の位置づけ

　本件高裁判決は，「経済的合理性を欠く場合には，独立かつ対等で相互に

---

(25)　前掲注（24）86頁。

第 11 章　近時の重要な税務裁判例と国際的潮流（BEPS プロジェクト）　273

特殊関係のない当事者間で通常行われる取引（独立当事者間の通常の取引）と異なっている場合を含む」旨判示している（以下，当該判示部分を「独立当事者間基準」という）。法 132 条 1 項の不当性要件の解釈として，独立当事者間基準が含まれることを明示した裁判例は数少ない（東京地判平成 9・4・25 訟月 44 巻 11 号 1952 頁〔平和事件第一審判決〕及び東京高判平成 11・5・31 訟月 51 巻 8 号 2135 頁〔同事件控訴審判決〕）が，同項の趣旨が，同族会社が少数の株主又は社員によって支配されているため，当該会社の法人税の税負担を不当に減少させる行為や計算が行われやすいことに鑑み，同族会社と非同族会社の間の税負担の公平を維持するという点にあることからすれば，同族会社の特殊性に基づき独立当事者間の通常の取引とは異なる行為又は計算が行われた場合には経済合理性基準に抵触し得るとする，独立当事者間基準を採用することは合理的であると考えられる。もっとも，独立当事者間基準については以下のような執行上の課題が存する。

　すなわち，独立当事者間基準は，抽象的な基準であるが故に，一見すると，課税当局により広く適用される余地があるように思われる。しかしながら，独立当事者間基準を用いるためには，比較対象となる「独立当事者間の通常の取引」を特定した上で，納税者の行為又は計算がそれと異なるか否かを判定する必要があるところ，様々な法形式や契約形態で行われる取引等について，一般的な取引慣行や取引相場等が観念できる場合は別論として，法人の諸活動の中には，事業再編ないし組織再編のように個別性が高く，一般的な取引慣行等を想定できない場合も多く含まれており，そのような場合にはそもそも「独立当事者間の通常の取引」を導き出すことが困難であることが多い。また，不当性要件に係る独立当事者間基準の適用に当たっては，移転価格税制や財産評価基本通達等を適用する場面のように統一的な処理基準が存在しないため，これらの適用場面よりも，比較の対象となる「独立当事者間の通常の取引」を明確化することが困難である。

　故に，独立当事者間基準は，契約上の対価が適正価格に比して著しく低額又は高額である場合など，対価の適正性が問題となるような場面では比較的

機能し得る（但し，この場合でも独立当事者間価格や適正な時価をどのように算出するかという点が議論になり得る）と思われるが，それ以外の場面では当該基準に基づく判断を行うことは困難を伴う（有効に機能し得る場面は相当程度限られている）ものと思われる。現に，本件高裁判決における独立当事者間基準のあてはめでは，前記2のとおり，本件各譲渡の譲渡価額の適正性のみに着目した判断がなされている。

　いずれにしても，本件高裁判決の採用した独立当事者間基準は，執行の観点からは，課税当局が容易に適用し得るものではなく，むしろ不当性要件の立証責任を負う課税当局が独立当事者間基準の適用を主張する場合は，独立当事者間基準の前提となる「独立当事者間の通常の取引」の主張及び立証に関して課税当局に相当程度の負担を課すものとなろう。

4　本件高裁判決に関するその他の諸課題

　本件高裁判決は，本件各譲渡については，本件税額圧縮という目的の実現のために必須の行為ではないとして，本件中間持株会社化との一体性を否定した。かかる判示内容からすれば，本件高裁判決は，不当性要件に係る検討の際に複数の取引を一体とみるためには，各取引（行為）が共通の目的の実現のために必要であることが少なくともその一つの要件であると解していると考えられる。本件のような複数の取引行為等が行われた場合に，不当性要件の検討の前提として，いかなる要件の下で各取引行為の一体性が認められるのかという点は，いわゆる段階取引の法理（Step Transaction Doctrine）との関係[26]も含めて，今後の検討課題として残されている。

　また，本件では国（課税当局）からの主張はなされていないが，所得税額控除制度の濫用を理由とする税額控除の否認の可否[27]や法132条の3（連結

---

[26]　岡村忠生「グレゴリー判決再考－事業目的と段階取引－」税大論叢40周年記念論文集（2008年）129頁以下参照。

[27]　岡村忠生「最近の重要判例－IBM事件－」ジュリスト1483号（2015年）39頁は，この点について，法132条の適用によるA社における所得税額控除の否認の余地があった旨述べている。

第 11 章　近時の重要な税務裁判例と国際的潮流（BEPS プロジェクト）　275

法人に係る行為計算否認規定）の適用の可否[28]についても，理論上問題となり
得るところであり，今後さらに議論が必要であろう。

5　IBM 事件と BEPS 対応

　IBM 事件では，A 社（有限会社）は，我が国の税法上，「不透明事業体」
として W 社とは別個の法主体として取り扱われる一方で，米国税法上は，
Check the box（CTB）規則により，「透明事業体」として W 社の一部とさ
れる「ハイブリッド事業体」であった。IBM 事件は，全体的な課税関係に
係る帰結からすれば，このような「ハイブリッド事業体」を用いることによ
り，A 社（最終的には，連結納税により日本 IBM）に，BEPS Action 2（以下
「Action 2」という）で挙げられている，ハイブリッド・ミスマッチ・アレン
ジメントによる税効果の一つである Deduction/Non Inclusion outcome（D/
NI 効果）と類似の効果を生じさせ得る事案であったとも考えられる。

　即ち，(a)W 社から A 社に対する日本 IBM 株式の譲渡に関しては，①我
が国の課税上は，いわゆる「事業譲渡類似株式譲渡」として国内源泉所得と
なるものの，当時の日米租税条約の規定により，日本の源泉地国課税は制限
されるため，課税が生じないが，A 社は日本 IBM 社株式を「時価」で受け
入れることとなる。他方，②米国税法上は，CTB 規則により，A 社は，W
社の一部とされ，株式譲渡が認識されないため，W 社には課税関係は生じ
ない。(b)日本 IBM による自己株取得においては，①我が国の課税上は，A
社において，みなし配当は益金不算入となり，株式譲渡損（この時の原価は(a)
で A 社が IBM 社株式を取得したときの取得価額であり，W 社が保有していた時の簿
価から step up している）は損金に算入される，②米国税法上は，CTB 規則に
より，A 社は W 社の一部とされ，日本 IBM から W 社に対して「利益配
当」があったものとされるが，米国雇用創出法の適用により，その 85% が
非課税とされていた時期がある。かかる課税関係の結果，事業年度によって

---

(28)　岡村忠生「BEPS と行為計算否認（3）」税研 182 号（2015 年）69 頁参照。

は，我が国では，A社（連結納税後はIBM社）において株式譲渡損失に係る損金算入が生じる（Deduction）一方で，米国では，W社の所得には益金が（ほとんど）生じない（No Inclusion）という意味で，全体的な結果として，D/NI効果と類似の効果が生じていると評価することも考えられる。このような効果が生じた理由は，自己株式取得により生じるみなし配当について一定の場合に益金不算入となる一方で，譲渡損失が生じるという，我が国のみなし配当に係る税制上の問題に加えて，米国における「ハイブリッド事業体」としての取扱い及び当時の米国雇用創出法による非課税の取扱いが存したことにある。

Action 2では，D/NI効果に対して，リンキングルールで対応することが勧告されており，我が国においても，既に外国子会社配当益金不算入制度に関して個別規定（法23条の2第2項1号）が立法されているところであるが，上記のような全体的な取引の結果生じ得るD/NI効果に対して対応し得る個別規定はまだ立法に至っていない。このような取引は個別性が強く，個別規定での対応は困難な面があるため，IBM事件では，国は敗訴という結果に至ったものの，課税当局としては，BEPS対応というコンテクストにおいても，法132条等の行為計算否認規定の適用による対応を視野に入れて課税執行を検討する必要があろう（そして，その際には，本件高裁判決の十分な検討をした上で課税執行を行う必要があろう）。

V　ユニバーサルミュージック事件の検討

IBM事件と同じく法132条（同族会社の行為計算否認規定）の適用の可否が争われているユニバーサルミュージック事件は，平成27年2月2日付けで国税不服審判所裁決（以下「本件裁決」という）が出され，その後訴訟提起され，東京地方裁判所に係属している。現在，訴訟係属中であり，司法判断を待つところであるが，若干の検討を行う。

第 11 章　近時の重要な税務裁判例と国際的潮流（BEPS プロジェクト）　277

1　事案の概要（本件裁決の要旨を含む）

　ユニバーサルミュージック事件は，U 合同会社（以下「本件GK」という）
（納税者）が，フランスの V 社グループ関連企業（以下「V 社」という）から
借入れを行い，当該借入れに係る支払利息（以下「本件支払利息」という）の
損金算入をしていたところ，課税当局が法 132 条 1 項の適用によりこれを否
認する処分をしたため，本件 GK がその処分の取消しを争った事案である
（以下本節において「本件」という）。なお，本件は，過大支払利子税制（現行租
税特別措置法 66 条の 5）が導入される「前」の事案である。

　本件の事実関係は以下のとおりであるが，以下で説明する事案の概要は，
本件裁決（当事者名等を含めてマスキングがなされている）の内容を，報道等[29]
により得られた情報で適宜補ったものであり，実際の事実関係と異なる部分
が存する可能性があることに留意されたい。

　フランスの V 社グループの傘下にある，米国の事業会社（以下「U 社」と
いう）の 100％ 日本子会社である U 株式会社（以下「本件 KK」という）は，
我が国でレコード事業等を営んでおり，黒字を継続していたところ，V 社
グループの組織再編の計画に従い，以下の取引（以下「本件再編取引」という）
が行われた。

A)　U 社は，2008 年 9 月にオランダにその 100％ 子会社である N 社を設
立し，①N 社は同年 10 月に 200 万円を出資して日本に本件 GK を設立
した。

B)　②同年 10 月から 12 月にかけて，N 社から本件 GK に対する約 295
億円の追加出資及び本件 GK による V 社から約 866 億円の借入れ（以下，
当該借入れを「本件借入れ」といい，本件借入れに係る債務を「本件借入債務」
という）がそれぞれ行われ，③本件 GK は②により調達した資金を用い
て，U 社が保有する本件 KK に係る発行済株式の全部を取得した。

C)　④2009 年 1 月に，本件 KK を消滅会社，本件 GK を存続会社とする

---

(29)　2012 年 7 月 16 日付け読売新聞朝刊 39 頁等。

吸収合併が行われた。

D) その後，⑤本件 GK は，V 社に対し，本件借入債務の一部を返済した。

本件再編取引により，U 社の 100％ 子会社であり，且つ黒字会社であった本件 KK は，結果的に，V 社からの多額の借入れを抱える本件 GK に組織変更された形となっている。これにより，本件 GK は多額の支払利子を我が国の課税所得の計算上損金に算入することで，本件 KK から承継した事業に係る課税所得を減少させる税務上の効果があったものと思われる。

本件裁決では，本件 KK による合同会社への組織変更という端的な方法があるにも拘らず，本件再編取引は，「複雑でう遠な手続」を採るものであるから，「組織変更の方法として経済的合理性に欠ける」と指摘した上で，結論的に，本件再編取引の一環として行われた「本件借入れに合理的な理由はなく，これに伴う本件借入債務に係る本件支払利息の負担についても合理的な理由はないと認められるから，本件借入れを行い，本件支払利息を支払った行為は，専ら経済的，実質的見地において，純経済人の行為として不合理，不自然なものというべき」として，課税当局の更正処分等は適法である旨の判断を示した。

2 検 討

(1) 過大支払利子に対する対応

本件は，過大支払利子税制が導入される前の事案であるところ，既存の租税回避行為防止制度である移転価格税制及び過少資本税制を以て本件支払利息の損金算入による課税負担の圧縮を否認することはできなかったものと推察される。故に，本件で，課税当局は，法 132 条 1 項の適用により利子の損金算入の否認を試みたものと考えられよう。

(2) 法 132 条の適用に係る論点

本件は，以下のとおり，個別的租税回避防止規定である過少資本税制が適用されない利子の損金算入に関して，法 132 条 1 項所定の行為計算否認規定

が適用され得るかという重要な争点を含んでいる。

　すなわち，このような個別否認規定と行為計算否認規定との関係については，ヤフー事件及びIDCF事件の第一審でも争点とされており，個別規定（ヤフー事件では，特定役員引継要件を定める法人税法施行令112条7項5号の要件）を充足している以上，行為計算否認規定である法132条の2が適用される余地はない旨の主張が納税者からなされたが，法132条の2の規定の趣旨等に基づきかかる主張は排斥されており，Y事件等最高裁判決では，この争点については触れられずに（かかる場合においても法132条の2が適用され得ることを前提として）同条の「不当」性要件に係る解釈及びそれに基づく判断がなされている。

　本件裁決では，過少資本税制と法132条1項との関係について，それぞれの要件の相違に着目して，「過少資本税制の適用がない場合であっても，同族会社の行為計算否認規定の要件を満たす場合には，当該規定を適用することができる」旨の判断を示している。

　この点について本件に関する司法判断を待つところであるが，前記Y事件等最高裁判決における裁判所のスタンスに鑑みれば，裁判所では，同争点に関して，個別規定と行為計算否認規定との関係という構図のみで判断がなされるとは考え難く，法132条1項所定の不当性要件に係る解釈論の枠組みの中で個別規定との関係が問われるように思われる。より具体的には，不当性要件を充足するか否かは，①行為又は計算の不自然性の有無及び②正当な事業目的等の有無により判断されるべきであるところ，Y事件等最高裁判決が法132条の2との関係において制度趣旨に反する状態を作出したか否かを一つの基準として行為・計算の不自然性を判断したのと同様に，法132条1項との関係においても，個別の制度趣旨に反する状態を作出したか否かにより行為・計算の不自然性を判断することが許されるのかという点が論点となり得る。

　この点，法132条の2については，Y事件等最高裁判決が判示したとおり，組織再編成という一定の場面に限定して適用され，「組織再編税制に係

る各規定を租税回避の手段として濫用すること」を防止することを規定の趣旨とするのに対し，法132条1項については，同族会社と非同族会社との間の税負担の公平を維持することを趣旨としており，必ずしも特定の規定や制度の濫用を防止するという趣旨が明示されている訳ではないため，法132条の2の適用場面と同様に，行為又は計算の不自然性に係る判断を制度趣旨に反するという観点から判断すべきであるかという点は必ずしも明らかではない。

　もっとも，仮に制度趣旨に反するか否かという観点から検討するとすれば，過少資本税制はアーニング・ストリッピングによる租税回避行為に対応するための個別的租税回避防止制度として設けられたものであるが，他方で，資金調達という事業運営一般において必要とされる行為であるという点を考慮し，その適用のために精緻且つ形式的な要件を設定することで，課税上否認がなされるか否かに関する納税者の予測可能性と法的安定性を確保している。特に，過少資本税制に関する立案担当者の解説では，同税制の創設により，我が国に子会社を設立しようとする際に拠出した貸付金に係る利子の損金算入が否認されるか否かに関して予測可能性が高まったという点が強調されており(30)，当該税制は，納税者の予測可能性や法的安定性を考慮したセーフ・ハーバー的な機能をも担うことが，立法当時から予定されていたと考えられる。このような納税者の予測可能性や法的安定性の確保を図りながら，その範囲内で租税回避行為を防止するという趣旨に鑑みれば，過少資本税制の適用要件を充足しないことが明らかである場合には，結果的に課税負担が減少しているとしても，それは法が予定しているところであり，法132条の不当性要件に係る解釈において，かかる状況のみを以て「不自然」性が基礎づけられるとは言い難い。実質的にも，過少資本税制及び移転価格税制の適用要件が充足されていないことが明らかであるとすれば，それは，利払いを

―――――――――

(30)　佐藤英明「わが国の過少資本税制とその問題点」ジュリスト1075号（1995年）26頁以下，佐藤英明「過少資本税制」日税研論集33号（1995年）91頁，志賀櫻「過少資本税制」ジュリスト998号（1992年）6-7頁。

行っている内国法人における適正な負債・資本比率が保たれており，且つ，国外関連者との間で独立企業原則に則った水準で借入金に係る利子の利率が設定されているということを意味するのであり，少なくとも，この行為の結果のみを以て「不自然」な行為に該当するとは言い難いように思われる。

　もっとも，上記の議論とは別に，Y事件等最高裁判決が，別途，行為又は計算の不自然性に係る例示として挙げている「通常は想定されない取引の手順や方法」と同様に，前記の制度趣旨に反するか否かという観点から離れて，（例えば，IDCF事件最高裁判決で「本来必要のない本件譲渡1を介在させることにより」と評価されたように，）納税者が選択した法形式を客観的に観察して，明らかに不要（言い換えれば，やらなくとも結論は同一である）と認められる法形式を「通常は想定されない」と評価し，これに基づき行為又は計算の不自然性が認定されることも考えられる。このような認定は，それは納税者の予見可能性を大きく害するものではなく，「客観的，合理的基準」[31]に基づくものといえよう。

3　ユニバーサルミュージック事件とBEPS対応

　ユニバーサルミュージック事件は，BEPS Action 4（以下「Action 4」という）が懸念するBEPSリスクのうち，「グループがグループ内融資を用いて，グループの実際の第三者利子費用を超える利子控除を生じさせる」ものであったか否かが問題となる事案と整理できる。我が国では，ユニバーサルミュージック事件後の2013年（平成25年）4月1日以後開始する事業年度から過大支払税制が導入され（租税特別措置法66条の5の3第1項），既に，Action 4が勧告する「固定比率ルール」（事業体の利子及び経済的に利子に相当する支払に係る純控除をEBITDA（利払前，税引前，減価償却及びアモティゼーション前収益）の一定比率に制限するルール）類似のルールが導入されており，これによりアーニング・ストリッピングに対する対応は一定程度行われている。

---

(31)　最二小判昭和53・4・21訟月24巻8号1694頁。

Action 4 では，さらに，「固定比率」を 10%〜30% に下げること，対象を国外関連者に限定しないことが勧告されており，より広範なルールの導入が検討されることとなる。過大支払利子の損金算入の問題については，かかる環境下で一定程度防止されることが期待でき，今後は，ユニバーサルミュージック事件のように，同問題について法 132 条の適用が問題となることは減少するように思われる。

「税源浸食と利益移転（BEPS）」対策税制

第 12 章　BEPS プロジェクト最終報告書
－税務行政における主な対応と課題－

池田　義典

（国税庁調査課長（前国際業務課長））

Ⅰ　はじめに

　2015 年 10 月に BEPS プロジェクト最終報告書[1]が公表され，11 月の G 20 サミット（アンタルヤ）で承認されてから 2 年が経過し，この間に「BEPS 包摂的枠組み」（Inclusive Framework on BEPS）への参加は，報告書公表時点の 46 か国から 100 を超える国・地域[2]に拡大している。

　BEPS パッケージについては，現在，その「着実な，一貫性のある，かつ，足並みを揃えた実施」[3]が最重要とされており，プロジェクトの重心は理念の整理から多数かつ多様な政府及び納税者による統一された実施の確保に移

---

(1)　議論に参加した当事者等による解説として，概要については，田中琢二＝青山慶二「［新春座談会］BEPS 行動計画について」租税研究 796 号 5-57 頁（2016）などを，各行動計画については，財務省主税局参事官室「BEPS プロジェクトの各行動計画の概要①〜④」月刊国際税務 36 巻 3 号〜6 号，各①34-43 頁，②44-51 頁，③56-62 頁，④33-36 頁（それぞれ 2016），税制調査会「第 6 回国際課税ディスカッショングループ（2015 年 10 月 23 日）資料一覧」〈http://www.cao.go.jp/zei-cho/gijiroku/discussion1/2015/27dis16kai.html（2017 年 10 月 25 日閲覧）〉などを参照されたい。

(2)　2018 年 1 月現在で 111 か国・地域となっている。

(3)　2016 年 5 月 26 日・27 日　G7 首脳宣言（伊勢志摩）。

りつつある。本稿では，こうした背景も踏まえて最終報告書を受けた執行面の状況及び取組をご紹介する。

次のⅡ節で，まず最終報告書公表後のいわゆる「BEPS 実施フェーズ」の全体像を概観し，Ⅲ節では，国税庁が 2016 年 10 月に公表した「国際戦略トータルプラン」に従って BEPS 対応を含む国際課税に対するわが国税務行政当局の基本的な考え方をご説明する。続くⅣ節及びⅤ節で各行動計画への具体的な対応を取り上げることとし，Ⅳ節で優先度の高いミニマム・スタンダードとされた行動 13（多国籍企業情報の文書化），行動 14（相互協議の効果的実施）等に対する取組をやや詳細に説明し，Ⅴ節ではその他の幾つかの行動計画にも簡単に触れたい。最後にⅥ節で全般的な状況及び今後の方向性について概括する。

なお，本稿の中で意見にわたる部分があれば，筆者の属する組織の見解ではなく，筆者の個人的な見解であることをあらかじめお断りしたい。

Ⅱ　BEPS 実施フェーズ
－最終報告書公表後の動き（全体像）－

⑴　BEPS 実施フェーズ

最終報告書の公表時点で，公表後のいわゆる「Post BEPS」あるいは「BEPS 実施フェーズ」では，基本的に次の取組が行われることとされた[4]。

(1)　各国で必要な法律及び租税条約の整備を行い，各国の制度及び執行の状況について参加国が共同してモニタリングを実施

最終報告書で決定された内容を，法整備や租税条約の改正も含めて各国が責任を持って実施することが重要であり，「一貫した実施と適用が

---

(4)　Explanatory Statement（OECD *"Explanatory Statement, OECD/G 20 Base Erosion and Profit Shifting Project"*（2015）（最終報告書と同時に OECD が公表した解説文）パラ 23-31（「Post-BEPS Environment」部分），pp.9-11 参照。

カギを握る」[5]。

　同時に租税に係る他の多くの国際的取組と同様に BEPS プロジェクトにも法的な強制力はない[6]ため，参加国・地域の自らのコミットメントの実施を担保する手段としては，参加国相互による国際的なモニタリングが用いられている。

(2)　引き続き課題とされた事項につき，検討を継続

　極めて広範な対象を基本的な概念まで遡って議論した結果，BEPS プロジェクトは多くの点で今後の検討の余地を残すものとなっており，また，最終報告書で明確に継続検討とされた事項もある。例えば行動 1 では 2020 年までにフォローアップ報告書の作成が，行動 7 及び行動 8-10 では 2017 年末を目処に 4 つのガイダンスの作成が求められている。こうした残された課題について議論を継続することとされた。

(3)　より広範な国・地域及び関係機関が協調する枠組みを構築

　BEPS 対策はその性質上，協調して行動する国・地域が多いほど実効性が高まるため，開発途上国を含むより幅広い国々及び関係機関[7]が協調する枠組みを構築し，必要な場合には技術支援（capacity building）も提供することとされた。この結果，「包摂的枠組み」の規模は拡大しており，執行面からは，メンバーの中に租税に関する国際協調等の経験が必ずしも豊富でない国・地域も見られる状況が生じている。

(2)　**的確な実施**

BEPS プロジェクトの特徴の一つは，これまでの OECD 等による国際的取組が基本的に既存の租税条約や各国の国内税法を所与としてきたことに対して，租税条約や各国の税制の改正も含む協調の枠組みとなっている点である。

---

(5)　前掲注（4）　パラ 25 など参照。
(6)　法的な観点から BEPS プロジェクトの限界を指摘されたものとして，中里実「BEPS プロジェクトはどこまで実現されるか」ジュリスト 1483 号 25-30 頁（2015）などを参照されたい。
(7)　OECD 以外に，IMF，世銀及び国連などが想定された。

これまでのわが国の制度面における対応で主要なものを挙げると，BEPS
プロジェクトの議論と並行する形で2015年度に，①国境を越えた消費者向
け電子書籍・音楽・広告の配信等の電気通信利用役務提供取引の場合に消費
者の所在地国で消費税を課す（行動1）ための改正，②ハイブリッド・ミス
マッチ無効化（行動2）の観点から子会社所在地国で損金算入される配当に
ついて受領する日本親会社の外国子会社配当益金不算入制度の対象から除外
する改正が行われ，また，BEPSプロジェクト最終報告書の公表を受けて，
2016年度で，③移転価格の文書化を整備（行動13）する改正が，2017年度
では，④外国子会社合算税制（行動3）に関する改正が行われている。

さらに，2017年6月には，パリにおいていわゆるBEPS防止措置実施条
約（Multilateral Convention to Implement Tax Treaty Related Measures to Pre-
vent Base Erosion And Profit Shifting. 以下「MLI」。）（行動15）に署名している[8]。

また，執行面において，制度の整備が不要な事項については直ちに，制度
の整備を要する場合には制度改正を踏まえて，各国・地域により適切に実施
されることが不可欠であり，本稿はこの執行面での主な取組を取り上げる。

(3) 優先すべき事項

最終報告書は，15の各行動計画における勧告の内容を，①ミニマム・ス
タンダード（Minimum Standard），②既存スタンダードの改正（Revision of
Existing Standard），③コモン・アプローチ（Common Approach）及び④ベス
ト・プラクティス（Best Practice）に分類して，その実施に優先順位を付し
ている[9]。

15の行動計画はそれぞれ近年の深刻な国際課税問題を反映しており，各

---

(8)　MLIの概要及びわが国の各規定の選択状況等について，財務省2017年6月8
日報道発表「BEPS防止措置実施条約に署名しました」〈http://www. mof.
go. jp/tax_policy/summary/international/press_release/20170608mli. htm
（2017年10月25日閲覧）〉等を参照されたい。
　　2017年6月7日にわが国を含む67か国・地域が署名し，2017年8月17日
現在では70か国・地域が署名している。ただし，米国は未署名である。
(9)　前掲注（4）パラ11，p.6など参照。

国・地域は全ての勧告を参考とすべきであるが，この中で特に重要かつ早期の対応が要請された事項が①の「ミニマム・スタンダード」であり，全ての参加メンバーが必ず実施しなければならず，実施状況のモニタリング（参加国による相互審査（Peer Review）。以下「ピアレビュー」。）を受けることとされた。

最終報告書でミニマム・スタンダードとされた項目は次のとおりである。

○行動5（有害税制への対抗）
  • 知的財産優遇税制（いわゆる「パテント・ボックス」）の有害性除去のため新基準を採用
  • ルーリングに係る自発的情報交換を実施
○行動6（租税条約濫用の防止）
  • 租税条約の濫用防止規定を二国間条約において採用
○行動13（多国籍企業情報の文書化）
  • 国別報告書の自動的情報交換を実施
○行動14（相互協議の効果的実施）
  • 相互協議を通じた適時・効果的な紛争解決実現のため必要な措置を実施

これらの項目についてまず迅速な実施を確保することが国際的な合意となっており，わが国についても，これらを確実に実施し，かつピアレビューにおいて十分な評価を得ることが当面の優先事項となる。

この4つのミニマム・スタンダードに対する，現時点でのわが国の取組状況を簡記すると以下のとおりとなる。

BEPSプロジェクト　ミニマム・スタンダードに係るわが国の取組状況

	ミニマム・スタンダード	わが国の取組状況
行動5（有害税制への対抗）	知的財産優遇税制に対する新基準※を採用	• 対象となる知的財産優遇税制なし ※知的財産優遇税制は，国内での研究開発支出の割合に応じてのみ適用可

	ルーリングに係る自発的情報交換を実施	・相互協議を伴わない事前確認について，2016 年 6 月より租税条約に基づく自発的情報交換を開始
行動 6（租税条約濫用の防止）	濫用防止規定を二国間条約において採用	・一部の条約では反映済 ・MLI への署名（行動 15）又は二国間条約の改正により対応
行動 13（多国籍企業情報の文書化）	国別報告書の自動的情報交換を実施	・2016 年度税制改正 ・2018 年以降，国別報告書を関係外国当局に提供 ・制度の周知・広報及び相談対応等を実施
行動 14（相互協議の効果的実施）	相互協議を通じた適時・効果的な紛争解決のため最低限必要な事項を実施	・執行面対応済（未実施の事項なし） ・MLI への署名（行動 15）又は二国間条約の改正により対応

また，これらのピアレビューは以下の主体により運営・実施されている。

行動 5	OECD 租税委員会（CFA）有害税制フォーラム
行動 6	OECD 租税委員会（CFA）第 1 作業部会
行動 13	OECD 租税委員会（CFA）国別報告書グループ
行動 14	OECD 税務長官会議（FTA）MAP フォーラム

⑷　わが国の役割

　わが国は OECD/G20 とともに BEPS プロジェクトをリードしてきたことから，プロジェクトの目的を実現するため，BEPS 実施フェーズにおいても各参加国・地域によるコミットメントの確実な実施に貢献していく必要がある。

　この点からは，わが国自身がピアレビューで高評価を得ること以上に，この相互審査の枠組みが適切な形態・手続きにより確実に実施され，各メンバーの状況が正確に評価されるとともに，履行が不十分なメンバーに対して的確に国際的なプレッシャーが与えられていくように，わが国の積極的な関与が求められている。

Ⅲ　国際戦略トータルプラン

　国税庁では 2016 年 10 月 25 日に「国際戦略トータルプラン」(10)（以下「ト
ータルプラン」。）をとりまとめ，国際課税に対する取組の現状及び今後の方
向性に関する基本的な姿勢を初めて一覧性のある形で公表している。この内
容が，BEPS 実施フェーズにおける，BEPS 最終報告書への対応も含む（国
際課税に対する）わが国税務行政当局の基本的なスタンスとなるため，ここ
でそのポイントを説明したい。

　トータルプランでは，まず冒頭で，基本的な姿勢として「近時の BEPS
プロジェクトの進展や，（略）『パナマ文書』の公開など，富裕層や海外取引
のある企業などによる国際的な租税回避行為に対して，国民の関心が大きく
高まっている状況」にあり，「『納税者の自発的な納税義務の履行を適正かつ
円滑に実現する』ことを使命とする国税庁としては，より一層，国際課税に
対する取組の重要性が高まっていると考えています。」(11)と述べて，申告納
税制度の下で国民からの信頼を確保しつつその使命・役割を適切に果たして
いくため，BEPS プロジェクトを含む近時の動向に的確に対応し，国際課税
に積極的に取り組んでいく旨を表明している。

---

(10)　国税庁「国際戦略トータルプラン－国際課税の取組の現状と今後の方向－」
　　〈https://www.nta.go.jp/kohyo/press/press/2016/kokusai_kazei/pdf/04.
　　pdf（2017 年 10 月 25 日閲覧）〉。
(11)　「トータルプラン」，3 頁。
　　　更に 1 頁では，同様の趣旨を敷衍して，「近年，個人投資家の海外投資や企
　　業の海外取引が増加するなど，経済社会がますます国際化しています。このよ
　　うな中，いわゆる『パナマ文書』の公開や BEPS（略）プロジェクトの進展な
　　どにより，富裕層や海外取引のある企業による，海外への資産隠しのほか，国
　　外で設立した法人や各国の税制・租税条約の違いを利用して税負担を軽減する
　　等の国際的な租税回避行為に対して，国民の関心が大きく高まっている状況に
　　あります。」「国税庁としては，国内のみならずこうした国際的な動きも十分に
　　視野に入れて適正公平な課税を実現していくことが，国民からの信頼の確保に
　　つながるものと考えています。」「こうした観点から，国税庁では，国際課税へ
　　の取組を重要な課題と位置付け…」と述べている。

こうした背景及び基本認識を述べた上で，国際課税問題に対する執行方針として，(1)情報リソースの充実（収集・活用の強化），(2)調査マンパワーの充実（専門体制の整備・拡充），(3)グローバルネットワークの強化（外国当局との協調等），(4)富裕層や海外取引のある企業への対応等，について順次記述しており，それぞれの概要は次のとおりとなる。

(1)　情報収集及び活用の強化については，2014 年に国外財産調書制度，2016 年に財産債務調書制度がそれぞれ導入されており，国外送金等調書など他の既存の資料情報等と併せてその内容を検討するなど，積極的に活用を図る。また，今後（2018 年 9 月末までに）諸外国との間で，いわゆる共通報告基準（CRS：Common Reporting Standard. 以下「CRS」。）に基づく非居住者の金融口座情報や BEPS プロジェクト行動 13 に伴う多国籍企業情報の情報交換が開始されることとなり，国税庁としては，提供された情報を積極的に活用することにより，海外資産の把握や多国籍企業の実態把握に努める。

(2)　専門体制の整備・拡充については，現在，統括国税実査官（国際担当）や国際調査課[12]，国際税務専門官[13]といった専門部門により対応しているが，国際的租税回避等に適切に対応する観点から，2017 年度において，①国際課税における司令塔の役割を期して国税庁に「国税庁国際課税企画官」を設置，②富裕層のうち特に高額な資産を有する者及び関係する個人・法人を一体的に管理して調査事案の企画・立案を行う「重点管理富裕層プロジェクト・チーム（富裕層PT）」[14]を全国に拡充，③

---

[12]　統括国税実査官（国際担当）及び国際調査課は，東京，大阪，名古屋及び関東信越の各国税局の課税第一部及び調査（査察）部にそれぞれ設置されており，国際的租税回避事案に関する資料情報の収集・分析及び調査事案の企画のほか，複雑な海外取引に係る調査手法の研究・開発を行っている。

[13]　国際税務専門官は，国税局や主要な税務署に設置されており，国際的な税務上の問題に関して，自ら調査を行うとともに，他職員の海外取引調査能力向上のための OJT 研修も実施している。

[14]　2014 年度から東京・大阪・名古屋国税局に設置していた富裕層PT を全国国税局に拡充したもの。

第12章　BEPS プロジェクト最終報告書　291

国税局に国際担当の統括国税実査官を増設するなど，国際課税への執行体制の充実・強化について着実に推進する。

(3)　外国当局との協調等に関しては，租税条約等に基づく情報交換のほか，BEPS や税の透明性に関する国際的な取組に積極的に参画し，さらに，相互協議の促進，徴収共助制度の活用などを促進していく。今日，国際課税の分野で適切な申告を確保していくためには，制度面・執行面ともに国際的に協調した対応が不可欠となっており，OECD 等の多国間の取組に参加するとともに，各国税務当局との二国間の協力関係を一層深め，国際的な協調に引き続き積極的に対応していく。

(4)　富裕層や海外取引のある企業への対応等に関するパートでは，こうした重点分野への取組方針や調査事績の概要，国民の理解に資すると思われる近時の事例を十分に匿名化した上で記載している。

これらの方向性は，現在の国際的な潮流とも合致するものである。

この中で，情報リソースの充実は，BEPS プロジェクトでは「透明性の向上」あるいは企業と当局の間の「情報の非対称性の解消」という問題意識の下で，行動 13 のほか，行動 5 のルーリングに係る開示及び情報交換，行動 12 のタックス・プランニングの義務的開示などの行動計画に取りまとめられている。また BEPS プロジェクトと同時期に進められた CRS に基づく自動的情報交換も，税務当局にとって極めて重要な動きとなっている[15]。

外国当局との協調等については，まさに本稿が取り上げる BEPS プロジェクトやその実施フェーズのような国際的取組に国税庁も積極的に参画し，また，二国間・多国間を問わず諸外国の当局との相互協力関係を促進して，国際的な制度及び執行のスタンダード構築に貢献するとともに，その成果の国内の執行への活用に努めていくこととなる。

---

(15)　こうした進展により，①移転価格，②海外での資金運用等に関するわが国の情報収集に係る制度及び実務も，米国や欧州の主要国の体制に近づきつつあるように思われる。

Ⅳ　ミニマム・スタンダードへの取組
－行動 13 及び行動 14 への対応など－

　Ⅱ節で述べたとおり，まずミニマム・スタンダードへの対応が要請されているが，わが国の執行上の観点からは移転価格に係る文書化制度及び相互協議効率化への取組が特に重要と考えられるため，ここで行動 13 及び行動 14 に関して詳述し，行動 5 に関連した実務上の変更点にも簡単に触れたい。

1　多国籍企業情報の文書化（行動 13）－国別報告書制度
(1)　文書化制度及び国別報告書

　わが国では，2016 年度税制改正において，多国籍企業グループの国ごとの活動状況に関する情報（「国別報告事項」），同グループのグローバルな事業活動の全体像に関する情報（「事業概況報告事項（マスターファイル）」）及び関連者との取引における独立企業間価格を算定するための詳細な情報（「ローカルファイル」）を税務署に提供（ローカルファイルについては作成・保存）することが義務付けられている。本稿ではそれぞれ，「国別報告書」，「マスターファイル」及び「ローカルファイル」の用語を使用する。

　国別報告書及びマスターファイルについては，直前の会計年度における総収入金額 1,000 億円以上の多国籍企業グループの最終親会社等がその会計年度の終了の日の翌日から 1 年以内に，国税電子申告・納税システム（e-Tax）により提供することとされ，2016 年 4 月 1 日以後に開始する最終親会社等の会計年度から適用されている。

　このうち，国別報告書は，租税条約等の自動的情報交換に基づき，多国籍企業グループの構成会社等の居住地国の税務当局に提供されることとなる。わが国に関しては，2018 年 9 月までに外国税務当局への情報提供（及び諸外国からの情報提供）が開始される。

　ローカルファイルについては，前事業年度における一の国外関連者との取

第12章　BEPS プロジェクト最終報告書　293

引の合計金額が 50 億円以上又は無形資産取引の合計金額が 3 億円以上であ
る法人が確定申告書の提出期限までに作成（又は取得）して保存し，調査官
が求めた日から一定の期日までに提示又は提出する必要があり，2017 年 4
月 1 日以後に開始する事業年度から適用されている。

　外国当局との間の国別報告書の交換は基本的に税務行政執行共助条約に基
づくこととなる[16]が，わが国は 2016 年 1 月に同条約の執行に係るマルチ当
局間合意（Multilateral Competent Authority Agreement：MCAA）に署名を行
っている。2017 年 12 月時点で，マルチ当局間合意に署名を行っているのは
68 か国・地域である。

　なお，行動 13 最終報告書は，国別報告書の実施時期を原則 2016 年 1 月と
しつつ各国の国内法制化のプロセスにも配意するとしており，各国の初年度
の実施時期のずれにより，いわゆる「子会社方式」が適用される可能性が想
定された[17]ため，2016 年 6 月に OECD からガイダンスが公表され，親会社
による自発的な代理親方式の利用が示された。わが国では，2016 年 4 月 1
日より前に開始する事業年度について日本企業が国税庁に自発的に国別報告
書を提出した場合には国税庁が各国に国別報告書を提供することとし，また，
わが国は初年度について子会社方式の適用を猶予することとしている。

⑵　円滑な導入への支援

　国税庁では，行動 13 の移転価格に係る文書化制度全般について，対象と
なる企業が作成すべき文書の例示集を公表し，各国税局に相談窓口を設置し
て個別企業の相談に応じるなど，円滑な導入及び実施に努めている[18]。

　具体的には，①法令解釈通達や事務運営指針の改正（2016 年 6 月），②企業
が作成すべき文書の例示集や FAQ の作成・公表，各種説明会の積極的な開
催，③e-Tax 上に開設した「多国籍企業情報の報告コーナー」[19]の充実，④

---

(16)　MCAA に署名を行っていない国が国別報告書を交換するためには，別途，二
　　　国間租税条約又は情報交換協定に基づく当局間合意に署名を行う必要がある。
(17)　例えば，親会社が（わが国のように）2016 年 4 月実施の国に所在し，子会社
　　　が 2016 年 1 月実施の国に所在する場合に，子会社方式が発動される可能性が
　　　あった。

納税者の自主的な検討・対応に有用な情報を掲載した「移転価格ガイドブック」[20]の作成・公表などを実施しており，積極的な制度の周知・広報を行っているほか，各国税局に相談窓口を設置し，文書作成上の留意点などに関して個別企業の相談に応じる体制を整えている。また，⑤ローカルファイル作成の支援を通じて納税者の負担を軽減しつつ制度の定着を図る観点から，積極的に企業を訪問して作成指導及び相談に取り組んでいる。

(3) 適切な使用の確保：3条件の遵守

各国・地域の当局が国別報告書を使用する局面では，最終報告書で明記された，守秘（Confidentiality），一貫性（Consistency），適切使用（Appropriate Use）の3条件が確実に遵守されることが重要となっている。

行動13最終報告書によるこれらの条件の概要は以下のとおりである[21]。

○守秘（Confidentiality）

各国は報告された情報に法的保護を実施していなければならず，その保護はグローバル・フォーラムの（通常の要請による情報交換に対する）国際的基準を満たす租税条約等の規定で提供されるものと同等以上でなければならない。

○一貫性（Consistency）

---

(18) 一般的に，欧米主要国では行動13がカバーする文書化制度のうち同時文書化義務等は従来から存在したこと，BEPSプロジェクト開始の直接の契機は主に米国等の多国籍企業のアグレッシブな行動であったことなどから，今般新規の義務に対応することとなるわが国企業に対しては，その準備に資するようできる限り丁寧な説明・支援を行うことが必要と考えている。

(19) 〈http://www.e-tax.nta.go.jp/e-taxtp/e-taxtp.htm（2017年10月25日閲覧）〉。

(20) 〈https://www.nta.go.jp/kohyo/press/press/2016/kakaku_guide/pdf/ikkatsu.pdf（2017年10月25日閲覧）〉。

(21) 行動13報告書 *"Transfer Pricing Documentation and Country-by-Country Reporting, Action 13-2015 Final Report, OECD/G 20 Base Erosion and Profit Shifting Project"*（2015），パラ25（整合性及び適切な使用），p.16，パラ57（守秘）・パラ58（整合性）・パラ59（適切な使用），p.22参照。

第 12 章　BEPS プロジェクト最終報告書　295

> 各国は改正後の移転価格ガイドライン V 章の Annex III で定める標準テンプレート（Standard Template）を使用しなければならず，それ以外の情報を追加したり，逆に省略してはならない。

○適切使用（Appropriate Use）

> 各国は国別報告書の情報を適切に使用しなければならず，とりわけ（in particular），ハイレベルの移転価格リスク（high-level transfer pricing risk）の評価への使用にコミットする。その他の BEPS 関連リスク（other BEPS related risks）の評価にも使用できる。各国は国別報告書からのデータに基づき所得の定式配分（income allocation formula）による課税を提示してはならず，仮に地方の税務当局がそうした課税を行った場合，その国の権限ある当局は手続きにおいて迅速に譲歩する。ただし，各国が国別報告書のデータを税務調査の過程で更に質問を行うための基礎として使用することは妨げられない。

　国別報告書は以前から民間団体等により導入が提言されてきたものであり，各国・地域の当局には多国籍企業グループのグローバルな租税戦略（単純な例では，全世界で巨額の売上や利益をあげながら世界中のどの国にも税金を納めていない，あるいは利益の大半を低税率国にシフトしているといった納税行動）が把握できるようになるメリットがある。

　他方で，国別報告書で報告される情報は極めて概括的であり，また，原則として親会社所在地国の会計上の数値を基礎とするため，各企業間で統一もされていない。これらのデータのみに基づいて移転価格課税が行われることは考え難いが，万一そうした国・地域がある場合には，不適切な結果が生じる可能性が高い。

　まず，守秘については，最終報告書では国別報告書に係る情報は，保護されるべき納税者の個別情報として，いわゆる条約方式により各国・地域間で交換を行うこととされている。これにより，通常の情報交換に適用される条約上の守秘義務及び各国国内法の守秘義務の枠組みがそのまま国別報告書に

も適用される[22]。

　また，国別報告書に含まれ得る情報は最終報告書において具体的に規定されており，一貫性の要件により，各国が勝手に項目を追加することも許容されない。

　こうした制度の建付けから，国別報告書やマスターファイルの情報は，多国籍企業グループにおけるハイレベルな移転価格リスクやBEPS関連リスクの評価，経済分析等のために活用されるもので，個別の取引及び取引価格の詳細な移転価格分析に代わり得るものではないとされている。

　この点わが国では，移転価格事務運営要領（第2章2-1（国別報告事項の適切な使用））において「…国別報告事項…情報については，課税上の問題の把握及び統計のために使用し，国別報告事項…のみに基づいて，独立企業間価格の算定を行うことはできない」として，国別報告書から得られる概要データのみを根拠として安易に移転価格課税を行うことはできないことを明示している。

　子会社方式の適用についても，仮に他の適用要件が満たされていても，上述の3条件を満たしていない国が子会社方式を用いることは認められない[23]。また，親会社の居住地国が3条件を満たしているにもかかわらず，子会社の居住地国が親会社居住地国と（国別報告書を交換するための）当局間合意を締結する意思がない場合にも，当該子会社居住地国が子会社方式を用いることは許されない[24]。

　行動13に係るピアレビューは2017年から2019年にかけて段階的に行われる予定であり，実施中の第1フェーズは主に国内法制の整備が対象とされているが，今後は情報交換の実施状況及び3条件の遵守状況を主な対象とし

---

(22)　この点で，欧州委員会で検討中の公表国別報告（Public CbC Reporting）は，BEPSプロジェクトの合意による仕組みと全く異なるものである。欧州委員会2016年4月12日提案（COM（2016）198 final 2016/0107（COD））など参照。

(23)　OECD *"BEPS Action 13 on Country-by-Country Reporting: Peer Review Documents"*（2017），パラ8，p.13。

(24)　前掲注（23）Note 6, p.18。

第12章　BEPS プロジェクト最終報告書　297

たレビューに移行していくこととなる。

　OECD は OECD 税務長官会議（FTA：Forum on Tax Administration. 以下「FTA」）の作業に基き行動 13 に関する「効果的実施のためのハンドブック」を公表しているが，ピアレビューで許容されるためには，例えば体制面で以下の基本的整備を求めている⁽²⁵⁾。

---

1. 適切使用に関する規定を含む（バイ又はマルチの）CA 合意に署名している。
2. 国別報告書の使用に関する方針を文書で規定している。
3. その方針を国別報告書を使用する可能性のある全職員に効果的に周知している。
4. 国別報告書を，i）国別報告書へのアクセスを制限する，ii）適切使用を的確に証明する等により管理又はモニターする。
5. 職員に対して，i）適切使用に反した場合に直ちに事務局又は相手国 CA に通知する，ii）国別報告書情報に基き定式配分を用いた場合に速やかに譲歩する，ことに係るコミットメントを明示したガイダンス又は研修が提供されている。
6. 上記の措置を必要に応じて審査・更新し，その審査結果を文書化する措置が講じられている。

　国別報告書に関して納税者の立場からは恣意的な利用の防止が強く求められており，万一，日々の執行あるいはピアレビューの過程でこうした条件の不遵守が把握された場合には，レビュー手続きにおいて改善が求められていくとともに，そうした国・地域に対してわが国からの国別報告書の提供は停止されることとなる⁽²⁶⁾。

---

(25)　「国別報告書：効果的実施のためのハンドブック」（OECD *"Country-by-Country Reporting: Handbook on Effective Implementation"*（2017））別添パラ 21，p. 54 参照。
　　　OECD は同時に国別報告書に係る「効果的な税務リスク評価のハンドブック」（OECD *"Country-by-Country Reporting: Handbook on Effective Tax Risk assessment"*（2017））も公表しており，同ハンドブックでも国別報告書の情報処理及び効果的な活用に当たっての課題に言及している（第 5 章）。
(26)　前掲注（25）別添パラ 12，pp. 51-52 参照。

2 より効果的な紛争解決メカニズムの構築（行動14）
－相互協議の効果的実施

　行動14最終報告書は，他の行動項目で勧告されたBEPS対抗措置によって予期せぬ二重課税が生じることによる不確実性を排除するために，租税条約に関連する紛争を解決する相互協議手続を，より実効的なものとするための勧告を行っている。

　BEPSプロジェクトは，典型的にはどの国にも納税のない国際的二重非課税の状況を不適切と評価した一般の国民・納税者からの支持を受けて進展してきたものであり，このプロジェクトで策定された措置が正当な事業活動に二重課税を生じさせることは望ましくないと考えられる。行動14が重点的に議論され，勧告がミニマム・スタンダードとされた事実が示すように，こうした二重課税を排除していくために相互協議を効率化してより効果的な紛争解決のメカニズムを構築すべきことは，納税者及びOECD加盟国等の間のコンセンサスとなっている。

　OECDの公表データでは，近年全世界で相互協議が増加しており，2010年末に3,328件であったOECD加盟国の相互協議事案（事前確認事案は除く）の繰越件数（単純集計＝加盟国間の事案は二重計上となる）は，2014年末で5,429件，2015年末では6,176件となっている[27]。後述のとおり，今後は行動14最終報告書の勧告を踏まえたより詳細なデータが毎年公表される[28]。

　わが国も毎年相互協議の発生・処理の件数などを公表しているが，事前確認を除く相互協議事案の繰越件数は，2014年6月末で95件，2015年6月末で110件，2016年6月末で113件となっている[29]。

　わが国の相互協議には顕著な特徴があり，全事案の8割以上が事前確認事

---

(27)　OECD *"Mutual Agreement Procedure Statistics for 2015"*〈http://www.oecd.org/ctp/dispute/map-statistics-2015.html（2017年10月25日閲覧）〉。なお平均処理期間についてこのOECD統計では，2013年は23.57か月，2014年は23.79か月，2015年については20.47か月となっている。

(28)　後掲注（32）参照。対象国などが異なるため，2015年以前の統計数値との連続性はなくなっている。

第 12 章　BEPS プロジェクト最終報告書　299

案となっている。移転価格に関係する相互協議事案は，いずれかの国の移転
価格課税を対象とする事案（課税事案）と，納税者が当局との間で将来の取
引に対する移転価格課税リスクを回避するために事前確認を求めるもの（事
前確認事案）に分類される。

　わが国の相互協議の全体件数は国際的に突出した状況にないが，事前確認
事案は近年発生・処理ともに毎年 100 件を超えるペースで推移しており，他
の主要国と比較しても件数が多い状況にある。例えば米国の 2016 年の事前
確認の申出件数は 98 件（うち二国間 84 件），処理件数は 86 件[30]であり，英
国における 2016 年度の申出件数は 32 件，処理件数は 24 件[31]となっている。

(1)　行動 14 最終報告書　ミニマム・スタンダード

　行動 14 最終報告書では，「包摂的枠組み」に参加する各国・地域が最低限
遵守すべき基準として 17 項目のミニマム・スタンダードが設けられており，
その主な内容は次のとおりとなる。

1)　OECD モデル租税条約 25 条 1～3 項を各租税条約に反映する。
2)　移転価格事案等について相互協議申立てが可能であることを確保する。
3)　相互協議申立てのための明確なガイダンスを作成・公表する。
4)　所定の様式により，MAP プロファイル（権限のある当局の連絡先，相互
　　協議に係る国内ガイドラインへのリンク先等の有益な情報を掲載）を公表する。
5)　平均 24 ヶ月以内に相互協議事案を解決するよう努める。

---

(29)　国税庁「平成 28 事務年度の『相互協議の状況』について」別紙 1「相互協議
　　　事案数の推移」〈https://www.nta.go.jp/kohyo/press/press/2017/sogo_
　　　kyogi/01.htm（2017 年 12 月 25 日閲覧）〉。
　　　　わが国では 2017 年 6 月末現在，61 の租税条約（適用対象は 72 か国・地域）
　　　に相互協議に関する規定が置かれている。
(30)　IRS "*2016 APMA Statutory Report*"（2017 年 3 月 27 日公表）〈https://
　　　www.irs.gov/pub/irs-utl/2016_apma_statutory_report.pdf（2017 年 10 月
　　　25 日閲覧）〉。
(31)　HMRC "*Transfer Pricing and Diverted Profits Tax statistics, to 2016/17*"
　　　（2017 年 9 月 13 日公表）〈https://www.gov.uk/government/uploads/sys-
　　　tem/uploads/attachment_data/file/635330/Transfer_Pricing_and_Diverted_
　　　Profits_Tax_statistics.pdf（2017 年 10 月 25 日閲覧）〉。

この努力のモニタリングのため，新しい「相互協議統計報告枠組み（MAP Statistics reporting framework）」に基づき MAP 統計を報告する。新たな MAP 統計は，2017 年 11 月 27 日に，2016 年分について OECD から初めて公表されている[32]。

6) ミニマム・スタンダードの実施状況について，ピアレビューにより審査を受ける。

これらの項目について，今後具体的なスケジュールに従って確実に各国・地域の履行状況に対するピアレビューを行うことで実効性を確保することとされている。

(2) ピアレビュー

＜ピアレビューの概要＞

行動 14 に関するピアレビューは，FTA MAP フォーラムにより，概要以下の形態で行われる。公平性確保のため，実施の枠組み（評価基準・方法等）は 2016 年 10 月に事前に公表されている。

- 2016 年 12 月から開始し，一時期に 6〜8 の国をひとまとめ（バッチ）にして取り上げ，BEPS プロジェクトの初期参加国（44 か国）について 2018 年末までに審査を行う（現在 2019 年 12 月までに 72 か国・地域に対して順次審査を実施予定。）。

- ミニマム・スタンダードを 4 分野（①紛争の未然防止，②相互協議の利便性，③事案の解決，④合意内容の実施）計 21 要素の具体的な評価基準に置き換えた付託事項（Terms of Reference）について，参加国の法的枠組や執行状況の評価を行う。

- 2 段階（ステージ 1：ミニマム・スタンダードの実施状況，ステージ 2：ステー

---

(32) OECD *"Mutual Agreement Procedure Statistics for 2016"* 〈http://www. oecd. org/tax/dispute/mutual-agreement-procedure-statistics. html （2017 年 12 月 25 日閲覧）〉。

66 か国・地域のデータをカバーしており，2016 年末の繰越件数（重複有りベース）は 7,190 件，2016 年中に終了した事案の平均処理期間は 22.5 か月となっている。

ジ 1 での指摘事項の改善状況）により，書面によって実施する。

- 審査国・被審査国双方が質問票に対して MAP フォーラム事務局へ回答を行い，事務局がピアレビューレポート案を作成して MAP フォーラム及び CFA の承認を得る。相互協議の利便性，ガイダンスの明確性及び合意内容の実施については納税者からも意見を公募する(33)。

OECD より 2017 年 9 月 26 日に，第一バッチ（ベルギー・カナダ・オランダ・スイス・米国・英国）を対象としたピアレビューレポートが公表された(34)が，今回は先進国が対象とされたこともあって比較的良好な評価となっている。また，各国のステージ 1 での指摘事項の改善状況に対して，ステージ 2 で審査が行われることが再確認されている。

＜対日審査＞

わが国は第四バッチに含まれており 2017 年末に審査が開始された。執行面に係るミニマム・スタンダードについては，わが国は従来から同様の取組を実施してきているところであるが，相互協議の効率性向上のための更なる取組として，相互協議事務運営指針における明確化，相互協議申立書（英語版）の作成，納税者向けに相互協議手続に関するガイダンス（Q＆A）の作成等を自主的に行っており，それぞれ国税庁ホームページで公表している。ピアレビューレポートでは，このように既に実行されている項目については，継続実施を求める勧告を受けることとなっている。

また，制度面に係るミニマム・スタンダードについては，わが国の締結している租税条約でやや古い時期に締結されたものの相互協議条項を最新の OECD モデル条約に即した規定に更新していく必要があるが，これは基本的に行動 15 で策定された MLI に各国が署名することを通じて行われること

---

(33) 第一バッチの対象国については 2016 年 10-11 月，第二バッチの対象国については 2017 年 1-2 月に意見を募集している。

(34) OECD プレスリリース，〈http://www.oecd.org/tax/beps/oecd-releases-first-peer-reviews-on-implementation-of-beps-minimum-stadards-on-improving-tax-dispute-resolution-mechanisms.html（2017 年 10 月 25 日閲覧）〉。

となる。わが国は既に 2017 年 6 月に MLI に署名している[35]。

＜ピアレビューに対する基本的考え方＞

わが国としては，できる限り多くの国・地域において少なくともミニマム・スタンダードが適切に実施されるように，積極的に貢献していくという立場である。

被審査国として自ら審査に積極的に対応し，模範を示すことで，各国の審査への積極的対応を促すとともに，わが国が当事者となる事案の平均 24 カ月以内の解決[36]に向けて当局間の協力関係の構築・向上等に努めていく必要がある。

また，審査国として各国の対応改善を促すインプットも重要であり，積極的な評価及び意見の提供が求められている。とりわけアジア諸国との間では，技術支援も要請される可能性があるが，資源を投入する価値のある分野と考えられる。

(3) 相互協議をめぐる状況など

先述のとおり相互協議の件数は世界的に増加しており，現在，相互協議の効率化・迅速化が望まれることに異論はないと思われる。もとより国際的な二重課税の排除は経済・投資交流の促進に資することから，国税庁では，ここ 10 年で担当者を倍増するなど要員を確保して相互協議に係る体制を充実させている。さらに，新興諸国を含む外国当局との間で協力関係を深めて協議の円滑化を図り，特に新興国に対しては技術協力を活用した相手国の体制整備等を支援するなど，多面的な対応に努めてきている。

他方で，今日の国際的な環境を踏まえて相互協議の大幅な促進を図るためには，いくつかの構造的な問題にも対応していく必要がある。

まず，必ずしも広く理解されていないが，相互協議で重要性の高い移転価

---

(35) 前掲注 (8) 参照。
(36) 互いに相手のある交渉であり，かつ条約上相互協議の合意は努力義務にとどまることから，わが国側からの貢献のみでは達成が保証されない。

第12章　BEPS プロジェクト最終報告書　303

格課税事案では，相互協議の合意は協議に参加する双方の当事国に税収の減少（自国企業への還付）のみをもたらす[37]ことに関連する問題である。

　本来，ある国が国際取引に対して移転価格課税を発動する以上，それに伴う国際的二重課税を国際的なルールに基づき解消する制度及び実務も同時に確保されていることが当然の前提である。しかしながら，特殊関連企業条項であるOECDモデル条約9条1項[38]に相当する条約や国内法の規定による移転価格課税は，各国に極めて急速かつ広範に広まり標準的な実務になりつつあることに対して，同条約9条2項に相当する規定及び相互協議条項である25条により二重課税を解消しなければならないという意識及び実務は，新興国を中心に完全に浸透しているとは言いにくい状況にある[39]。

　また，最も根本的な問題として，現行のあらゆる租税条約の規定上，相互協議における税務当局間の合意はあくまで努力義務にとどまっている。

　これらの状況及び行動14最終報告書を踏まえて，現時点で相互協議の迅速化・効率化に向けて当局間で取りうる現実的に可能かつ有効な手段としては，第一に，各国のミニマム・スタンダードの実施状況に対してピアレビューにより適切に国際的なプレッシャーを加え続けていくことであり，第二に，当局間で一定期間内に合意に至れない場合に，納税者の要請により仲裁に移行する制度を拡充していくことであると考えられる。

　わが国としては，先述のとおり，ピアレビューに積極的に貢献していく考えであり，また，近年に締結した条約に見られるように租税条約に積極的に仲裁規定を取り入れる方針としている[40]。

　義務的仲裁制度については，二重課税が解消される可能性が高まることに

---

(37)　相互協議はいずれかの国が移転価格課税を行った結果既に（経済的）二重課税が発生している状況からスタートするためである。一方の国の主張が100％認められる合意となった場合のみ，当該国では還付が生じない。

(38)　以下，条文はOECDモデル租税条約及びわが国の標準的な条約例に即して記載する。

(39)　一部の国では，このペアであるメカニズムの，大きな税収増となり得る課税部分のみを取り入れ，減収となる対応的調整や相互協議に関する部分にはやや消極的となっているようにも見える。

加えて，仲裁に付託される前に税務当局間の協議によって事案を迅速に解決しようとするインセンティブが高まることも期待される。今後もわが国として適切な仲裁制度の導入に係る議論に貢献していくとともに，MLIの枠組みを通じて，仲裁を実施できる国・地域が今後拡大されていくことを期待している。

3 有害税制への対抗（行動5）

行動5については，わが国には知的財産に係る有害な優遇税制はないとされた一方，やや技術的であるが執行面で新規の対応があり，移転価格税制に関する事前確認が納税者とわが国国税庁との間のみで行われた場合に，その概要が国税庁から取引相手国の当局に通知されることとなった。

移転価格税制に関する事前確認には，所在地国当局との間のみで行われるユニ（unilateral）と二国間（又は複数国間）の相互協議を伴うバイ（又はマルチ）の形態があるが，ユニの事前確認は個別ルーリングに該当するという見方ができ，BEPSプロジェクトでの議論の結果，取引相手国当局に自発的情報交換により情報を提供することとされた[41]。

なお，法人がルーリングの当事者でなくとも，国外関連取引に関係するルーリングは当該法人のローカルファイルとして税務当局に提出されるため，税務当局は，行動5により外国から送付されるユニのルーリングと行動13により法人から提出されるローカルファイルをクロスチェックすることが可能となる。

わが国においては相互協議を伴う事前確認が約9割を占め，ユニの事前確認事案は少数であるものの，国税庁は2016年6月から既存の情報交換の枠

---

(40) わが国は行動14最終報告書で義務的仲裁規定の導入にコミットした20か国の一つである。

(41) 行動5報告書（OECD *"Countering Harmful Tax Practice More Effectively, Taking into Account Transparency and Substance, Action-5 Final Report, OECD/G20 Base Erosion and Prefit Shifting Project"*（2015））の第5章C節 pp. 49-50などを参照されたい。

第 12 章　BEPS プロジェクト最終報告書　305

組みを用いて既にユニの事前確認に係る情報交換を実施している。

V　その他の行動計画

　ミニマム・スタンダード以外の行動計画で特徴的なものにもごく簡単に触れたい。

　BEPS プロジェクトで検討の結果維持された国際課税の最も基本的な原則（「PE なければ課税なし」及び「独立企業間原則」）に関連するものである。

1　電子経済の発展への対応（行動 1）

　行動 1 最終報告書では，消費課税について海外からの B to C 取引等に関してガイドラインを策定し，現時点で直接税について新たなルールを勧告することは見送られた[42]。

　消費税について，国税庁は，財務省とともに行動計画の円滑な実現に取り組んでおり，B to B，B to C の双方について改正内容の理解に資する情報をホームページで提供するとともに，導入時には，関係省庁と連携して国外事業者が加入する経済団体等へ改正内容の周知依頼を行い，またこれらの団体や在京大使館を対象とした説明会への講師派遣等を行っている。

　なお，2017 年 10 月 18 日現在でわが国への B to C 取引に係る「登録国外事業者（Registered Foreign Business）」数は 76 となっている。

　一方，直接税については，物理的な拠点を必要としない電子商取引等に対して伝統的な PE に代わる新たな概念が必要あるいは適切であるかについて，

---

[42]　直接税については，現時点で電子経済が BEPS リスクを強めることはあっても電子経済に固有の BEPS はなく，主に，①行動 3（無形資産による所得をCFC 税制の合算対象に適切に包含），②行動 7（実質的な販売交渉を現地子会社が行い，外国親会社がオンラインで契約を行う形態について，PE と認定される代理人の活動に「契約の締結に繋がる主要な役割を果たすこと」を追加），③行動 8-10（無形資産について移転価格ガイドラインを改定）に係る勧告を実施することで対応可能としている。

重要な議論が継続されている。重要な経済的プレゼンス（significant economic presence）の発想や新たな源泉徴収税の導入などのオプションも検討されており，電子経済の最新の発展状況及び新たに入手可能なデータの分析を踏まえた報告書が 2020 年までに作成される予定で，近時の G20 サミット等でも注目されているが，こうした概念や制度上の大きな転換が行われることとなれば，執行当局にも新たな課題を生じさせる可能性が高い。

　一般的には物理的ネクサスを全く不要とすることは，源泉地国における課税範囲の拡大に資する一方で国際的二重課税のリスクを高め，また，居住地国サイドを含む事業全体の詳細な検討を経ない形式的な源泉徴収などの課税手法が多用される懸念があると考えられる。

2　移転価格税制と価値創造の一致（行動 8－10）

　2016 年 11 月の政府税制調査会の BEPS プロジェクトの勧告を踏まえた国際課税のあり方に関する「論点整理」では，移転価格税制見直しの必要性について指摘があり，また，平成 29（2017）年度与党税制改正大綱の補論「今後の国際課税のあり方についての基本的考え方」では，移転価格税制について「知的財産等の無形資産を，税負担を軽減する目的で海外へと移転する行為等に対応すべく，『BEPS プロジェクト』で勧告された『所得相応性基準』の導入も含め，必要な見直しを検討」するとされている。行動 8-10 最終報告書を踏まえれば，わが国でも今後ディスカウント・キャッシュ・フロー法及び所得相応性基準について，制度導入の適否を含む検討が行われていくと見込まれる。

　国税庁では，当面，OECD 移転価格ガイドラインの改定を踏まえ，グループ内低付加価値役務提供部分について移転価格事務運営指針等の見直しを行い近日中に公表することとしている。

　近年，無形資産が移転価格課税上の主要な論点となったことに伴い，独立企業間原則に基いた従来の実務の困難性も強く顕在化してきている。

第 12 章　BEPS プロジェクト最終報告書　307

　無形資産は，今日のビジネスにおける収益の主要な源泉であるが，直接比較可能な取引を見出すことは極めて困難であり[43]，さらに，課税に必要とされる情報は基本的に取引当事者である納税者サイドにしか存在しない状況となっている。

　また，BEPS プロジェクト全体を通じて「価値が創造されるところで税を支払う」ための実質的な評価が求められている中で，移転価格の分野では法形式に対して経済的実質や商業的な合理性を重視する傾向が顕著である。法的所有権のみでは無形資産からの収益の配分が必ずしも保証されないことが明確化されたため，今後，無形資産取引に対して（契約の規定を出発点としつつも）経済的実質を判断するプロセスを経て独立企業間価格を算定するという，納税者・当局双方に手間を要する作業が増加していくと考えられる。

　行動 8-10 最終報告書を各国・地域が受け入れる姿勢にも，若干の差異が見られる。例えば中国は，移転価格の算定過程での LSA（Location Specific Advantage）の検討を明記し，価値貢献分配による算定の可能性を取り上げ，また無形資産の貢献分野に最終報告書が示す DEMPE（Development, Enhancement, Maintenance, Protection, Exploitation）に独自に中国国内での普及（Promotion）を追加する等の対応を行っている[44]。

　OECD CFA の Working Party No. 6 では，各 BEPS 最終報告書からの指示により，①PE への帰属所得（行動 7），②評価困難な無形資産（行動 8-10），③利益分割法（行動 8-10）及び④金融取引（行動 8-10）の 4 つのガイダンスを作成中である。過去の例からは，これらのガイダンスについても，一旦公表された後も当局と納税者の間でフィードバックが継続し，今後何年かを費

---

(43)　そもそも比較対象取引が簡単に見出せるような無形資産ではさほどの収益を生まず，また，クロスボーダー取引の多くが関連企業間で行われている中で，多額の収益の源泉となり得る無形資産をグループ外へ移転することは通常のビジネスでは行われにくい。

(44)　岡田至康他「移転価格税制セミナー〜新通達公告 6 号に基づく中国固有の BEPS 対応強化とその対応策〜」租税研究 814 号，228-235 頁（2017）などを参照。

やして適切なスタンダードが形成されていくと想定される。

　評価困難な無形資産に対する「所得相応性基準」は，2013 年 7 月の「BEPS 行動計画」では独立企業間原則の内外にかかわらず検討するとされていたが，最終的に独立企業間原則の内側に収まるとされたため，今後，独立の当事者間であれば価格改定条項があっただろう等の枠組みの下で，導入の適否を含めて検討が行われていくと思われる。

　利益分割法を重視する傾向についても，直接的な比較対象取引が見出せない現状や，関係国双方での貢献を検証する（いわゆる両側検証の）手法であるため片側検証である TNMM 等との比較において確かに有用性が認められるが，一方で，（自国の無形資産を過大に評価する傾向の強い）新興国による多用が懸念されることや，「独立企業間であれば採用される」という整理の中での位置付けには引き続き議論がある。

　このような無形資産取引をめぐる困難性の増加を背景に，これまで指摘されてきた問題点[45]にもかかわらず定式配分のような考え方を評価する主張も増してきており，納税者及び当局の負担軽減の観点からはこうした簡素なアプローチの模索にも一定のメリットがあるようにも見える[46]。

　執行面よりも制度・理論的側面の強い問題ではあるが，このような現実の中で，独立企業間原則には引き続き挑戦が続いていくように思われる。

VI　お わ り に

　BEPS プロジェクトはこれまで各国・地域に比較的順調に拡大してきたと認められるが[47]，税務行政の観点からは，BEPS 実施フェーズには幾つかのポイントがある。

---

(45)　例えば，①事前に決定された定式は市場や企業の実態を反映しない，②配分の公式に関する多国間の合意形成は困難，といったものである。

(46)　ただし，IV 節 1 の適切使用（Appropriate Use）条件に見られるように，2015 年 10 月時点の BEPS プロジェクトの結論は，定式配分は引き続き強く排除されるべきというものである。

第12章　BEPS プロジェクト最終報告書　309

　第一に，15 の行動計画はそれぞれ全て重要であるが，現在の枠組みの下では，制度面・執行面ともにミニマム・スタンダードとされた事項の迅速な実施の確保が求められている。

　第二に，トータルプランの表現では「情報リソースの充実」の方向性である。行動 13（移転価格に係る文書化制度）や BEPS プロジェクトと並行して進展した CRS は新規の情報収集ツールであり，行動 5（ルーリングの開示及び自発的情報交換），行動 12（タックス・プランニングの義務的開示），行動 11（BEPS 関連のデータ収集・分析）なども合わせて，租税に関する情報を関係者に開示して透明性を高めることで行き過ぎた租税回避行動の防止を図るという流れに沿った行動計画となっている。さらに，例えば行動 2（ハイブリッド・ミスマッチ対策）の実行には，各国の制度や実務が関係者に開示されて共有されている必要がある。

　国際課税に関する執行上の最大の隘路は国際取引に係る情報収集の困難性であることを考慮すれば，十分に合理的な方向性と思われる。

　一方で，多数の新興国が枠組みに新規に参加する現状を踏まえれば，納税者情報の保護の側面も重要となる。情報の収集・活用権限の程度は，結局，①租税に係る公平性の確保と，②納税者の負担及びプライバシー確保の間のトレードオフを踏まえた国民の選択となるが，この場合，関係当局の守秘に対する姿勢や能力も大きな判断要素となると考えられる。

　第三に，行動 14（相互協議の効果的実施）に典型的に現れるように，税務行政は税法以上に各国・地域によって区々であるところ，執行面での国際協調及び実務の統一化が求められている。

　執行サイドから見ると，行動 14 の他にも行動計画の多く（行動 2，行動 13，行動 5 など）が，政府間の円滑な連絡体制と，各国がある程度共通し，かつ

---

(47)　国際的な二重非課税を解消する方向性であるため，（ミニマム・スタンダードによる義務との比較で）基本的には各国当局にメリットがあると想定される。
　　　同時期に CRS への参加も拡大していることからは，国際協調強化の流れへの評価（又は不参加のデメリットへの懸念）も窺われる。

実効的な情報収集及び交換の能力を有していることを前提としている。トータルプランでは「外国当局との協調等」と表現されているが，この分野では，国際的なスタンダード構築に貢献しつつ，その成果を国内の執行にも活かしていく必要がある。経済交流の拡大により納税者が進出先国の税務行政の影響をより強く受けるようになっており，当面，新興国における実務レベルの底上げが重要と考えられる。

最後に，具体的な分野として，ここ数十年にわたって各国税務当局間の最大の懸案となってきた移転価格課税の領域について，BEPSプロジェクトを経て，①無形資産取引の重要性と困難性が再認識され，②標準的な文書化義務の内容・程度や国際的な情報交換がルール化されて，これらが「包摂的枠組み」に参加する多数の国・地域に普及されることで，納税者や執行当局に求められる実務のレベルが全世界的に一段階上がることとなる。

納税者の負担も伴うものであり，行動13の国別報告書の適切使用に係る局面が代表するように，各国の当局には制度の適切な運用の確保が要請されている。

総じて，行き過ぎた租税回避行動の防止というプロジェクトの趣旨からは，BEPS実施フェーズにおけるわが国全体の基本的立場は，日本企業の健全な海外展開を支援しつつ，プロジェクトをリードしてきたメンバーとして国際的な租税回避を効果的に抑制していくというものになると考えられる。

最終報告書の勧告内容は各国・地域により適切に実施されて初めて効果を発揮するものであり，引き続き執行面においても，わが国の適切な実施を確保するとともに，国際的議論及び各国・地域の実施状況に係るピアレビュー等に積極的に参画していくこととなる。

「税源浸食と利益移転（BEPS）」対策税制

日 税 研 論 集　第 73 号　（2018）

平成 30 年 3 月 20 日　発行

定　価　（本体 3,704 円＋税）

編　者　公益財団法人　日本税務研究センター

発行者　浅 田 恒 博

東 京 都 品 川 区 大 崎 1 - 1 1 - 8
日本税理士会館 1 F

発行所　公益財団法人　日本税務研究センター

電話（03）5435-0912（代表）

製　作　第一法規株式会社